Andreas Schwab

Freiheit, Rausch und schwarze Katzen

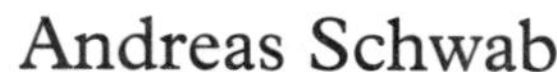

Andreas Schwab

Freiheit, Rausch und schwarze Katzen

Eine Geschichte der Boheme

C.H.Beck

Mit 28 Abbildungen

www.chbeck.de
Umschlaggestaltung: geviert.com, Nastassja Abel
Umschlagabbildung: Werbung für Absinthe Bourgeois,
um 1900, © SSPL/UIG/Bridgeman Images
Satz: Janß GmbH, Pfungstadt
Druck und Bindung: Pustet, Regensburg
Printed in Germany
ISBN 978 3 406 81435 8

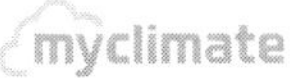

verantwortungsbewusst produziert
www.chbeck.de/nachhaltig

Inhalt

Was das Leben ist, erfährt man nur, wenn man sich ihm vorbehaltlos hingibt, in der Liebe, im Haß, in der Trauer, der Verzweiflung, der Langeweile, dem Ekel.

Franziska zu Reventlow

Aus dem Mistbeet der Bohême, von Unkraut fast erstickt, sprießen die Orchideen der Zukunft und befruchten gegenseitig ihre abenteuerlichen Blüten.

Roda Roda

Einleitung

Ungebundenheit und subversives Potenzial – Die diverse Boheme

In einem unmissverständlich formulierten Brief teilt Friedrich Uhl, Chefredakteur der angesehenen *Wiener Zeitung*, seiner Tochter mit, dass er ihre Verbindung mit dem fast doppelt so alten geschiedenen Schriftsteller August Strindberg äußerst kritisch sehe. Er befürchte ein Abgleiten in die Künstlerboheme. Ob sie nicht einen ordentlichen bürgerlichen Lebensweg, wozu eine standesgemäße Heirat gehöre, beschreiten wolle? Die Warnung verhallt ungehört, Frida Uhl und August Strindberg, die sich in Berliner Künstlerkreisen rund um das Lokal «Das schwarze Ferkel» kennengelernt haben, heiraten am 2. Mai 1893 in einer schlichten Zeremonie in der evangelischen Pfarrstube auf Helgoland. Auf die norddeutsche Insel sind sie gereist, weil dort nach britischem Recht keine sechswöchige Wartefrist für eine Heirat gilt. Der Ehemann ist in einen beigefarbenen Anzug mit schwarzer Seidenkrawatte und Sailorhut gekleidet; die Braut trägt ein Kleid aus Leinenbatist mit Spitzen nach einem Schnittmuster von ihr selbst. Zwei eilig bei-

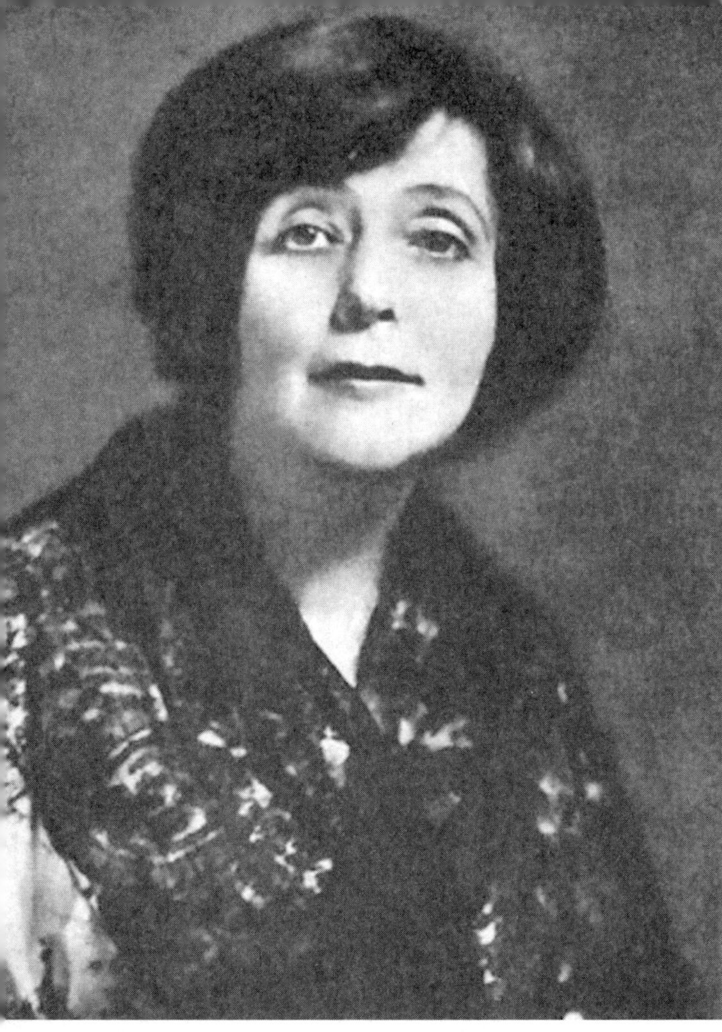

Frida Strindberg-Uhl, die je ein Kind von August Strindberg und Frank Wedekind hat, verkehrt in den Boheme-Szenen von Wien, Berlin, Paris und München.

gezogene einheimische Lehrer agieren als Trauzeugen. Knapp zwei Jahre später, als sie in einem erbitterten Scheidungskrieg steckt, wird sich Frida Strindberg, wie sie zu diesem Zeitpunkt noch offiziell heißt, möglicherweise an die Zeremonie und den besorgten Brief ihres Vaters erinnert haben.[1]

Die letzte gemeinsame Zeit vor der endgültigen Trennung verbringt das Ehepaar in Paris, wohin Frida Strindberg, das gemeinsame Kind Kerstin bei ihren Eltern in Oberösterreich zurücklassend, ihrem Ehemann nachgereist war. Doch die Ehe ist längst zerrüttet. Strindbergs Schwärmereien des Anfangs – «Ein ganz neuer Typus in meinem Leben, weich, füllig, dunkel!»[2] – verkehren sich ins Gegenteil. Er erträgt nicht, dass Frida Strindberg ihre eigenen Ambitionen als Journalistin und Schriftstellerin verfolgt, und beobachtet jeden ihrer Schritte eifersüchtig. Sie vernachlässige den Haushalt, wirft er ihr vor. Zudem sei sie mit ihren Bemühungen, sein Werk bei Verlegern und Theaterdirektoren populärer zu machen, erfolglos geblieben. Schlimmer noch: Sie habe ihn mit ihrem respektlosen Auftreten in vielen Kreisen unmöglich gemacht. Seine Briefe an sie sind voller Gehässigkeiten; er lässt sich zu üblen Beschimpfungen hinreißen, «Du bist das schmutzigste menschliche Vieh, das ich je kennengelernt habe!», um sich kurz darauf wortreich für seine Entgleisungen zu entschuldigen.[3] Dass sich Frida Strindberg mit dem Kunsthändler und Lebemann Willy Grétor, einem Dandy mit mondänem Auftreten, anfreundet, belastet ihre ohnehin angespannte Beziehung zusätzlich.

In einem förmlichen Brief willigt Frida endlich in die Scheidung ein. Sie nimmt sogar die Schuld an der gescheiterten Ehe auf sich unter der Bedingung, dass Strindberg alle Rechte auf das Kind an sie abtrete. In ihr steigt die Furcht auf, dass es ihr genauso ergehen werde wie August Strindbergs erster Ehefrau Siri von Essen. Nicht nur blieb Strindberg häufig die Alimente für die drei gemeinsamen Kinder schuldig, er machte auch intime Details seiner früheren Ehe in seinem autobiografischen Roman *Plädoyer eines Irren* (1888) öffentlich. Als sie längst getrennt lebten, sollte sich zeigen, dass Fridas Sorge berechtigt war: Im Roman *Inferno* (1897) veröffentlichte Strindberg auch seine Version seiner zweiten gescheiterten Ehe.

Die Zeichen stehen also auf Abschied. Den letzten Abend ihres fünfwöchigen Aufenthalts in Paris verbringt Frida Strindberg-Uhl im legendären Künstlercafé Le Procope inmitten des Quartier

Latin. Hundert Jahre zuvor hatten sich hier die Aufklärer, unter ihnen Jean-Jacques Rousseau und Denis Diderot, zu ausgedehnten Diskussionsrunden getroffen. Sie hört sich Xavier Privas mit seinen gleichermaßen lebensfrohen wie melancholischen Chansons an. Der Auftritt begeistert sie, wie überhaupt ihr ganzer Aufenthalt in Paris. An ihre Schwester schreibt sie: «Oh, wie hier das Leben schäumt! Voll Rausch, voll Süße, geistiges, vergeistigtes Genießen mit aller Sinneskraft und Glut.» Doch sie kann nicht bleiben: Die Amme hatte gekündigt; es bleibt ihr keine andere Wahl, als zum Landsitz ihrer Eltern nach Saxen in Oberösterreich zurückzufahren. Bevor sie in den Zug steigt, trifft sie ein letztes Mal in ihrem Leben – sinnigerweise vor dem erst kürzlich eröffneten Warenhaus Le Printemps – ihren Noch-Ehemann August Strindberg. «Adieu Leben! Das Kind schreit wieder und ich komme. Ich reise noch heute Abend ab», lässt sie ihre Schwester wissen.[4]

Bemerkenswert: Frida Strindberg-Uhl verkehrt in vier europäischen Städten, die zu dieser Zeit eine ausgeprägte Boheme aufweisen, in Wien, Berlin, Paris und München. In München lässt sie sich nach ihrer Scheidung von August Strindberg im Milieu exzentrischer Künstlerinnen und Künstler im Bohemeviertel Schwabing nieder. Später geht sie eine kurze Affäre mit dem Dramatiker Frank Wedekind ein. Doch die Beziehung zerbricht, bevor der gemeinsame Sohn geboren ist. Als alleinerziehende Mutter mit zwei Kindern von zwei berühmten Schriftstellern, die sich beide kaum um ihren Nachwuchs kümmern, schlägt sie sich mehr schlecht als recht durch. Ihre Tochter, die in der Obhut von Verwandten aufwächst, sieht auch sie selbst nur wenig.

Wie lieblich präsentiert sich im Vergleich dazu Henri Murgers *Scènes de la vie de Bohème*. Dieser beinahe unangefochtene Prototyp aller folgenden Erzählungen über die Boheme, zunächst fast unbemerkt als Fortsetzungsgeschichte in einer Zeitschrift erschienen, erlangte erst in der Bühnenfassung von 1849 seine umfassende Popularität. Die Hauptprotagonisten Rodolphe, der glücklose Dichter, sein Musikerfreund Schaunard, der Maler Marcel und der Bildhauer Jacques fristen ein beschwingt-verantwortungsfreies Leben in den Mansarden und Cafés des Quartier Latin in Paris. Sie haben keine feste Anstellung und zelebrieren ihre Ungebundenheit mit kurzfristigen Liebesbeziehungen und häufigen Wohnungswechseln. In gewisser Weise verhalten sie sich, als ob sie nicht erwachsen wären. Allein durch ihre Lebensweise protestieren sie gegen die meritokratischen Prinzipien der bürgerlichen Gesellschaft. Individualistisch wie sie sind, würde es ihnen nicht im Traum einfallen, sich freiwillig zum Militärdienst zu melden oder gar ihr Leben für einen abstrakten Begriff wie das Vaterland hinzugeben. Nichts ist ihnen so suspekt wie das Erfolgsstreben; sie kokettieren mit dem Scheitern. Die Auffassung, dass Geld den Charakter verderbe, ist ihnen geläufig. Also verprassen sie eine unverhofft zugefallene Erbschaft oder eine hohe Honorarzahlung so schnell wie möglich, indem sie ihre Freundinnen und Freunde zu einer ausgelassenen Feier einladen.

Es ist nicht zu verkennen: Murger romantisiert die Boheme. Seine glücklosen Künstler, typischerweise ausnahmslos Männer, sind idealistisch, liebenswert, großzügig und großherzig. Sie streben nach geistig Höherem und sind gleichzeitig realistisch genug zu wissen, dass sich nicht alle ihre Träume erfüllen werden. Das Leben ist kurz, und die Verhältnisse sind nicht geeignet, die großen Werke zu schaffen, die sie, wären die Umstände anders, leichthändig aus dem Ärmel schütteln würden. Also ist ihrer Geisteshaltung, aller ausgelebten Leichtigkeit zum Trotz, immer auch ein Schuss Melancholie und fatalistische Bitterkeit beigemischt.

Den Mythos der Boheme weiter genährt hat die 1896 im Teatro Regio in Turin uraufgeführte Oper *La Bohème* von Giacomo Puccini. Ihr Libretto, ein Destillat aus Henri Murgers episodischem Roman, erzählt in vier Bildern die Geschichte des armen Dichters Rodolfo. An einem Weihnachtsabend, den er zusammen mit seinem Freund Marcel verbringt, ist er gezwungen, eines seiner Manuskripte zu verbrennen, damit es in seiner Mansarde wenigstens ein bisschen warm wird. Er verliebt sich in seine Zimmernachbarin Mimi, nur um sie, als sie an Schwindsucht erkrankt ist, zu verlassen – aus Liebe, denn er weiß, dass er als armer Dichter nicht für sie sorgen kann. Um ihr Wohlergehen sicherzustellen, versucht er, ihr einen reichen Liebhaber zu verschaffen. Doch Mimi lässt sich darauf nicht ein und versichert Rodolfo kurz vor ihrem Tod in einer Arie ihre Liebe. Sie stirbt und lässt den mit dem Schrei «Mimi … Mimi» an ihr Bett stürzenden Rodolfo allein zurück.

Die meist im Dekor der Belle Époque inszenierte Oper bietet mit ihrer Mansardenromantik und den vielen komödiantischen Nebengeschichten rund um die verführerische Sängerin Musetta alles, was das Faszinosum der Boheme ausmacht. Nicht verwunderlich, dass sie bis heute zu einer der fünf meistaufgeführten Opern zählt. In zahlreichen Adaptionen und Remakes, darunter dem Film *Das Leben der Bohème* (1992) von Aki Kaurismäki oder im Rock-Musical *Rent* (1996) von Jonathan Larson, das während zwölf Jahren ununterbrochen am New Yorker Broadway lief, ist der Stoff für die jeweilige Gegenwart adaptiert worden.

Schon bei oberflächlicher Beschäftigung mit diesem absoluten Klassiker der Boheme fällt auf, wie stereotypisiert das Personal und die Geschichten sind: eine ebenso beschwingte wie hungerleidende männliche Künstlerschar, eine von ihnen angehimmelte Frau, die jung an Schwindsucht stirbt und den sie liebenden Dichter einsam zurücklässt. Dagegen ist es die Absicht dieses Buches zu zeigen, dass die Boheme deutlich vielfältiger und diverser war. Angestrebt wird ein Perspektivenwechsel: Den bislang vorherrschenden Blick auf die Boheme möchte ich durch andere Blickwinkel ablösen.

Es ist aufschlussreich zu beobachten, dass längst nicht alle der damals geführten öffentlichen Kontroversen die Zeit überdauert haben, eigentlich die wenigsten. Vieles wurde an den Rand gedrängt und ist heute schlicht vergessen. Die Künstlerinnen und Künstler, die in diesem Buch eine tragende Rolle spielen, sind heute extrem unterschiedlich bekannt. Edvard Munch ist ein Weltstar der Malerei, August Strindberg, Frank Wedekind, Franziska zu Reventlow und Else Lasker-Schüler sind nicht vollständig vergessen. Von anderen ist allenfalls eine unbestimmte Vorstellung über ihr Wirken geblieben: Spielte Gustav Landauer, dieser in seinen Texten wild um sich greifende anarchistische Theoretiker, nicht eine Rolle in der Münchner Räterepublik? Mit den meisten Personen verbindet das Publikum abseits spezialisierter Fachkreise gar nichts mehr – sie sind der Amnesie anheimgefallen. Bedauerlicherweise zählen dazu viele Frauen. So sind George Sand, Dagny Juel, Oda Krohg, Yvette Guilbert oder Ida Dehmel allzu häufig einzig als «Musen» beschrieben und damit herabgewürdigt worden. Erst in jüngerer Zeit haben couragierte Historikerinnen und Ausstellungsmacher angefangen, diesen unhaltbaren Zustand zu berichtigen.

Selbstverständlich, so kann zu Recht eingewendet werden, ist das ein normaler Prozess: Das kulturelle Gedächtnis wählt selektiv nach dem aus, was zu erinnern sich lohnt, und tilgt alles andere. Aus der unendlichen Vielfalt des Geschehenen werden nur ganz wenige Werke, Episoden und Personen kanonisiert. Diesen historischen Kanon heute nochmals kritisch zu befragen, scheint inzwischen nötiger denn je. Denn Gewichtungen in der Geschichte sind nie zufällig, sondern Fragen von Interpretationen und Wertungen. Was für eine Generation schlüssig erscheint, kann und muss von einer späteren in Frage gestellt werden. Bei der Boheme zeigt sich, dass sie zu guten Teilen neu erschlossen werden muss. Zu entdecken ist eine spektakuläre Welt, in der ebenso faszinierende wie widersprüchliche Personen Gedanken entwickelten, die uns, die wir eineinhalb Jahrhunderte später leben, seltsam gegenwärtig vorkommen können.

Gleichzeitig lässt sich die Boheme nur im Kontext ihrer Zeit verstehen. Manche ihrer Übertreibungen erklären sich aus ihren Gegnerschaften. Ihre radikale Schärfe, die sie zum Teil entfaltete, war immer auch Reaktion auf politische und gesellschaftliche Zustände, auf den sich formierenden Nationalstaat, auf die Industrialisierung, auf die bürgerliche Familie, auf die soziale Frage und die umwälzenden Entwicklungen in Wissenschaft und Technik. Auch auf sie wird, selbstverständlich in der gebotenen Verdichtung, in den folgenden Kapiteln eingegangen und dadurch die Geschichte der Boheme zum Epochenbild erweitert.

Gegen die Tyrannei – Die (a)politische Boheme

Ein Einwand gegen das Thema liegt auf der Hand: Die weltpolitische Lage mit ihren multiplen Krisen, von der Klimaerwärmung über den Rechtspopulismus bis hin zu einem wiedererstarkten Autoritarismus in vielen Ländern, scheint nicht dazu angetan, die kostbare Lebenszeit dafür zu opfern, um sich mit eskapistischen Drückebergern und exzentrischen Außenseiterinnen zu beschäftigen. Mit Personen also, die sich weigerten, eine produktive Haltung in der Gesellschaft einzunehmen, die sich von Politik häufig fernhielten und deren Egoismus vielfach stärker ausgeprägt war als ihr Verantwortungsgefühl.

Das jedoch ist ein Missverständnis. Kaum jemand hat sich so um das Gemeinwesen verdient gemacht wie eben die Boheme. Denn in ihr wurden Selbsttechniken entwickelt und gelebt, welche zur gesellschaftlichen Liberalisierung, zur Akzeptanz verschiedenster Lebensmodelle bis hin zu den Rechten von Minderheiten führten. Anders gesagt: Die Dekadenz, die Libertinage, das Lotterleben wirkte letztlich doch um einiges attraktiver als eine graue «wissenschaftliche» Fortschrittstheorie, selbst wenn gerade die Sozialdemokratie mit ihren vielfältigen Arbeitervereinen sich nach Kräften um eine kulturelle Durchdringung ihrer Ideen bemühte. Der Lebensstilrevolution von Künstlerinnen und Künstlern im 19. Jahrhundert war so gesehen ein durchschlagender Erfolg beschieden: Argwöhnisch beobachtet von der bürgerlichen Gesellschaft lebten sie vor, was sich erst später in der Mitte der Gesellschaft durchzusetzen begann. Ihre Diagnosen, die sie aus ihrer Position als Außenseiter formulierten, waren häufig luzider und ihre Debattenbeiträge engagierter. Das lässt ihre Kontroversen, von denen sie nicht wenige austrugen, bis heute mit Gewinn nachverfolgen. Denn die Künstlerinnen und Künstler machten von der Freiheit des Individualismus Gebrauch. Von den totalitären Ideologien des 20. Jahrhunderts, vom Faschismus ebenso wie vom Kommunismus, sind genau diese individualistischen Freiheiten verfolgt worden; das Unheroische galt als subversiv, als Ausdruck einer dekadenten Einstellung, die sich nicht produktiv in die Gesellschaft einordnet. Bis heute haftet der Boheme eine leicht anrüchige Note an.

Der Wiener Gesellschaftstheoretiker Robert Misik hat die grundsätzliche Nähe der Boheme zu «linken» gesellschaftlichen Positionen betont.[5] Diese Auffassung erscheint nur bei sehr oberflächlicher Betrachtung richtig. Denn den allermeisten Bohemiens widerstrebte es, sich für ein egalitäres Gesellschaftsprojekt einspannen zu lassen. Rigide Parteidisziplin war ihre Sache nicht, sie misstrauten umfassenden Antworten und abstrakten Solidaritätsgedanken; mancher Normierungsversuch war ihnen zu disziplinierend. Sie wollten sich nicht vorschreiben lassen, nach welchen Gesichtspunkten sie ihr Privatleben zu gestalten hatten.[6]

Hin zu einer Lebenskunst – Die praktische Boheme

Als im Lauf des bürgerlichen 19. Jahrhunderts die früheren feudalen Rollenverständnisse wegfielen, öffnete dies einen Raum für persönliche Lebensentscheidungen. Künstlerinnen und Künstler, die sich von aristokratischen Gönnern emanzipiert hatten, waren auf einmal gezwungen, ihr Leben selbstbestimmt auszurichten. Vielfach wogen sie Optionen gegeneinander ab; nicht selten unterliefen sie Erwartungen, die an sie gestellt wurden. Gegenüber manchen Zumutungen des modernen Lebens, etwa der Pflicht zur Arbeit oder zum Erwerb, waren sie skeptisch eingestellt. Sie suchten nach Alternativen und loteten individuelle Spielräume aus. Könnte, so fragten sie sich, das Leben nicht auch vollkommen anders organisiert werden? Jedenfalls waren sie gegenüber Fortschrittsideologien misstrauisch und setzten auf Subversion.

Der Lebensstil der Boheme hat nach Auffassung des französischen Soziologen Pierre Bourdieu «durch Phantasie, Wortwitz, Esprit, Chanson, Trinkgelage und Lieben in ihren vielfältigen Formen [...] einen wichtigen Beitrag zur Entwicklung des künstlerischen Lebensstils» geleistet. Dieser diffundierte in die Gesellschaft – die Boheme revolutionierte die Ansichten darüber, was ein gutes Leben ausmacht. Dies tat sie weniger in ausgefeilten theoretischen Texten und Manifesten als vielmehr im tätigen Leben mit all seinen Ambivalenzen. Um es bildlich auszudrücken: Die hier entstandenen Texte und Bilder wurden mit dem ganzen Körper geschrieben bzw. gemalt; und der umfasst neben dem Hirn bekanntlich noch viele andere Organe inklusive des Unterleibs. Daher werde ich in den folgenden Kapiteln einen intimen Blick auf das Leben meiner Protagonisten werfen. Das ist auch deswegen aufschlussreich, weil sie häufig ihre eigenen Anschauungsobjekte sind und uns an ihren Gefühlen in Tagebuchaufzeichnungen und Briefen teilhaben lassen. Als gewollte Außenseiter waren sie Suchende, die die herrschenden Konventionen sprengten, um ihren Traum zu realisieren. Ihre Ansätze können uns folglich bis heute inspirieren – und vielleicht sogar den Weg weisen.[7]

Kaum eine andere gesellschaftliche Gruppierung hat sich so alltagspraktisch mit der Kunst des guten Lebens auseinandergesetzt und dabei unzählige Sinnsprüche und Kalenderweisheiten produziert wie die Boheme.[8] Nicht grundlos hat Alain de Botton in seinem Buch *StatusAngst*, in dem er philosophische Ansätze für ein gelungenes Leben Revue passieren lässt, der Boheme ein eigenes Kapitel gewidmet.[9] Dennoch bin ich dem Beispiel de Bottons nicht gefolgt und habe keinen weiteren philosophisch fundierten Glücksratgeber verfasst. Deren Krux besteht ja nicht selten darin, dass die Lehren, die aus ihnen folgen, mit der suggerierten Tiefe der großen Namen – von Aristoteles bis Epikur – nicht Schritt zu halten vermögen.[10] Viele sind so trivial, dass man auch ohne Referenz, nur mit etwas eigener Überlegung auf die aus ihren Texten abgeleiteten Ratschläge gekommen wäre.

Daher habe ich einen anderen Weg gewählt. Ich nähere mich den Themen in erzählender Weise, berichte von Bohemiens und Bohemiennes, von Lebensläufen am Rande der Gesellschaft und solchen, die ins Zentrum der öffentlichen Aufmerksamkeit führten. Es wird sich zeigen, dass sich bei vielen Personen Widersprüche auftun; dass ihr Bestreben, sich individualistisch zu verhalten, längst nicht immer zum Erfolg führte. Nicht selten erteilte ihnen das Leben schmerzhafte Lektionen. Aber ihre Lebensgeschichten sind für uns gerade deswegen so instruktiv, weil sie von ständigen Reflexionen von Sinn und Zweck ihres Tuns begleitet waren.

Die Bohemiens und Bohemiennes führten gewissermaßen ein Leben für die Galerie. Ihr privates Leben war nicht in dem Sinne privat, dass es auf die Privaträume beschränkt war. Der Murger-Biograf Alfred Delvau drückte dies so aus: «In unseren vier Wänden leben, denken, trinken und essen, zu Hause sterben, wir finden das langweilig und unbequem. Wir brauchen Öffentlichkeit, Publikum, die Straße, das Cabaret ...»[11] Dazu trägt bei, dass viele Bohemiens sich dem Skandal nicht nur nicht abgeneigt zeigten, sondern ihn geradezu suchten. Beispielsweise stattete der Autor Hans Jæger seinen Roman *Kristiania Boheme* (1885) über einen Selbstmörder mit so vielen freizügigen Details aus, dass er deswegen angezeigt und ins Gefängnis geworfen wurde. Diese exhibitionistische Form der Existenz wirkt gerade im Zeitalter von Social Media seltsam vertraut. Die Boheme war viel mehr als bloß eine Lebensform; sie war eine dramatisierte Spielart einer modernen Lebensführung, die im Laufe der Zeit in die Mitte der Gesellschaft diffundierte.

Doch vor voreiligen Schlussfolgerungen sollte man sich hüten. Im Scheidungskampf mit seiner ersten Ehefrau Siri von Essen hat August Strindberg auf den Vorwurf, er beleidige sie in einem Moment auf die unversöhnlichste Weise und im nächsten wolle er sie mit aller Liebe und Zärtlichkeit zurückgewinnen, mit einer Definition geantwortet: Ein Spießer ist, wer gleichzeitig nur zu einem Gefühl fähig ist.[12] Das mag wahr sein oder falsch; jedenfalls ist der Ausspruch kein schlechtes Motto für die folgenden Ausführungen. Auch hier müssen sich Lesende darauf gefasst machen, dass manche Themen zuerst von der einen und dann von der anderen Seite betrachtet werden und dass beide Sichtweisen nicht widerspruchsfrei ineinander aufgehen. Trotzdem sind beide gültig. Nicht nur bei Strindberg verlaufen diese Trennlinien manchmal innerhalb einer Person. Mehr noch: Es sind genau diese Gegensätze, die einen großen Teil des intellektuellen Reizes ausmachen, sich mit der Boheme zu beschäftigen. Nicht wenige von ihnen sind unverändert aktuell.

Was aber hat es mit den schwarzen Katzen im Titel auf sich? Seit dem ausgehenden Mittelalter dienten Katzen als Projektionsfläche für menschliche Abgründe und Begehren: Obschon sie gleich wie die braven Schoßhündchen zusammen mit den Menschen lebten, waren sie anders als diese im Grunde unzähmbar. Symbolisch standen sie für verführerische Lüste ebenso wie für eine ungehemmte, insbesondere weibliche Sexualität. Das machte sie für die Boheme attraktiv – und deswegen werden in den folgenden Kapiteln immer wieder Katzen herumstreunen.[13]

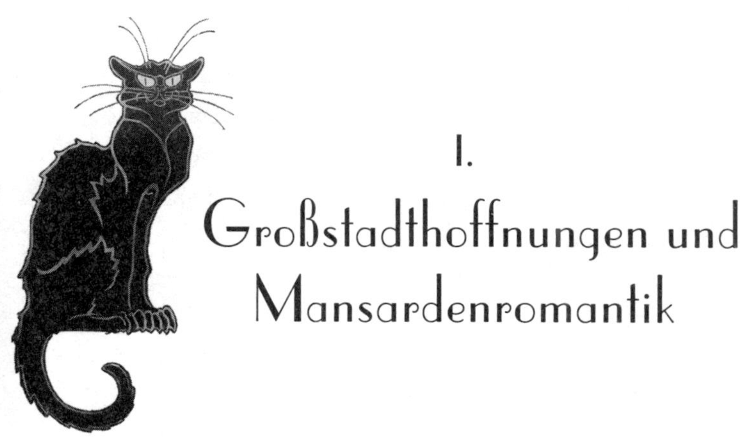

I. Großstadthoffnungen und Mansardenromantik

Paris als Verheißung

Ein junger Mann aus der Provinz kommt nach Paris, einer von Tausenden, und tausende Geschichten fangen so an: Er stürzt sich in das Gewimmel auf den gepflasterten Straßen, die Sinneseindrücke sind verwirrend, der Lärm, die hohen Gebäude. Der Pomp der mächtigen Repräsentativbauten beeindruckt ihn. Möglicherweise setzt er sich in ein Café und steckt sich eine Zigarette an; er fühlt sich fremd, alle anderen scheinen sich zu kennen. Paris kann einschüchternd wirken. Niemand hat auf ihn und seine Talente gewartet. Wird er sich durchsetzen können, Erfolg haben? Einsam, jetzt schon zu nächtlicher Stunde, geht er durch die von Gaslaternen beleuchteten Straßen …

Abgesehen davon, dass ebenso viele Frauen in Paris ihr Glück suchten, worauf wir gleich noch kommen werden, ist einiges an dem jungen Mann bemerkenswert. Zunächst einmal ist er ein Individuum; sein Name wird heute vergessen sein, es sei denn, er hat es geschafft und ist zu Ruhm gelangt. Hector Berlioz beispielsweise ist als Achtzehnjähriger aus der kleinen Gemeinde La Côte-Saint-André in der Auvergne nach Paris gekommen, um Medizin zu studieren. Die grausigen Sektionen im Pathologiesaal bereiteten ihm Ekel, lieber konzentrierte er sich auf die Musik, wo er es zum gefeierten Komponisten brachte.[1] Oder Honoré de Balzac aus der Provinzstadt Tours, der es sich zur Aufgabe seines kurzen Lebens machte, das Pariser Großstadtleben in all seinen Facetten als *Comédie humaine* zu beschreiben.

Im zentralistischen Frankreich gab es keine mit Paris vergleichbare Stadt. Wer auf eine Karriere in den Künsten oder der Wissenschaft aspirierte, den zog es dahin. Aber die allermeisten sind so namenlos nach Paris gekommen, wie sie dort gestorben sind, selbst wenn auf ihrem längst verschwundenen Grabstein ein Name gestanden hat. Eine Bekanntheit als Künstler oder Schriftsteller, Ruhm gar, war nur wenigen vergönnt. Die Hoffnung darauf aber beflügelte viele, so viele, dass der junge Mann, der nach Paris kommt, nicht nur ein Individuum ist, sondern ebenso ein Topos.

Kaum einer hat diesen präziser in Worte gefasst als Balzac in seinem dreiteiligen Roman *Verlorene Illusionen* (1837–1843). Mit Anleihen bei seiner eigenen Biografie beschreibt er den Weg Luciens, Sohn einer Hebamme und eines Apothekers, aus einem kleinen Provinzort nach Paris. Lucien hofft, in der Großstadt sein Eldorado zu finden. Wie der Romantitel verrät, stellt sich das Unterfangen als schwierig heraus. In seiner mitreißenden Prosa, die uns mit dem Helden mitschauen, mithören, mitriechen, miterleben und mitfühlen lässt, bringt uns Balzac das komplexe Pariser Stadtgefüge näher. Damit aber hat *Verlorene Illusionen* das Bild geprägt, das wir uns heute von Paris machen und das durch unzählige Filme ikonisch geworden ist.

Auf einen Nenner gebracht: Paris ist eine Verheißung. Die Stadt bezaubert durch Progressivität und Prachtentfaltung; viele historische Epochen haben hier ihre Spuren hinterlassen, teilweise in engster räumlicher Verdichtung. So wollte Kaiser Napoleon Bonaparte beispielsweise an der Stelle, wo die Revolutionäre von 1789 das köngliche Gefängnis Bastille stürmten, als Symbol seiner imperialen Macht und als Erinnerung an seinen erfolgreichen Ägyptenfeldzug einen monumentalen Brunnen errichten lassen. Als Brunnenfigur vorgesehen war ein Elefant von 24 Metern Höhe, dessen Leib aus erbeuteten spanischen Kanonen gegossen werden sollte. Eine Aussichtsplattform auf seinem Rücken hätte den Besucherinnen und Besuchern einen Panoramablick erlaubt. Ein Architekt wurde bestimmt, ein Bildhauer schuf einen Elefanten aus Gips und Holz, der 1814 an Ort und Stelle aufgestellt wurde. Doch nach Napoleons verheerenden militärischen Niederlagen im gleichen Jahr, die seine Entmachtung und Verbannung nach Elba zur Folge hatten, wurde das Brunnenprojekt abgeblasen. Daran vermochte auch Napoleons kurzzeitige Rückkehr auf die Schlachtfelder Europas nichts zu ändern. Sie fand in der Niederlage in der Schlacht von Waterloo im Juni 1815 ihr definitives Ende.

Die Umgestaltung der Place de la Bastille musste einige Jahre warten. Erst Louis Philippe, der bei der Julirevolution 1830 als «Bürgerkönig» an die Macht gekommen war, initiierte ein neues Projekt, nämlich den Bau einer 52 Meter hohen Kupfersäule. Bei deren Fertigstellung 1840 waren am Sockel die Namen von 504 Bürgern eingraviert, die sich in der Julirevolution zehn Jahre zuvor verdient gemacht hatten. Die Spitze der Julisäule zierte eine blattvergoldete Figur *Genie de la Liberté* (Geist der Freiheit) von knapp sechs Metern Höhe – es war längst nicht die einzige namenlose allegorische Frauenfigur, mit der Paris in diesen Jahren verschönert wurde. Zahlreiche andere Prachtbauten entstanden, so etwa der 1851 eröffnete Invalidendom. In ihm wurden die sterblichen Überreste Napoleon Bonapartes in einem sechsfach geschachtelten monumentalen Sarkophag bestattet. Rund um ihn stehen Statuen seiner wichtigsten Generäle und Marschalle – mit Namen selbstverständlich.

Die Prachtentfaltung ist aber nur die eine Seite von Paris, und dafür gibt es kein besseres Beispiel als den Gipselefanten auf der Place de la Bastille. Er blieb nämlich bestehen, auch noch als die

Julisäule längst einen Schatten warf. Bald diente der Elefant als bevorzugter Treffpunkt von Bettlern und Randständigen, was Victor Hugo und Heinrich Heine, die darüber Texte verfassten, nicht verborgen blieb. Als er 1846 endlich weggeräumt wurde, stellte sich heraus, dass sein Inneres voll von Ratten war, die in ihm einen Unterschlupf gefunden hatten.

In Paris bestanden extreme Gegensätze von Reichtum und Armut, von Glanz und Elend, von Lebensgenuss und Verachtung. Im Winter lag der Rauch von den Holzheizungen in der Luft; die Hinterhöfe stanken nach Urin von den Schweinen und Hühnern, die in ihnen gehalten wurden. Die Abwässer wurden direkt in die Seine geleitet, die bald einer Kloake ähnelte. Überhaupt waren die hygienischen Verhältnisse so pitoyabel, dass Seuchen wie die Cholera ein einfaches Spiel hatten. Begünstigt wurde dies auch dadurch, dass immer mehr Einwohner in der Stadt lebten. Waren es um 1800 rund 500 000 gewesen, stieg die Zahl bis 1840 auf über eine Million.

Gleichwohl lag, besonders nach der Julirevolution 1830, Aufbruchsstimmung in der Luft. Das Bürgertum hatte sich durchgesetzt, und mit ihm seine Werte wie Erfolgsstreben, Fleiß, Verlässlichkeit und Verantwortungsgefühl. Nicht nur in Frankreich, auch in vielen anderen europäischen Ländern, formierten sich junge Oppositionelle, denen dies nicht weit genug ging. Sie setzten sich mit viel Emphase für einen Nationalstaat ein, für verstärkte bürgerliche Teilhabe auch auf politischer Ebene. Diese war aber nicht so leicht zu haben. In seinem juvenilen Manifest *Über die Gerontokratie* von 1828, das in seiner Vehemenz vergleichbar mit heutigen Attacken gegen die «alten weißen Männer» ist, polemisierte der Philosoph James Fazy gegen diese Situation. Er mokiert sich über die Unfähigkeit der *Geronten*, die Notwendigkeiten der aktuellen Gesellschaft zu erkennen. Alle wichtigen Posten in Frankreich hätten sie usurpiert. Sogar im Theater seien die Schauspielerinnen und Autoren – das wertvollste Gut einer Nation – einer Handvoll Männer ausgeliefert, welche sich *Seigneurs* nannten. Dabei sei doch allgemein bekannt, dass gesellschaftliche Superiorität fast ausschließlich unter den (machtlosen) Intellektuellen zu finden sei.[2]

Nicht nur Fazy hatte dieses Empfinden. Viele junge Menschen sahen sich in eine verwaltete Welt geworfen, in der sie ihre persönlichen Aufstiegsoptionen eher skeptisch beurteilen mussten. Die oberste Schicht von Paris, genannt *Tout Paris*, bestand aus einem elitären Zirkel von nur rund 2000 Personen, wie Balzac schrieb.[3] Doch in dieser hoch kompetitiven Gesellschaft, in der mit einer gewissen Gnadenlosigkeit um die Plätze an der Sonne gerungen wurde, sahen nicht alle den Sinn darin, bei diesem Spiel mitzutun. Waren Macht und Reichtum wirklich so erstrebenswerte Ziele? Oder gab es anderes, Ruhm vielleicht, nach dem zu streben sich lohnte?

Ein junger Mann, Henri Murger mit Namen, hatte große Träume. Als Sohn eines Schneiders, der gleichzeitig Concierge war (die beiden Berufe ließen sich bestens verbinden), stammte der 1822 Geborene aus der unteren Mittelklasse. Eine bürgerliche Karriere gibt er auf, noch bevor sie richtig begonnen hat. Ohne Enthusiasmus übt er untergeordnete Tätigkeiten in einer Anwaltskanzlei aus. Der geregelte Alltag ödet ihn bald an. Er würde gerne Maler werden, merkt aber, dass sein Talent dafür nicht reicht. Also vielleicht Dichter? Er schließt sich einer Clique von ähnlich denkenden Künstlern an, die sich *Buveurs d'Eau* (Wassertrinker) nennen. Der Name kommt daher, dass sie aus Kostengründen einzig Wasser trinken. Ihre schöpferische Kraft wollen sie nicht mit Schlemmereien vergeuden, sondern sich auf das Wesentliche konzentrieren. Zusammen leben sie in einem heruntergekommenen Gebäude, das ein Chronist so beschreibt: «Ein großes Tor öffnete sich zu einem Hof voller Mist, wo Hühner und Enten pickten; Arbeiter und Wäscherinnen lebten in einem großen unregelmäßigen Gebäude, das von kleinen Behausungen umsäumt wurde. Steile Holztreppen führten vom Hof hinauf in die verschiedenen Zimmer,

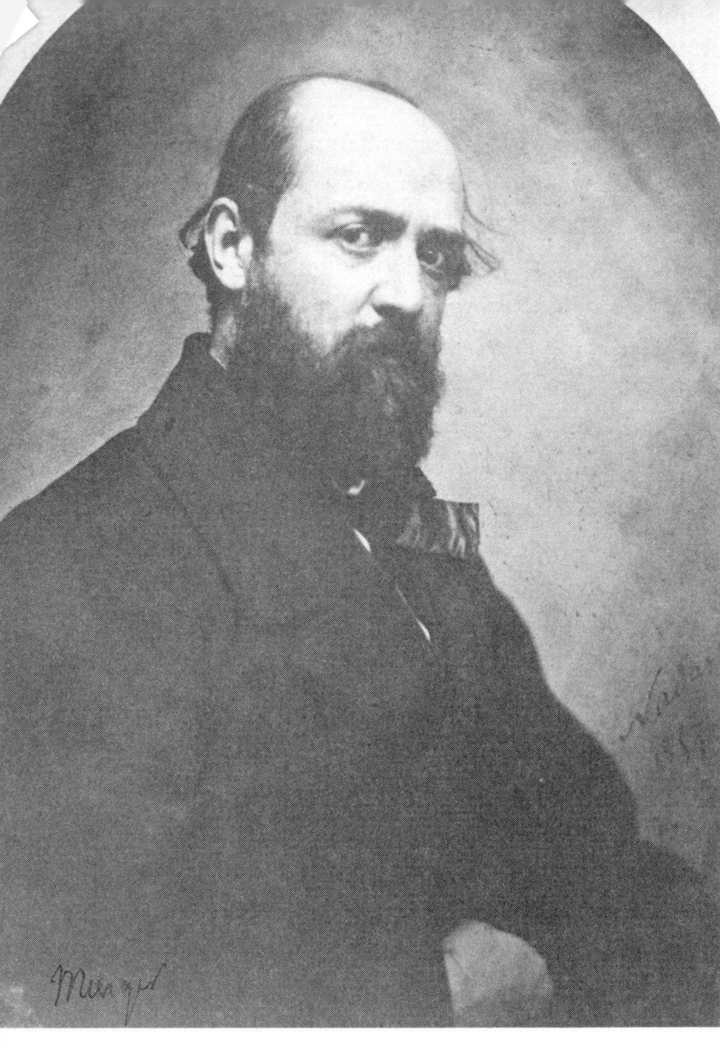

Der Begründer des Boheme-Mythos Henri Murger hat früh mit gesundheitlichen Problemen zu kämpfen. Er leidet an Purpura, einer seltenen, unheilbaren Gefäßentzündung, die schreckliche Hautauschläge und fortgesetzte Schmerzen verursacht.

die an ein ärmliches Dörfchen erinnerten.»[4] Auch Murger bezieht hier ein bescheidenes Zimmer: «Es war ein kleiner Raum mit einer so niedrigen Decke, dass darin ein großer Mann seinen Hut nicht anbehalten konnte.»[5]

In diesem Dörfchen inmitten der Großstadt gehen die Künstler, nur Männer, ein und aus, neben Murger auch die Brüder Joseph und Léopold Desbrosses, der Musiker Schanne sowie die Maler Léopold Tabar und Antoine Chintreuil, der zusätzlich in einer Buchhandlung arbeitet. Alle sind sie Autodidakten, keiner stammt aus einer besseren Gesellschaftsschicht; selbst als einigen von ihnen ein moderater gesellschaftlicher Aufstieg gelingt, mögen sie nicht auf die Attitüde der Unterschicht verzichten. Ihre Kleider lassen die jungen Männer absichtlich verlottern; auch rasieren mögen sie sich nicht täglich. Obschon keiner von ihnen studiert hat, ist ihnen ein Bildungshunger nicht abzusprechen. Im Louvre vertiefen sie sich in die großformatigen Meisterwerke vergangener Epochen, sie verschlingen Bücher, die sie aus der Bibliothek Saint Geneviève ausgeliehen haben, und manche besuchen sogar Abendkurse. Murger schreibt später, dass er seine kümmerliche Bildung an den Bücherständen, die entlang der Seine aufgereiht sind, erworben habe.[6]

Außenstehenden mochten die «Wassertrinker» wie eine verschworene obskure Künstlergruppe erscheinen. Es handelte sich um ein informelles Gemeinschaftsexperiment, dessen Mitglieder sich gegenseitig aushalfen und mit Jobs versorgten. Es kostete sie keine Mühe, einen Kollegen um den letzten Sou, das letzte Stück Brot oder den letzten Krümel Tabak anzupumpen. Konzessionen an den Materialismus oder gar bürgerliches Erwerbsstreben waren ihnen ein Gräuel. Dahinter stand ein vom christlichen Glauben getragenes Künstlerbild: Ein wahrer Künstler solle in selbstgewählter Armut leben und für Werte wie Barmherzigkeit und Kompromisslosigkeit einstehen.

In seinem deutlich später veröffentlichten Roman *Buveurs d'Eau* zeichnet Henri Murger hingegen ein kritischeres Bild dieser Künstlergruppe. Die einzelnen Mitglieder seien durch ein Band unausgesprochener Rivalitäten miteinander verknüpft gewesen. Keineswegs gingen sie so selbstlos miteinander um, wie es ihrem Ideal entsprochen hätte. Ihrem künstlerischen Werk hätten sie alles untergeordnet, auch die Gruppensolidarität: «Zurückgezogen in der Ausübung ihrer Kunst endete für sie die Welt an den Wänden ihres Zimmers oder ihres Ateliers.» Instinktiv scheuten sie davor zurück, ihre künstlerischen Aspirationen einer sozialen Utopie oder einer Schule der Literatur und der Kunst unterzuordnen, «und dieser Respekt vor individuellen Bestrebungen wurde so religiös aufgefasst, dass er der Keim für die spätere Auflösung der Gruppe war».[7]

In seiner Erzählung *Un poète de gouttières* (Ein Gossenpoet) legt Murger sogar nahe, dass viele Künstler sich in ihrer selbstgewählten Armut und Erfolglosigkeit gefallen. Scheitern ist für sie ein Grund für Hochmut, nicht für Zweifel. Melchior, der Held der Erzählung, ist überhaupt nur schriftstellerisch tätig, um seiner Geliebten zu imponieren. Doch bei ihm trägt der Kult des Scheiterns nicht weit: Sobald er realisiert, dass sie schöne Kleider und Stiefel jeglicher schönen Poesie vorzieht, wird er Kommis eines Händlers – und mit gleichem Geschick geht er nun mit Zahlen um wie früher mit Reimen. Traurige Pointe einer desillusionierenden Geschichte: Das Künstlertum Melchiors war eine aufgesetzte Pose.[8]

Bereits mit zwanzig Jahren wird Henri Murger in das Hôpital Saint Louis eingeliefert. Diagnose: Purpura, eine seltene, unheilbare Gefäßentzündung, die schreckliche Hautauschläge und fortgesetzte Schmerzen verursacht. Seine Briefe, die er aus dem Krankenhaus schreibt, sind tragikomische Zeugnisse eines schwergeprüften jungen Mannes, der trotz aller Beschwerden seine Ideale nicht fahren lässt und auch den Humor nicht gänzlich verliert. «Ich bin von Flammen umhüllt, ich brenne buchstäblich.» Tausend Trompeten schmettern in seinem Ohr, am Nachmittag schafft er es nicht, dreißig Schritte zu machen; er hat beinahe unerträgliches Kopfweh, dazu Ohnmacht und Schwindel, der ihn wie einen Betrunkenen schwanken lässt. Behandelt wird er mit Arsen, zusätzlich wird er «zur Ader gelassen, erneut zur Ader gelassen und eingegipst». Doch die Behandlung bringt keine nachhaltige Linderung der Schmerzen.

Untergebracht ist er in einem riesigen Krankensaal mit 106 Betten. Die Mahlzeiten sind ausreichend, wenn auch nicht besonders lecker. Immerhin werden sie regelmäßig ans Bett gebracht. In seiner Mansarde, schreibt er, hätte er sich auch keine größeren Portionen leisten können. Nach über einem Monat Aufenthalt im Krankenhaus resümiert er desillusioniert: «Unsere Existenz ist wie eine Ballade mit mehreren Couplets: Manchmal geht es gut, manchmal geht es schlecht, später noch schlechter. Aber der Refrain ist immer der Gleiche – Misere!»[9]

Bis zu seinem frühen Tod hat Murger mit gesundheitlichen Problemen zu kämpfen; schon rein äußerlich passt er schlecht in die Welt des aufstrebenden Bürgertums. Zeitgenössische Fotos und Karikaturen zeigen einen früh gealterten Mann mit schütterem Bart und hoher Stirn. Die Augen tränen ständig und liegen tief in ihren Höhlen; Augenzeugen berichten von seiner fahlen Gesichtsfarbe. Das kann jedoch auch daran liegen, dass er Unmengen an Kaffee trinkt und ständig in der Nacht arbeitet. Im Krankenhaus hat ihn besonders gestört, dass er genau dies nicht konnte. Denn obschon er ein paar Bücher mitgenommen hatte, fehlte ihm zur Arbeit während seiner bevorzugten Nachtstunden das Licht.

Trotz der widrigen Umstände stürzt sich Murger unmittelbar nach der Entlassung aus dem Krankenhaus in die Arbeit. Für einen Hungerlohn schreibt er Artikel in kleinen Zeitungen, wovon in Paris zahlreiche erscheinen. In einer der bekanntesten von ihnen, dem *Corsaire-Safran*, erhalten die freien Mitarbeiter nur ein kümmerliches Zeilenhonorar von 6 Centimes. Mit diesem kommen sie kaum über die Runden. Etwas besser bezahlt werden nur die fest angestellten Redakteure. In diesen Zeitungen wird alles verhandelt, was Paris bewegt: häufig pointiert, polemisch, mit Lust an der rhetorischen Spitze und der treffenden Formulierung.[10]

Murgers Fortsetzungsgeschichte über die Boheme, die von seinem eigenen Leben inspiriert ist, findet zunächst noch wenig Beachtung. Der Erfolg kommt erst, als 1849 auf dieser Basis ein Stück entsteht, das Begeisterungsstürme auslöst und jahrelang auf dem Spielplan steht. Nur stellt sich sofort die Frage: Was ist Erfolg? Ist ein Bohemien, der Erfolg hat, nicht ein Widerspruch in sich? Murger jedenfalls ist kein nachhaltiger Reichtum beschieden, obschon sich die später erstellte Buchversion von *Scènes de la vie de Bohème* ordentlich verkauft. Immer wieder unternimmt er Anläufe, um der ökonomischen Not zu entkommen. Einmal fragt er Victor Hugo an, ob er ihm eine Staatsstelle vermitteln könne. Der Versuch misslingt; Murger schafft den Sprung in eine bürgerliche Existenz nicht, er bleibt in der von ihm geschaffenen Rolle gefangen, als Außenseiter mit einem einzigen Lebensthema: «Murger c'est la Bohème, comme la Bohème fut Murger.»[11] (Murger ist die Boheme, so wie die Boheme Murger war.)

Ein derart legendäres Leben wie das von Murger, bei dem nie klar ist, wo genau die Grenze zwischen bedrückender Armut und Selbstpose verläuft, lädt natürlich zu Parodien ein. Der befreundete Autor Jules Champfleury lässt Murger unter dem Namen Streich in einem Roman auftreten: «Streich hatte eine einzigartige Manie: Er schrieb nur über sein Leben, seine Liebe und die Liebe von Rose. Von Zeit zu Zeit schnitt er ein Abenteuer seines Lebens ab, so wie man eine Scheibe Terrine abschneidet, und brachte diese Scheibe zum [Verleger] Monsieur de Saint-Charmay, der mit Vergnügen diese Art von Biografien von Studenten und Grisettes entgegennahm. Es bleibt unklar, wie Streich es geschafft hat, jeden Monat genau vier solche Abenteuer zu veröffentlichen.»[12]

Murgers Interesse bleibt auf das Private beschränkt. Er ist entschieden unpolitisch, von Reden und Manifesten hält er wenig. Freunde nehmen ihm übel, dass er 1848 nicht vehementer für den Republikanismus eintritt, auch als nach einem Staatsstreich Louis Bonaparte die Macht in Frankreich übernimmt und 1851 unter dem Namen Napoleon III. das Second Empire begründet.[13] Immer häufiger zieht er sich in ein Landhaus in Marlotte, am Rand des Waldes von Fontainebleau in der Nähe von Paris, zurück. Eine öffentliche Ehrung erfährt er, als er 1859 in die Ehrenlegion aufgenommen wird. Doch sein Leben verläuft weiterhin prekär, zumal sich seine gesundheitlichen Probleme verschärfen. Weil Murger sich eine Behandlung im Krankenhaus nicht leisten kann, spendet Graf Walesky 500 Francs. Vergeblich, Henri Murger stirbt mit nur 38 Jahren. Sein Erbe ist so bescheiden, dass der französische Staat die Kosten für das Begräbnis übernehmen muss. 250 Gäste sind eingeladen, ein langer Trauerumzug zieht sich durch Paris, um der großen Symbolfigur der Boheme die letzte Ehre zu erweisen.

Viel später, 1895 erst, als die Boheme längst in vielen anderen Städten Fuß gefasst hat, wird im Jardin du Luxembourg ihm zu Ehren eine Büste enthüllt. In Kupfer gegossen, mit grünlicher Patina, steht sein Kopf auf einem steinernen Sockel in einer stilleren Ecke der städtischen Parkanlage. Rosen ranken sich empor. Wer es nicht besser weiß, würde kaum vermuten, dass die Büste nicht an einen Gelehrten, sondern an die Zentralfigur der Pariser Boheme erinnert, also einen Schriftsteller, zu dessen Markenkern sein lebenslanges Außenseitertum gehörte. Mit seinem Bart sieht er sogar Karl Marx ein wenig ähnlich, dabei konnte dieser, wie wir später erfahren werden, mit der Boheme überhaupt nichts anfangen.

Grisettes und exzentrische Künstlerinnen

Die Boheme, wie Murger und andere sie als Kernelement ihrer Identität schufen, bezog sich besonders in den Anfängen nahezu ausschließlich auf ihresgleichen. Bohemiens, das waren männliche Künstler, die nach einem bestimmten subversiven Ideal lebten und dieses gegen außen zelebrierten. Den Frauen in ihrem Umfeld kam die Rolle der Muse oder Gespielin zu. Degradiert zu Objekten des männlichen Begehrens, waren sie zwar unverzichtbare Begleiterinnen, aber keine eigenständigen Akteurinnen. Sie waren dazu ausersehen, die geistigen Höhenflüge der Männer zu unterstützen, und das in ganz unterschiedlichen Rollen: indem sie sich entzogen und sich aus der Ferne anhimmeln ließen, indem sie verführten und erotischen Kitzel boten; indem sie zuhörten, animierten und trösteten, wenn es einmal nicht so gut lief. Ihre Care-Arbeit im Hintergrund war wohlgelitten, wenn auch selten öffentlich wertgeschätzt. Diese patriarchale Zuschreibung durchzieht die gesamte Frühgeschichte der Boheme.

Jedoch eröffnete eine Großstadt wie Paris auch für Frauen neue Perspektiven. Viele von ihnen, gerade aus den mittleren und unteren Gesellschaftsschichten, waren aus dem ländlichen Raum in die Großstadt gezogen. Hier fassten sie in zahlreichen Berufsgattungen Fuß, teilweise auch in solchen, die bis dahin den Männern vorbehalten gewesen waren. So sind im neunbändigen, vom Buchhändler Léon Curmer herausgegebenen Lexikon *Les Français peints par eux-mêmes* (wörtlich: Die Franzosen, wie sie sich selbst malen; nicht weniger als fünf Bände sind der Hauptstadt Paris gewidmet), auch zahlreiche Frauenberufe wie Hebamme, Zimmerdame, Femme politique, Jeune Fille, Fruitière (Früchtehändlerin) oder Krankenschwester verzeichnet. Die prächtig illustrierten Bände stellen ein reichhaltiges Kompendium von nicht weniger als 300 Typen von Französinnen und Franzosen dar. Verfasst sind die einzelnen Artikel nicht im sachlichen Stil eines klassischen Lexikons, sondern als lustvolle Typenbeschreibungen mit literarischem Anspruch. Auch Stilmittel wie direkte Rede, Ironie oder satirische Zuspitzung finden sich, machen geradezu die Qualität der Artikel aus. Manche Eigenart eines Typs wird liebevoll auf die Schippe genommen und überzeichnet. Auch subtile Gesellschaftskritik spielt eine Rolle, etwa wenn über die resolute Früchtehändlerin, eine füllige Frau, welche die Hälfte ihres Lebensalters überschritten habe, gesagt wird: «Wir verstehen, dass eine solche Frau, obwohl sie verheiratet ist, niemals das Potenzial ihres Ehemanns hat. Darin wie in vielem anderen irrte das Gesetz, das sie zur Unterwerfung verpflichtete. Der Ehemann einer Früchtehändlerin ist ein problematisches

Wesen, das zweifellos existiert, das wir aber nicht sehen, das wir nicht kennen und über das wir nicht sprechen.»[14]

Ein Artikel ist der Grisette gewidmet, einer Figur, deren Bedeutung für die Boheme gar nicht überschätzt werden kann. Der Autor Jules Janin behauptet gleich zu Anfang, dass es Grisettes nur in Paris gebe, nicht aber in London, St. Petersburg oder Berlin. Es handelt sich um Frauen aus der Unterschicht, die sich in der Großstadt als Näherinnen oder als Verkäuferinnen durchschlagen. «Ihre fleißigen Hände verarbeiten unaufhörlich Gaze, Seide, Samt und Leinwand.» Nicht selten schicken sie an ihre auf dem Land verbliebenen Familien Geld. Die Bezeichnung Grisette kommt von der meist selbstgenähten grauen Kleidung, die sie tragen. Obschon eine Grisette kaum mehr als eine Fabrikarbeiterin verdient, ist sie schon wegen ihres Berufes besser als diese angezogen: «Kurz nach Tagesanbruch steht die Grisette auf, sie wäscht sich, sie kämmt ihr schönes Haar von oben nach unten und zieht daraufhin ihre blitzsaubere Kleidung an, die sie tagsüber anbehalten wird.»

Adrett, hübsch, kokett und ein wenig frech, so ist die Grisette in der Idealvorstellung. Sie führt ein unabhängigeres Leben als die höheren Töchter, die ihre Zeit beim Klavierspiel vertun und häufig früh verheiratet werden. Doch ihr Status bleibt unklar, wie Janin erläutert: «Ihre Position ist gleichzeitig hoch und untergeordnet, sie leben zwischen dem übertriebensten Luxus der Mächtigen dieser Welt und ihrem eigenen Elend» – ein Schicksal, das ihnen viel Mut abverlange, da sie sowohl gegenüber dem Luxus wie dem Elend standhaft bleiben müssten.[15] Die Hoffnung auf den gesellschaftlichen Aufstieg erfüllt sich jedoch nur für wenige Grisettes. Daher bedauert es Mariette, eine fiktive Modistin – im 19. Jahrhundert wurden sie auch häufig Putzmacherinnen genannt –, nicht reich geboren zu sein. Auf die aktuellen Herren sei leider kein Verlass mehr: «[Sie] kommen, um uns durch die Schaufenster des Ladens zu betrachten und uns sehr schöne Briefe zu schreiben. Aber sie heiraten uns nicht.»[16]

Trotz geringer Aussichten auf eine dauerhafte Beziehung, gar eine Heirat, lassen sich Grisettes dem Klischee nach gerne auf einen Flirt oder eine Liebelei ein. Sie suchen die Abwechslung, den Spaß, sie lassen sich gerne ausführen und sind generell dem Luxus zugetan. Um auch in der bildungsbürgerlichen Schicht angesehen zu sein, geben sich die Grisettes manchmal als Studentinnen aus. Im *Dictionnaire Universel Larousse* von 1879 wird dies ironisch so kommentiert: «Im Quartier Latin leben eine Menge Grisettes der besonderen Sorte, die man Studentinnen nennt, obschon kein Beobachter angeben könnte, in welcher Wissenschaft sie sich hervortun.»[17] In vielen Beschreibungen werden die Grisettes in eine gewisse Nähe zur Prostitution gerückt. Sie würden mit fast jedem Mann ausgehen, wenn er ihnen nur genug großzügige Geschenke mache. Sexuell seien sie freier, einer Liebelei selten abgeneigt. Dieser Diskurs kann jedoch sehr schnell ins Moralische kippen. In seinem zweibändigen Werk über die Prostitution in Paris, das inzwischen antiquarisch zu sehr hohen Preisen gehandelt wird, findet Alexandre-Jean-Baptiste Parent-Duchâtelet, Doktor und Mitglied des Pariser Gesundheitsausschusses, 1836 deutliche Worte: «Da einfache, schlichte und gar getragene Kleider heutzutage als Schande für eine Frau betrachtet werden, muß man sich da wundern, wenn junge Mädchen den Verlockungen eines Kostüms zum Opfer fallen, dessen Besitz sie umsomehr begehren, als dieses Kleidungsstück sie scheinbar über den Stand, in dem sie geboren, erhebt, und ihnen ermöglicht, wenigstens äußerlich einer Gesellschaftsklasse anzugehören, von der sie sich verachtet glauben.»[18]

Genau das macht die Grisettes zu idealen Begleiterinnen: Sie versprechen Spaß ohne Verpflichtung, Affären mit ihnen sind grundsätzlich möglich, ohne dass auf sie wie bei Bürgertöchtern zwingend eine Heirat folgen muss. Trotzdem ist es falsch, die Grisettes einzig als Opfer zu betrachten. Sie hatten die Möglichkeit, ein eigenständiges Leben zu führen; materiell ging es ihnen nicht schlecht und manchen von ihnen gelang auch ohne Heirat ein moderater sozialer Aufstieg, zumal wenn sie nach einer gewissen Zeit wieder in die Dörfer und Kleinstädte zurückkehrten, aus denen sie Jahre zuvor aufgebrochen waren.

Aber in Paris, da kann eine Grisette «je nach Lust und Laune des Künstlers», wie Jules Janin ausführt, alles sein: «große Dame, Bürgerliche, Majestät, Fabelgöttin». Sie ist ebenso eine Projektionsfläche für männliche Wünsche, wie sie eine reale Frau ist. Besonders deutlich wird dies an den zahlreichen von Männern verfassten Erzählungen und Stücken, die ihr gewidmet sind.[19] In der später verfilmten Erzählung *Mimi Pinson* von Alfred de Musset, dem späteren Ehemann von George Sand, wird dies besonders deutlich. Musset beschreibt den Studenten Eugen aus guter Familie, einen weltabgewandten Träumer, der keine Freundin hat und auch nicht mit den Grisettes in den Läden flirtet. Sein Freund Marcel, der selbst verliebt in die Grisette Zelia ist, singt ihm ein Loblied dieser Frauen. Er schwärmt ihm vor, wie tugendsam, sparsam und anspruchslos diese Näherinnen doch seien, und arrangiert bald ein Treffen zwischen Eugen und der Grisette Mimi Pinson. Diese ist nicht unbedingt eine klassische Schönheit, jedoch in den Augen Eugens mit ihrem wohlgeformten Gesicht, den blanken Augen sowie den schwarzen langen Haaren durchaus attraktiv. Gemeinsam gehen sie aus, nach einem Glas Wein spielt Eugen am Klavier eine Quadrille und trägt ihre «Nähnadelpoesie» vor: «Mimi Pinsons Seele ist ohne Schlacke / das Herz sehr für die Republik». Das Fest dauert bis zum Anbruch des folgenden Tages.

Der zweite Teil der Erzählung spielt bei einem Barbier, der auch Wuchergeschäfte macht. Eugen ist zu ihm gegangen, um Geld zu leihen, und trifft dort zufällig Marcel, was beide peinlich berührt. Zufällig sehen sie Mimi Pinsons schwarzes Kleid, das diese versetzt haben muss. Marcel löst es für vier Francs aus. Gemeinsam gehen sie zu Mimi, die sie in Vorhangstoff und einen Schal gehüllt empfängt, da sie kein anderes Kleid hat. Es stellt sich heraus, dass Mimi

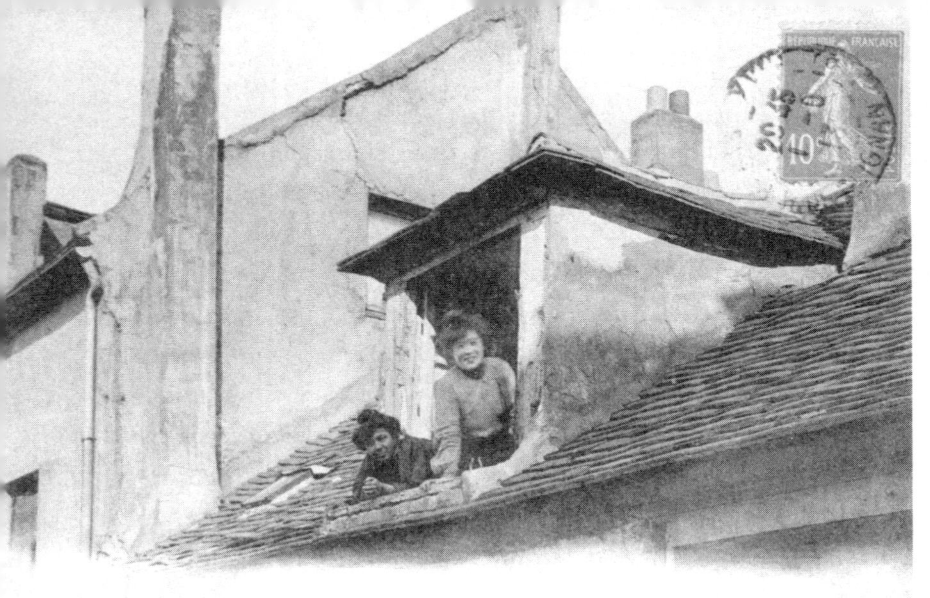

In einem bescheidenen Wohnhaus an der Rue Mont-Cenis im Montmartre soll der Legende nach die Grisette Mimi Pinson in einer Mansarde unter dem Dach gelebt haben. Wobei es Mimi Pinson in Wirklichkeit nie gegeben hat: Sie taucht erstmals 1845 in Alfred de Mussets gleichnamiger Erzählung auf. Ihr Mythos hat sich danach verselbständigt.

ihr letztes Kleid hergegeben und sogar noch auf das Mittagessen verzichtet hat, um ihrer in Not geratenen Freundin Rougette zu helfen. Diese hatte ihr Geld mit großartigen Soupers, die sie sich eigentlich nicht leisten konnte, verprasst. Eine edle Tat von Mimi! Nun hat Eugen die Antwort auf seine zuvor gestellte Frage: «Glaubst du, man könnte mit klugem Rat, mit gesittetem Betragen und ein wenig Unterstützung aus solchen Frauen vernünftige Geschöpfe machen?»[20]

Die herzzerreißende Moral der Geschichte: Mimi Pinson, die reine Grisette, nimmt Not und Entbehrung auf sich, um ihrer leichtsinnigen Freundin Rougette zu helfen. Allein aus den mit Bedacht gewählten Namen der Frauen ergibt sich ihre unterschiedliche Bewertung durch den Autor: Die reine Grisette, die selbstlos ihr letztes Kleid für eine Kollegin hingibt, steht der impulsiven

Rougette gegenüber, deren «Rot» im Namen auf ihre in der Erzählung nur angedeuteten sexuellen Triebe verweist. Mimi Pinson hingegen ist ein leuchtendes Vorbild, ein Engel gar, und Eugen kann sich sogar nachträglich glücklich schätzen, sich in sie verliebt zu haben.

Die hier verhandelten Themen gehörten bald zur Paris-Folklore und wurden in zahlreichen Lustspielen immer wieder variiert: Der in Paris lebende Schotte George Mac-Master schrieb ein perlendes Couplet über die Grisette, die beschwingt, ein wenig verrucht, ihren Weg geht. Die Nähe zum Tingeltangel, zur Prostitution war dabei durchaus gewollt. Frivol waren die Stücke, aber alles im Rahmen des im bürgerlichen Zeitalter gerade noch Tolerierbaren. Auch eine der ersten bekannten Nacktaufnahmen in der Geschichte der Fotografie ist in einem solchen Zusammenhang entstanden. Der Karikaturist und Journalist Nadar (eigentlich Félix Tournachan), der sich 1854 ein Fotolabor an der Rue Saint-Lazare eingerichtet hatte, bildete die Kokotte Marie-Christine Roux, die mit dem Ellbogen verschämt das Gesicht abdeckt, in einer frivolen Pose ab. Diese Marie-Christine Roux scheint das Vorbild von Henri Murgers Sängerin Musette gewesen zu sein – eine Figur, die Mussets Rougette nicht nur dem Namen nach ähnelt.

Sobald die Grisettes nicht mehr jung und begehrenswert waren, erlahmte das Interesse der Männer an ihnen. Der Schriftsteller Alfred Delvau, der mit seinen Romanen selbst zum Ruf der Grisettes beigetragen hatte, suchte für sein Buch *Les Dessous de Paris* die unterschiedlichsten Schauplätze auf. Unter anderem schaut er sich mit seinem Freund Privat d'Anglemont, den man als aristokratischen Bohemien bezeichnen könnte, das Hôpital de la Salpêtrière an, seit der Gründung 1656 eine der bedeutendsten psychiatrischen Anstalten Europas. 4000 Patientinnen verteilen sich auf sieben Abteilungen. Vier Abteilungen davon sind für Greisinnen vorgesehen, je eine für die «verrückten, idiotischen und epileptischen» Frauen. Untergebracht sind sie in Sälen mit acht bis zehn Frauen, manche von ihnen stecken in Zwangsjacken, beschreibt Delvau. Mit großer Ergriffenheit und einer kleineren Note Sensationslust ruft er aus: «Diese Kreaturen ohne Namen, die ich vor mir sehe, abgemagert, rasiert, heruntergekommen, sie waren einmal schön!» Aber jetzt sieht er keine blonden oder braunen Haare mehr, sondern nur noch graue. Auch rosa Lippen oder gar ein Lächeln sucht er vergebens. Er zeigt sich entsetzt über die miserablen Bedingungen, denen die Frauen ausgesetzt sind. Sein Freund Privat d'Anglemont trifft Héloise, eine ehemalige Grisette, die ebenso erbärmlich in La Salpètrière lebt wie die anderen Frauen. Bald verlassen die

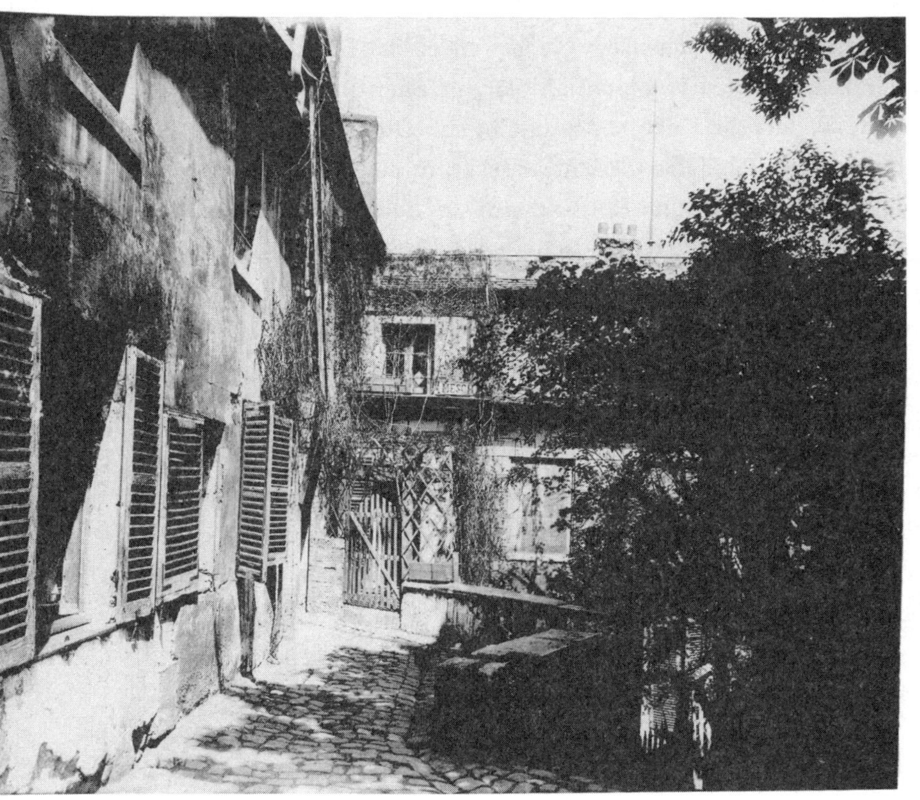

beiden Herren das Hôpital. In den folgenden Kapiteln des Buches wendet sich Delvau anderen Pariser Sensationen zu.[21]

In einer Zeit, da Frauen keine staatsbürgerlichen Rechte hatten, gelang es nur wenigen, sich von den einengenden gesellschaftlichen Fesseln zu befreien. Unter ihnen waren fast ausnahmslos Frauen aristokratischer oder großbürgerlicher Herkunft, da sie den sozialen Einschränkungen weniger unterworfen waren. Für sie bot die Boheme ab den 1830er-Jahren ein alternatives Lebensmodell. Die Suche nach einem authentischen Leben, nach einer authentischen Kunst kam ihrem individualistischen Streben entgegen. Auf der Strecke blieb hingegen zu einem guten Teil die Solidarität mit anderen Frauen, besonders mit denjenigen aus den unteren gesellschaftlichen Schichten. Gegenüber den Grisettes grenzten sie sich deutlich ab.[22]

Die Schriftstellerin George Sand, eine Vielschreiberin, die unzählige Romane und tausende Briefe verfasste, ist hierfür ein gutes Beispiel. In linken Pariser Kreisen führt sie ein unabhängiges Leben; sie pflegt Liebschaften und lässt sich von Konventionen generell wenig einengen. Sie genießt es, nicht selten als Mann verkleidet, durch die Großstadt zu flanieren, «niemand kannte mich, niemand sah mich an, … ich war ein Atom in unabsehbarer Menge».[23] Ihre vielfach in historischen Milieus spielenden Romane sind häufig glänzende Causerien: verspielt, von tiefgründigem Unernst, bis in den Sprachgebrauch hinein orientieren sie sich an den Gepflogenheiten der Aristokratie. In dem Roman *Die letzte Aldini* erzählt sie in manchmal umständlicher Manier die Liebschaften eines Grafen mit einem Heiratswunsch. Das Problem dabei ist nur, dass er seine Liebhaberin, die Schauspielerin Cecchina, deswegen

Der Innenhof des 1925 abgerissenen Hauses von Mimi Pinson. Es erlangte eine solche Bekanntheit, dass es mehrfach auf Bildern von Maurice Utrillo abgebildet ist.

nicht verlieren möchte. Liebesverwicklungen, Maskeraden, Treuegelöbnisse und vieles weitere aus dem Repertoire des aristokratischen, ja höfischen Liebeswerbens werden wortreich verhandelt: «Dieses sonderbare Mädchen übte über mich einen fortdauernden Zauber, der mich stets und überall nach dem Willen ihrer beweglichen Phantasie hinriß. Sobald sie fern von mir war, entzogen sich meine Gedanken ihrer Herrschaft und ich analysierte ungehindert ihre Handlungen und ihre Worte; aber sobald ich bei ihr war, kam ich, ohne es zu wissen, dahin, keinen anderen Willen zu haben als den ihren. Dieser Ausbruch der Zärtlichkeit erweckte meine eingeschlummerte Gluth.»[24] George Sand bleibt mit ihrer spitzen Feder ihrem aristokratischen Milieu und der Welt des Salons verhaftet, obschon sie in Bezug auf die Ehe progressive Ansichten vertritt. In einem Artikel schreibt sie: «Die Ehe ist jetzt und für alle Zeit nach meiner Ansicht eine der verhaßtesten Institutionen. Ich zweifle nicht daran, daß sie abgeschafft werden wird, wenn die Menschheit einen Fortschritt auf der Bahn der Gerechtigkeit und der Vernunft macht; ein menschlicheres und nicht minder heiliges Band wird dann die Ehe ersetzen und wird im Stande sein, die Existenz der Kinder zu sichern, ohne für immer die Freiheit der Eltern in Fesseln zu schlagen.»[25] 1848 wendet sie sich jedoch gegen den Vorschlag der radikalen Feministin Eugénie Niboyet, einer Vertreterin der Saint-Simonisten und des Club des Femmes, sich als Kandidatin für die konstituierende Nationalversammlung aufstellen zu lassen.[26]

Dass George Sand möglicherweise gut daran tat, sich politisch nicht für die Frauenrechte einspannen zu lassen, zeigt die Geschichte von Louise Colet. 1810 als Louise Révoil in Aix-en-Provence geboren, verfolgt sie früh das Ziel, als Schriftstellerin und Intellektuelle zu reüssieren. Mit 24 Jahren heiratet sie den Musiker Hippolyte Colet, und zwar hauptsächlich in der Absicht, wie sie später zugibt, durch ihn in die Hauptstadt Paris zu gelangen. Hier legt sie einen ersten Gedichtband vor, der nicht mehr als ein paar freundlich-respektvolle Kritiken erntet. Sie lässt sich nicht beirren und bleibt unermüdlich aktiv; ein großer Wunsch von ihr ist, wie Mme de Staël und andere Vorbilder einen Salon zu gründen, als dessen umschwärmter Mittelpunkt sie sich gerne sähe. Eine herausragende Schönheit ist sie bestimmt, daran kann es gar keinen Zweifel geben, das haben ihr die Männer mehrfach schriftlich und mündlich bestätigt. Wenn man sich die überlieferten Porträts anschaut, die sie mit ihrem strahlendsten Lächeln und kunstvoll frisierten Haaren zeigen, kann man sich diesem Urteil noch heute anschließen. Ihrem Ziel kommt sie näher, als sie mit ihrem Ehemann 1841 eine bessere Wohnung in der Nähe der Place de la Pigalle bezieht. Zu diesem Zeitpunkt pflegt sie bereits mehr oder weniger diskret gehandhabte Affären mit Männern aus der Politik und Kultur. Später wird sie sich auch mit dem aufstrebenden Schriftsteller Gustave Flaubert auf eine Liebschaft einlassen, die sie erst beendet, als sie sich in gewissen Zügen von Madame Bovary unvorteilhaft zu erkennen glaubt. Jeden Donnerstagabend empfängt sie nun in ihrem eigenen Salon; sie ist eine perfekte Gastgeberin, welche die Gäste, häufig Männer aus der Académie Française, mit Poulet à la Provençale verwöhnt.[27]

Aufsehen in der überschaubaren Szene ihres Salons erregt, dass sie schwanger ist. Dabei ist ihre Ehe doch fünf Jahre kinderlos geblieben. Es wird gemunkelt, dass der Bildungsminister Victor Cousin der Vater ist, nicht der gehörnte Ehemann. Alphonse Karr, ein spitzzüngiger Journalist, der sich in dem satirischen Monatsmagazin *Les Guêpes* (Die Wespen) schon mehrfach mit frauenfeindlichen Texten, die lustig sein sollen, hervorgetan hat, macht diese Vermutung wenig dezent öffentlich. Polemisch schreibt er, dass man unter Cousin eine hübsche Frau sein müsse, um eine Pension als *Homme de Lettres* zu erhalten. Colet ist schon im neunten Monat schwanger, als sie sich zu einer Reaktion entschließt. Sie packt ein Messer ein und begibt sich zu Karrs Wohnung, worauf, wie sie später in einem Rückblick schreibt, Folgendes passiert: «Er bat mich, in sein

Haus zu kommen, und als er sich gegen die Pförtnerloge lehnte, stach ich ihm in die Nieren. Ein paar Tropfen Blut spritzten heraus. Das Messer war abgerutscht. Aus Angst wegen seiner veröffentlichten Infamien trug er, wie man mir sagte, eine Art Harnisch. Er drehte sich schnell um und entwaffnete mich.»[28] Danach habe er sogar noch eine Kutsche für ihre Rückfahrt gerufen und ihr ganz ritterlich beim Einsteigen den Arm dafür angeboten; was für eine lächerliche Geste! In einem Artikel, den Karr danach schreibt, entschuldigt er sich für seine Worte und bittet sie und alle anderen Frauen um Vergebung. Eine gewisse ironische Volte kann er sich in seinem Entschuldigungstext dennoch nicht verkneifen: Er beschreibt genüsslich, dass die Angreiferin ihn stärker verletzt hätte, wenn sie direkt zugestochen hätte, anstatt den Arm zunächst in einer tragischen Geste hochzureißen, um auf der späteren Lithographie des Zwischenfalls heroischer dazustehen.

Wie dem auch sei, solche individuellen Widerstandsformen gegenüber übergriffigen Äußerungen, so theatralisch und ineffektiv sie auch gewesen sein mögen, setzten jedenfalls ein Zeichen. Zudem ist zu beobachten, dass die Salonkultur der Aufklärungszeit sich in der Mitte des 19. Jahrhunderts mit Elementen der antibürgerlichen Boheme amalgamierte. Gerade für Frauen, deren Engagement sich in der Regel auf den privaten Bereich beschränken musste, boten sich dadurch neue Chancen. Mit dieser Lebensstilrevolution – dem «liederlichen» Leben der Grisettes oder den Frivolitäten der Salondamen – wurden die Grundlagen für spätere Entwicklungsschritte gelegt.

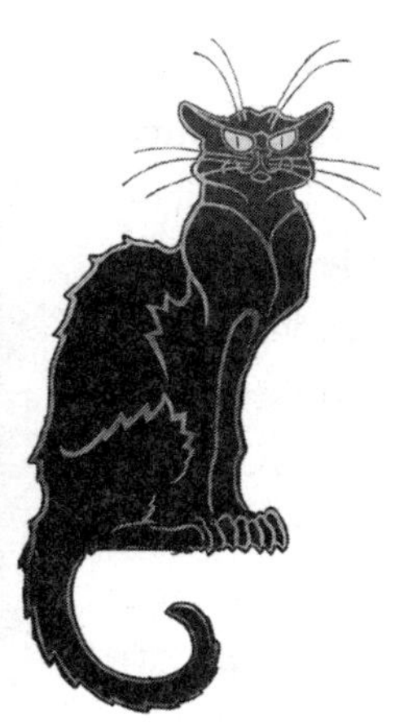

II.
Freundschaftszirkel in Cafés

Meinungsbörsen und Wärmehallen

Für viele Schriftsteller und Künstlerinnen gehört zum täglich gepflegten Ritual, sich in ein Café zu begeben. Für wenig Geld – manche sitzen Stunden oder ganze Tage hinter einer erkalteten Tasse Kaffee – können sie hier ganz unterschiedlichen Aktivitäten nachgehen. Sie stöbern in den ausliegenden Zeitungen und Zeitschriften, spielen Schach, lassen sich den neuesten Klatsch brühwarm erzählen, treffen den Galeristen oder Verleger, diskutieren über Metaphysik oder, mit etwas Schadenfreude, über das durchgefallene Theaterstück eines Kollegen. Auch gesellige Runden, die manchmal bis in die frühen Morgenstunden dauern, sind nicht selten. Immer wieder finden auch Lesungen oder Kabarettvorführungen in Cafés statt; manche Etablissements wie das Chat Noir im Montmartre sind regelrecht darauf spezialisiert. Cafés stehen zudem beiden Geschlechtern offen, Männer und Frauen können sich in ihnen zwanglos näherkommen. Das war umso bedeutsamer, als viele Bohemiens zur Untermiete wohnten und die oft gestrenge Schlummermutter mit Argusaugen beobachtete, wer unbefugt in die Wohnung kam und wie lange die betreffende Person blieb. Da die Untermieter oft auch von der Küchenbenutzung ausgeschlossen waren, gingen viele dazu über, ihre Mahlzeiten in Restaurants oder Cafés einzunehmen.

Für manche Journalisten und Schriftsteller aber war das Café nicht nur «Wärmehalle» und «Meinungsbörse», sondern auch Arbeitsort.[1] Nur dem dekadenten Schriftsteller Joris-Karl Huysmans wollte sich die Magie einer Kaffeehausexistenz nicht erschließen: «Warum, ohne es zu müssen, die ständigen Kundenbewegungen, das Kommen und Gehen der Kellner, das ohrenbetäubende Geschwätz der Nachbarn und das Geschrei der Kellner ertragen?»[2] Das Ambiente, an dem Huysmans sich störte, war für andere geradezu ideal, um schriftstellerisch tätig zu sein: Das Klirren der Gläser und des Geschirrs, die halblauten Gespräche von den Nebentischen, das beständige Kommen und Gehen der Kellner, das als Hintergrundgeräusch ans Ohr dringt, empfanden viele als inspirationsfördernd. In Cafés konnten Schriftsteller ihrer einsamen Tätigkeit nachgehen, ohne sich gänzlich von der Außenwelt abzusondern; es war möglich, anwesend zu sein bei gleichzeitiger innerlicher Abwesenheit – schon damals eine angenehme Vorstellung! Sogar umworben konnten sich Bohemiens von manchen Cafés fühlen: Dem sowjetischen Schriftsteller Ilja Ehrenburg schmeichelte es, dass ihm im Café Rotonde im Montparnasse kostenlos Papier zur Verfügung gestellt wurde.[3] Dieses wird oben oder unten stolz mit dem Namen des Lokals beschriftet gewesen sein. Wenn sich ein solches Blatt in einem Nachlass findet, dann erinnert dies immer auch an den etwas antiquierten Glanz des Orts, an dem die darauf festgehaltene Notiz mutmaßlich verfasst worden ist.

In ein Café ging man allein, aber einsam war man in ihm nie. Es bot Geselligkeit im vertrauten Kreis, gemeinsam essen, trinken, palavern, häufig in klar definierten Zeitfenstern. Das brachte nicht zuletzt den Vorteil mit sich, dass die meist frei arbeitenden Intellektuellen sich zwanglos in eine Tages- und Wochenstruktur fügen konnten. Sogar als Individualist lebt es sich leichter in einer Gemeinschaft von Gleichgesinnten. Anders als in dörflichen oder kleinstädtischen Strukturen, die durch Tradition und Herkunft bestimmt sind, lassen sich in einer Großstadt soziale Bindungen zu einem großen Teil selbst wählen. Daher ist die Bohemekultur ganz maßgeblich von Freundschaftsbünden und -zirkeln (Cénacles) geprägt. Diese bieten, gewissermaßen als Safe Spaces angesichts der als feindlich empfundenen Umwelt, etwas Nestwärme unter Menschen mit vergleichbaren Wertehaltungen. Die *Buveurs d'Eau* (Wassertrinker) von Henri Murger gehören zu den ersten dieser Künstlergruppen, denen viele weitere folgen sollten.

Für den einzelnen Bohemien ist der Beitritt zu einer Künstlergruppe jedoch nicht unproblematisch, ja eigentlich ein Paradox: Wie kann man Mitglied einer Gruppe sein und sich doch als Individuum fühlen? Oder anders gefragt: Wie lassen sich die Ansprüche an ein gutes Leben mit den Anforderungen, welche die Gemeinschaft stellt, zur Deckung bringen? Die Frage hat häufig für die einzelnen Mitglieder keine befriedigende Antwort gefunden. Aber die grundsätzliche Skepsis gegenüber einer allzu engen Gemeinschaft zeigte sich auch daran, dass die meisten Gruppen nur für eine beschränkte Zeit aktiv waren. Ständig waren sie von Zerfall bedroht: Zerwürfnisse gab es zuhauf und manchmal folgten ihnen sogleich Neugründungen mit ähnlichem oder gerade bewusst anderem Namen. Innerhalb einer Stadt bildeten die vielfach miteinander verknüpften Kreise ein gegenkulturelles Geflecht.

Jedoch achteten die Mitglieder darauf, dass ihre Gruppe informell und auch einigermaßen unverbindlich blieb; eine allzu formelle Ausgestaltung, möglicherweise gar mit fix verteilten Ämtern, wurde als mit der Boheme nicht vereinbare Vereinsmeierei abgelehnt – Boheme, das waren viel eher hochfliegende Manifeste oder parodistische Statuten, die den bürgerlichen Bürokratiewahn ad absurdum führten. So bestand die Satzung der von Otto Erich Hartleben 1903 in Salò am Gardasee begründeten Halkyonischen Akademie für unangewandte Wissenschaften aus bloß zwei Paragrafen: «§ 1. Die Zugehörigkeit zur Halkyonischen Akademie bringt weder Pflichten noch Rechte mit sich. § 2. Alles Übrige regelt sich im Geiste halkyonischer Gemeinschaft.»[4]

Doch die Cénacles und Künstlergruppen hatten noch eine weitere Funktion, sonst hätten sie sich nicht solch fortgesetzter Beliebtheit erfreut. Als Gesinnungs- und Aktionsgemeinschaften auf freundschaftlicher Basis dienten sie der Steigerung der Bekanntheit ihrer Mitglieder, die sich hinter einer «Marke» versammeln konnten. Allerdings darf man die ökonomischen Erwägungen, die hinter einer Gruppe standen, nicht überbetonen. Ebenso wichtig waren ideologische Anliegen, die häufig in der Durchsetzung eines bestimmten Menschen- und Weltbilds gipfelten. Am klarsten schälten sich die Konturen eines Cénacles heraus, wenn er sich in Opposition zu bestehenden künstlerischen Strömungen formierte; zudem brachte diese klare Frontstellung gegenüber dem Bestehenden den Vorteil erhöhter Aufmerksamkeit bei der Kritik und dem Publikum mit sich. Bei den «Secessionen», die sich ab 1892 in verschiedenen Städten bildeten, lässt sich diese Motivation bereits am Namen ablesen.

In vielen Fällen trafen sich die Mitglieder eines Cénacles in einem Stammcafé. In Paris war diese Tradition schon seit dem 18. Jahrhundert verbreitet, als sich Aufklärer, unter ihnen Voltaire und Rousseau, regelmäßig im legendären Café Procope zu ausgedehnten Diskussionsrunden versammelten. Aus dieser Zeit sind auch die ersten schwärmerischen Lobreden über das Café überliefert, die sich dann bis in die Gegenwart fortsetzten: «Das Café ist die Seele, der Geist der Welt, so wie die Sonne die Lampe und der natürliche Wärmespender ist.»[5] So brachte dies ein anonymer Autor 1841 in einer Studie, die er eigens über die Physiologie der Pariser Cafés verfasste, auf den Punkt. Inzwischen ist seine Lobrede des Cafés – auch von den Schriftstellern und Künstlerinnen selbst – so oft wiederholt worden, dass sie ebenso wie Paris als «Stadt der Lichter» zum Klischee geronnen ist.[6] In gewisser Weise waren die egalitär(er)en Cafés als Nachfolger der aristokratischen Salons die

Sinnbilder für den aufklärerischen Diskurs des Fortschritts und der Demokratie. 1789 gab es in Paris erst rund 3000 Cafés; bis zum Ersten Weltkrieg waren es mehr als zehnmal so viel, eine weit überproportionale Steigerung im Vergleich zum Bevölkerungswachstum.[7] Doch lässt sich nicht von *dem* Café sprechen: «Ein Vergleich eines Boulevardcafés mit einem des Quartier Latin ist ähnlich wie der einer edlen Dame aus der Chaussée d'Antin mit einer armen Arbeiterin aus der Rue de la Harpe», ist in der bereits zitierten Untersuchung von 1841 zu lesen.[8]

Die prachtvollsten von ihnen waren Paläste für das gehobene Bürgertum, etwa das 1855 gegründete Le Grand Café am Boulevard Saint-Martin, eine Demonstration von Geschäftigkeit und wirtschaftlicher Prosperität. Auf einem zeitgenössischen Stich ist zu erkennen, wie elegante Herren mit Zylindern und Damen in Reifröcken aus der Kutsche aussteigen, um sich durch Säulenportale hindurch ins Innere zu begeben. Die Fassade des Cafés hätte in ihrem antikisierenden Stil gravitätischer nicht sein können; mit ihren vorgelagerten Säulen und dem mit Reliefs verzierten Giebel, auf dessen Spitze eine Frauenfigur thronte, erinnerte sie an einen antiken Tempel. Das detailreich ausgearbeitete Eingangstor, ein Kunstwerk für sich, war von zwei Kariatyden gesäumt, von denen eine die Industrie, die andere den Handel repräsentierte. Im Innern setzte sich die verschwenderische Prachtentfaltung fort. Allein schon die Dimension des Cafés muss auf die Gäste einschüchternd gewirkt haben: Der Hauptsaal wies eine Länge von 50 Metern, eine Breite von 20 Metern und eine Höhe von 15 Metern auf, wobei die Längsseite wiederum mit angedeuteten Säulen verziert war. Erleuchtet wurde der Saal von verschnörkelten Lüstern; edle Holzvertäfelungen mit Intarsien an den Seitenwänden vermittelten den Eindruck fast barocker Festlichkeit. Hier, in diesem gebauten Traum wirtschaftlicher und kultureller Überlegenheit, ließ sich als Angehöriger der Haute volée im Kreise ebenfalls Erfolgreicher wunderbar stilvoll speisen und trinken.[9]

Aber in solch verschwenderisch ausgestattete Cafés werden sich Bohemiens eher selten verirrt haben, und dies nicht nur, weil sie zu teuer waren. Schon im 19. Jahrhundert durfte in ihnen mehrheitlich nicht geraucht werden – ein klares Manko in einer Zeit, in der die Zigarette oder Pfeife für viele Bohemiens ein wichtiges Requisit zur Inszenierung ihres Lebensstils war.[10] Folglich bevorzugten sie bescheidenere Lokale, häufig rustikalen Zuschnitts, wie das Café Voltaire, das Café Tabourey oder das Café d'Orsay, die sich allesamt im Quartier Latin befanden. Als dieses ab den 1870er-Jahren an Anziehungskraft verlor, verschob sich die Boheme-Szene in den Montmartre oder den Montparnasse.

Schon damals eilte manchem Café ein Ruf voraus, der sich in der Realität kaum erfüllte. Als der Schriftsteller Émile Goudeau 1869 als junger Mann nach Paris kommt, um auf den Spuren der Boheme zu wandeln, ist er enttäuscht. Den von ihm erhofften Glanz, das große intellektuelle Leben, das in Cafés stattfinden soll, sucht er vergebens. Kein Etablissement kann auch nur annähernd mit dem fiktiven Café Momus mithalten, wie es Henri Murger beschrieben hat.[11]

Als Informationen noch nicht jederzeit und überall zugänglich waren, dienten die Cafés auch als Umschlagplätze von Neuigkeiten. Zwar änderten die Sensationen, Krisen und Konflikte, von denen die ausliegenden Zeitungen täglich berichteten, im Regelfall nichts an der stetigen Geschäftigkeit am Tresen, doch registriert wurden sie allemal. August Strindberg, selbst ein eifriger Kaffeehausgänger, fasst die Veränderungen 1894 in einem Artikel für die Zeitschrift *L'Echo de Paris* zugespitzt zusammen: Früher sei das Leben mit Postkutschen und Postpferden gemächlich dahingeflossen, alle hätten noch reichlich Muße gehabt: «Brief in drei Tagen, Romane in sechs Bänden, Dramen in fünf Akten». Das aber habe sich in der Gegenwart gründlich geändert: «Für uns Menschen des Dampfes, der Elektrizität, der Eilpost, des Telefons: der Band mit zweihundertfünfundsiebzig Seiten, der sich zwischen Paris und

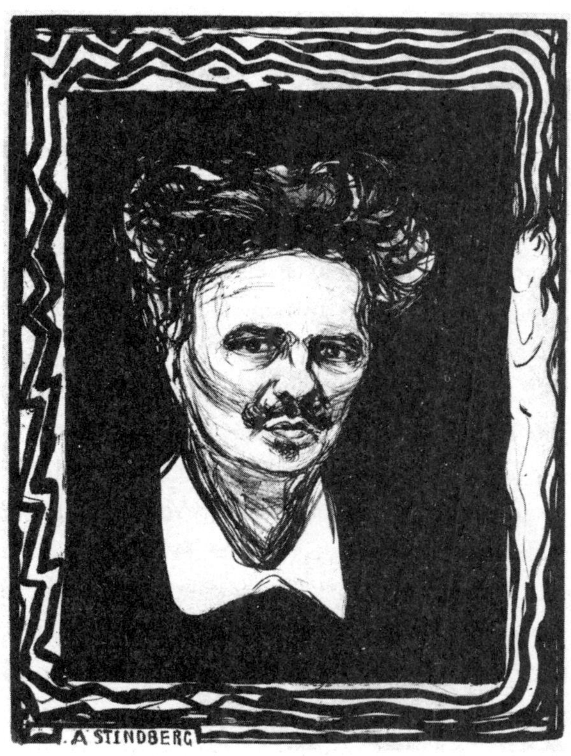

Der ohnehin häufig misstrauische Schriftsteller August Strindberg hat sich gefragt, ob Edvard Munch wohl absichtlich seinen Namen falsch geschrieben habe. Das war nicht der Fall.

Versailles liest; für uns die Telefonsprache, kurz, klar, korrekt!» So atemlos, gehetzt die neue Zeit ist, so gehetzt ist auch der Stil Strindbergs, der sich zu einem Stakkato auswächst. Für schöngeistige Verbrämung, für irgendwelche geistigen Girlanden, bleibt keine Zeit: «Keine Reden, niemand glaubt mehr daran! Ein Toast, und alles wäre gesagt.» – «Die nackten Tatsachen, ohne Phrasen, bilden den Text» und: «das Telegramm ist das Ideal».

Etwas überraschend sieht Strindberg die Moderne nicht im Luftschiff verkörpert, dem damals neuesten Verkehrsmittel, mit dem gerade erste Flugversuche unternommen werden. Es kommt ihm zu «kollektivistisch» vor. Die Moderne wird für ihn am ehesten vom Fahrrad repräsentiert, allerdings von einem, das erst noch erfunden werden muss. Strindberg sieht das Fahrrad der Zukunft nämlich als unabhängig bedienbare Flugmaschine aus Bambus. Es sei mit einem Trapez versehen, «das zwei einarmige Flügel aus Seide trägt, die beim Start geschlossen sind und sich, wenn die höchste Geschwindigkeit erreicht ist, entfalten und funktionieren, wenn die Achse des großen Rades mit zwei Kurbelstangen, die die Flügel bewegen ein Getriebe bildet».[12]

Ob sich ein Fahrrad mit einer solchen Konstruktion jemals in die Lüfte erheben könnte, sei dahingestellt. Bemerkenswert an Strindbergs Zukunftsvision ist, dass er ausdrücklich einem individualistischen Verkehrsmittel den Vorzug gibt. Damit schreibt er als Boheme-Vordenker gegen einen gesellschaftlichen Trend an, der als ein Signum der offiziellen Moderne gelten kann: die Idee des gemeinsamen Allgemeinen, die im 19. Jahrhundert für viele Entwicklungen wegleitend geworden war. Mit der Bildung von kulturell möglichst homogenen Nationalstaaten wurden das allgemeine Wahlrecht und die Teilhabe an der politischen Macht zur populären Forderung. Währungen, Maße und Gewichte und selbst die Zeit wurden vereinheitlicht; der im Entstehen begriffene Sozialstaat hatte den allgemeinen Wohlstand zum Ziel; auch Forderungen wie die allgemeine Wehrpflicht oder die allgemeine Steuerpflicht zielten darauf ab, früher davon ausgenommenen gesellschaftlichen Klassen wie den Aristokraten ihre Privilegien zu entziehen. Selbstverständlich entsprach diese Hinwendung zum Allgemeinen bloß einem Ideal; in der konkreten Ausgestaltung war dieses nie vollständig. Längst nicht alle konnten beispielsweise an einem Nationalstaat demokratisch partizipieren, ausgeschlossen davon waren nicht nur alle Frauen, sondern teilweise auch die besitzlosen Männer.[13]

Die Dynamik und Rasanz der Entwicklung, die Strindberg in Worte zu fassen suchte, war bei vielen Menschen von einer optimistischen Grundhaltung begleitet. Geschichte wurde als gestaltbar empfunden. Nationalstaaten wie Frankreich, das 1861 vereinigte Königreich Italien oder das Deutsche Kaiserreich, das nach seiner Gründung 1871 als «verspätete Nation» zu den anderen aufschloss, lösten bei vielen Menschen ein patriotisches Hochgefühl aus. Repräsentative Bauten wie Museen, Theater, Parlamente, die in allen Hauptstädten in teils historisierendem Stil errichtet wurden, vermittelten diese Aufbruchsstimmung. Nicht zu vergessen ist die koloniale Durchdringung fast der ganzen Welt: Vergleichsweise kleine Staaten am Rande des eurasischen Kontinents machten sich daran, weite Teile der Erdoberfläche zu kolonisieren und dem eigenen Staatsgebiet einzuverleiben. Überhaupt schmolzen die Distanzen: Ab den 1850er-Jahren war Europa von einem Schienennetz durchzogen, das Reisen schneller und komfortabler machte.

Die Zeit war geprägt durch einen Aufstieg der Industrie und des Kapitalismus. Beide zusammen wälzten die sozialen Verhältnisse innerhalb weniger Jahrzehnte um. Ausgehend von England, wo die industrielle Entwicklung in Städten wie Manchester und Liverpool als Erstes Fuß fasste, folgten später auch die kontinentaleuropäischen Mächte wie Frankreich, Deutschland und Belgien. Auch wenn das rückständige, rurale Europa nach wie vor vorherrschend war, veränderten sich, ausgehend von einigen Industriezentren, allmählich ganze Landstriche. Das «Zeitalter des Dampfes, der Kohle und des Eisens» hatte eingesetzt – und das wurde von den Künstlern und Literaten, die ihr Stammcafé kaum je zu verlassen schienen, sehr genau registriert.

Aber nur wenige machten dies wie der heute weitgehend vergessene Maler François Bonhommé zu ihrem Lebensthema. In den Jahren, in denen Maler wie Jean-François Millet in Barbizon und anderen Künstlerkolonien die «unberührte» Natur zu entdecken beginnen und Menschen bei ihren noch unmechanisierten landwirtschaftlichen Tätigkeiten abbilden, schlägt Bonhommé einen völlig entgegengesetzten künstlerischen Weg ein. Ein Aufenthalt in Philippeville (Belgien) weckt bei ihm das Interesse für die Industrie: «Es schien ihm von da an, dass diese Seite des Kampfes des Menschen gegen die Materie von der Kunst zu sehr vernachlässigt worden sei», schreibt Alexandre Dumas später völlig zu Recht über ihn.[14]

1855 streift Bonhommé wochenlang mit seinem Skizzenblock durch Abainville, einem frühen industriellen Zentrum im nordöstlichen Frankreich. 76 Zeichnungen entstehen in und um das Eisenwerk, auf denen er wie ein Reporter mit dem Zeichenstift festhält, was ihm ins Auge springt. In aller Detailgenauigkeit stellt er den Produktionsprozess dar, vom angelieferten Erz bis zum Zeitpunkt, da der verarbeitete Stahl auf Wagen verladen wird, die noch von Pferden gezogen werden. Zudem nähert er sich in zahlreichen Porträtstudien behutsam und detailreich den in Abainville arbeitenden Menschen. «Soldaten der Industrie» wird er sie später nennen, doch in diesen Skizzen geht ihnen noch jede militärische Schneidigkeit ab. Die Arbeiter in der Fabrik gehen ihren typischen Tätigkeiten nach, hantieren mit der Schubkarre, reinigen die erkalteten Öfen mit langen Besen von der Asche, hämmern, schaufeln und bohren. Er stellt einen Gießer dar, einen Zimmermann, Schlosser, Maurer oder Vorarbeiter, aber auch die Angestellten in den Büros entgehen seinem Zeichenstift nicht, der Buchhalter, der Commis, die Ingenieure und selbst der Fabrikherr. Anders als die späteren Arbeiterdarstellungen des sozialistischen Realismus sind die Arbeiter Bonhommés nicht im Gestus der heroischen Überlegenheit gezeichnet; keine Stachanows, die ihr Monatssoll um das X-fache übererfüllen. Stattdessen strahlen sie bei aller Schufterei in der Fabrik doch eine fast bürgerlich zu nennende Zivilität aus. Sie strahlen eine gewisse Verletzlichkeit aus; die Gesichter sind eher rund als kantig, die Rücken von der Arbeit gebeugt und die Körper, soweit sie sich überhaupt unter der Kleidung abzeichnen, wenig muskulös. Dabei ist die industrielle Arbeitswelt in der Sicht Bonhommés fast ausschließlich männlich geprägt. Abgesehen von einer Bäuerin, die einen Kohlewagen schiebt, bildet er Frauen nur in ihrem häuslichen Umfeld ab. Ihre Porträts erscheinen als unspezifischer, da sie im Gegensatz zu denjenigen der Männer ohne Gerätschaften wie Schaufeln, Hämmer und Zangen auskommen müssen.[15]

In den größeren Werken, die Bonhommé anschließend aufgrund der Skizzen in Farbe ausführt, ist im Verhältnis zu den Einzelstudien eine Verdichtungsarbeit zu beobachten; häufig fasst er mehrere Szenen und Arbeitsschritte in einem Bild zusammen. Immer wieder wird seine Passion für das Feuer und das flüssige Metall sichtbar, die oft in einer sehr raffinierten Lichtführung aus dem Dunkel des Bildes heraus zu leuchten beginnen. Man sollte dies auch symbolisch lesen: Als Republikaner, der sich 1848 aktiv für die demokratische Bewegung einsetzte, ist Bonhommé der Auffassung, dass die Feuerglut auch die Gesellschaft erfassen müsse. Für ihn ist ausgemacht, dass der technologische Fortschritt auch zu einem Fortschritt der Moral führt und dass die Industrie der Schlüssel dazu ist.

Jedoch ist dieser Wandel, auch das macht Bonhommé in seinen Bildern deutlich, nicht ohne Zerstörung zu haben: Die Industrie schlägt der Landschaft Wunden. Das zeigt sich am deutlichsten in seinen Bildern aus Le Creusot im Burgund, einem weiteren Zentrum seines Schaffens. In einem Aquarell mit einem ungewöhnlichen Panoramaformat (101 Zentimeter lang, aber nur 33,5 Zentimeter hoch) setzt er das Stahlwerk mit seinen Kaminen, aus denen der Rauch schwarz und weiß aufsteigt, in eine idyllisierend gestaltete Wald- und Wiesenlandschaft; in eine vergleichbare Szenerie hat Lucas Cranach der Jüngere dreihundert Jahre zuvor eine königliche Jagd gemalt. So verschieben sich die Gewichte: Die ehemalige Fonderie royale in Le Creusot wurde 1836 durch die Brüder Adolphe und Eugène Schneider übernommen. Als Konkurrenten der Firma Krupp in Essen ließen sie dort Stahl für die ständig gesteigerte Nachfrage im Industrie- und Militärsektor produzieren. Riesige Stahlteile von bis zu 100 Tonnen Gewicht und 21 Metern Länge verließen das Werk.

Obschon Bonhommé, dem inoffiziell der ehrende Beiname «Le Forgeron» (der Schmied) verliehen wurde, sein Panoramabild aus Le Creusot 1855 auf der Pariser Weltausstellung ausstellen durfte, blieb ihm der Durchbruch als Künstler versagt. Das ist wahrscheinlich auch der Grund, weshalb nur wenige private Zeugnisse von ihm überliefert sind; es ist daher unbekannt, ob er einen Boheme-Lebensstil gepflegt oder sich gerne in ein Café gesetzt hat. Immerhin muss er mit dem Bohemien Champfleury befreundet gewesen sein, denn dieser hat sich, als er wieder einmal in Geldnöten steckte, mit einem Empfehlungsbrief für ihn eingesetzt. Kommt vielleicht jetzt die Zeit für Bonhommés Wiederentdeckung? Nicht ausgeschlossen, denn so früh und so detailliert hat sich kaum ein anderer Künstler mit der industriellen Entwicklung beschäftigt.[16]

Für sein Tafelbild *Das Eisenwalzwerk (Moderne Cyklopen)*, einem der berühmtesten Werke über die entstehende Schwerindustrie, hat Adolph von Menzel das Eisenwalzwerk im schlesischen Königshütte (heute Chorzów in Polen) besucht und rund hundert Skizzen angefertigt. Schlesien durchlief in den Jahren seines Besuchs eine stürmische Entwicklung: In den Steinkohlegebieten entstanden zahlreiche große Eisenwerke, Phosphorbronzegießereien, Dampfziegeleien, Dampfbrauereien und Dampfmühlen. 1788 hatte in Tarnowitz die erste Dampfmaschine Preußens ihren Betrieb aufgenommen, 1796 in der Gleiwitzer Hütte der erste Kokshochofen. Begleitet wurde die Industrialisierung von einer massiven Bevölkerungsentwicklung: Noch 1815 war Kattowitz in Oberschlesien (heute Katowice) ein unbedeutendes Dorf, 1866 hatte die Stadt gerade mal 4815 Einwohner, 1890 waren es 16 513 und 1900 bereits 31 378, davon ein Großteil Arbeiter.

Gerade in ihrer Gegenläufigkeit sind Café und Hochofen typische Orte des 19. Jahrhunderts. Im Café wird die Wirklichkeit reflektiert, die in Gestalt des Hochofens die Welt verändert. Und sie wird dort ebenso transzendiert und intensiviert. Das Café ist eben auch ein Gegenort zu den gesellschaftlichen Kollektivphänomenen von umfassender Tragweite; in ihm ist die Zeit nicht durch die Stechuhr normiert, keine Fabriksirene schreckt auf, gehämmert und gewalzt werden allenfalls die Gedanken im Stillen. Für den spitzzüngigen Journalisten und Essayisten Alfred Polgar ist das Caféhaus eine Ersatztotalität, welche «zum Untertauchen und Zerfließen»[17] einlädt – also eine Art Gegenwelt, in der eine alternative Wirklichkeit möglich ist. Das Café als Bühne für die Performance des eigenen Lebens. Manches Drama spielt sich in seinen Räumen ab. Gerade die Ausländer, die auf lokale Gepflogenheiten weniger Rücksicht nehmen müssen, tun sich hier hervor, beispielsweise die Skandinavier, die Ende des 19. Jahrhunderts der heimischen Enge entfliehen und sich in Städten wie Paris und Berlin niederlassen.

Musik, Lyrik, Gesang und Skandal: «Das schwarze Ferkel»

Neunhundert verschiedene Schnäpse, vom Schwedenpunsch bis zum japanischen Reiswein, gibt es im Lokal an der Ecke Wilhelmstraße / Unter den Linden in der Nähe des Brandenburger Tors. Der Wirt Gustav Türke «hatte den Ehrgeiz, alle Weine und Liköre der Welt zu führen, und dies war sein Museum»; an allen Wänden standen die Flaschen und auch «das Fenster, das auf die Strasse hinausging, war mit bunten Flaschen bis oben hinauf bestellt». Ansonsten ist das Lokal äußerlich so unscheinbar wie der offizielle Name «Weinhandel und Probierstube». Auch die Inneneinrichtung, die sich auf drei kleine Zimmer, zwei links, eines rechts und dazwischen ein Raum mit Büffet, verteilt, ist kaum der Rede wert. Bei einem Sofa, das in der Nähe eines Tischchens mit zwei Stühlen steht, hängen die Rosshaare heraus. Eines Abends jedoch soll ein junger Mann versucht haben, jeden einzelnen der Schnäpse durchzuprobieren. Ein Ekstatiker, von den anderen «wilder Mann» genannt. Er steigt auf den Tisch und tanzt, er lacht dröhnend, er schwingt seinen Stock um die «wildbewegten Locken» und hält antibürgerliche Tiraden. Doch all dies tut er nebenberuflich, denn im Brotberuf ist er Sekretär eines Versicherungsverbands. Verheiratet ist er auch; zusammen mit seiner Ehefrau – ebenfalls eine Autorin – und den drei Kindern lebt er im bürgerlichen Pankow in einer großzügigen Wohnung. Zwei Jahre zuvor hatte er mit dem Lyrikband *Erlösung. Eine Seelenwanderung in Gedichten und Sprüchen* debütiert, ein ebenso feinsinniges wie ekstatisches Werk, von dem Publikum wie Kritik sofort hingerissen waren. Und diese lang ersehnte frische Dichterstimme, dieser Erfolgsdichter im Werden, Richard Dehmel sein Name, unterhält mit seiner Performance eine ganze Runde von Bohemiens, während draußen bald schon der Morgen graut und drinnen ein wild gewordener Pole begonnen hat, Chopin ins Klavier zu hämmern. Bis die ganze Runde zum Schluss anfängt, das Mobiliar kurz und klein zu schlagen. So zumindest hat ein nostalgisch gestimmter Zaungast einen typischen Abend im «Schwarzen Ferkel» im Rückblick beschrieben.[18]

Seinen Namen hat das Weinlokal von August Strindberg erhalten, der im September 1892 in Berlin ankam. Er ließ sich dafür von dem über der Eingangspforte pendelnden ledernen Weinschlauch inspirieren, der jedoch, wie manche Mitbeteiligte später etwas süffisant anmerkten, nur eine «sehr oberflächliche Ähnlichkeit mit einem dunklen Borstentier» gehabt habe.[19] Gleichwohl, der Name «Schwarzes Ferkel» bürgerte sich rasch ein und wurde sogar vom Wirt begeistert aufgenommen. Noch Jahre später schwärmten viele der Beteiligten von der «Ferkelrunde», auch Strindberg selbst: «Hier gab es wirklich alles Essen und Trinken, Telefon, Boten, die man in die Stadt schicken konnte, Schreibmaterial, so dass mancher hier alle Angelegenheiten erledigte, sogar literarische Arbeiten. Hier trafen sich nur Schauspieler, Künstler und Literaten, und alle waren mehr oder weniger bekannt. Man war wie zu Hause, wenn man zur Zunft gehörte, und kam ein neugieriger Fremder, so fühlte er sich dort nicht wohl oder wie ein Eindringling in einer geschlossenen Gesellschaft. Es gab hier tatsächlich alles, nur keine Uhr, so dass man die Zeit vergaß. Aber das schadete nichts, denn man wurde nie hinausgewiesen, auch wenn der Hahn schon gekräht hatte. Es war wohl das Ziel der meisten hier, die Zeit zu vergessen, die gegenwärtige und besonders die vergangene. Es ließen sich die Männer nieder, die im Anfang der neunziger Jahre des neunzehnten Jahrhunderts aus dem Norden ausgewandert waren, eine seltsame Schar von Talenten, die Anerkennung, Verständnis und Brot suchten, unzufrieden und zerstritten mit denen daheim.»[20]

Schon 1881 hatte der dänische Literaturkritiker Georg Brandes den «riesigen Zustrom an Fremden» beschrieben, die aus dem In- und Ausland in die «Welthauptstadt» Berlin strömten. Es herrsche hier ein «freier Geist» und eine «noble Gastlichkeit». Doch gleichzeitig störte sich Brandes bereits damals an dem aufkommenden Antisemitismus, den er als Jude sensitiv erfasste.[21] 1890 war mit Kaiser Wilhelm II. ein neuer Monarch auf den Thron gekommen. Von vielen wurde er als Vertreter eines moderneren Deutschlands begrüßt mit der Erwartung, er werde neuen Schwung in das politische Gefüge bringen. Der reaktionäre Reichskanzler Otto von Bismarck war abgesetzt, ein Aufbruch war spürbar, der sich in der Politik, aber auch in anderen Bereichen wie der Wissenschaft, der Architektur oder den Künsten niederschlagen sollte. Doch die Begeisterung währte nur kurz, bald setzte Entfremdung ein zwischen dem Kaiser und den avantgardistischen Künstlern. Die Oppositionellen der Boheme störten sich an seinem zur Schau getragenen Pathos, seinem Militarismus und überhaupt seinem Geschmack.

Zu einem Symbol dieses fehlgeleiteten kulturellen Verständnisses wurde die Siegesallee in Berlin. 1895 gab Kaiser Wilhelm II. deren monumentale Ausgestaltung mit 32 Standbildern von preußischen Heerführern in Auftrag. Im Stil des Historismus sollte sie den Machtanspruch der Hohenzollern unterstreichen. In der Boheme stieß das auf Ablehnung oder – und das war wahrscheinlich noch schlimmer – auf Spott. Richard Dehmel empörte sich: «Wir haben Stilgefühl, bombenhaftes Stilgefühl: vom Kanonendenkmal auf dem Königsplatz bis zur Kaiser-Wilhelms-Brücke mit den wundervollen Krautstrunk-Kandelabern, ja nicht zu vergessen all die schönen Zinnsoldaten mit und ohne Pferd vor der Schloßterrasse und am Opernhaus. Es lebe die Uniform!» Einmal träumte ihm, so fährt er mokant fort, dass die Mongolen die «herrliche[n] Siegesmonumente der berühmtesten Meistergreise preußischer Nation» in die Spree geschmissen hätten, bis diese übergelaufen sei. «Am Ufer aber standen alle jungen deutschen Künstler – viele waren's nicht – und hielten sich die magern Bäuche vor Lachen und klatschten sich die dünnen Schenkel vor Vergnügen, diese unpatriotischen ‹Hungerleider›.»[22]

Kaiser Wilhelm II. wiederum wehrte sich nach Kräften gegen solche in seinen Augen ungehörigen Verunglimpfungen. In seiner Rede, die er 1901 zur Eröffnung der Siegesallee hielt, wandte er sich pauschal gegen die modernen Strömungen in der Kunst und nannte sie «Rinnsteinkunst». Worauf wiederum die Künstler die Schmähung zu einem Ehrentitel umdefinierten; der Schriftsteller Hans Ostwald gab 1903 eine Anthologie moderner Texte mit dem Titel *Lieder aus dem Rinnstein* heraus.[23] – Es handelte sich um mehr als bloß atmosphärische Verstimmungen. Der Graben zwischen beiden Seiten war unüberbrückbar tief, der Kaiser und die avantgardistischen Künstler standen einander in trotzigem Unverständnis gegenüber. Der oberste Repräsentant des Staates fand sich von den Künstlern nicht genügend in seinem Glanz bestätigt; diese wiederum mochten von einem Kaiser träumen, der ihre Arbeiten wertschätzte und ihre sozialen Anliegen nicht öffentlich diffamierte.

Berlin war aber viel mehr als die höchste Staatsebene. Ganz ähnlich wie heute gab es eine Vielzahl von Orten, an denen sich die einander überlappenden kulturellen Subszenen begegnen konnten; in Cafés, auf Vernissagen, Empfängen, Feiern, Bällen oder Theaterpremieren. Das 1895 eröffnete Café des Westens erfreute sich im künstlerischen Milieu besonderer Beliebtheit. Es wurde wegen der vielen hier verkehrenden Schriftsteller und Künstlerinnen mit robustem Selbstbild auch Café Größenwahn genannt.[24] Wie es in ihm zugegangen sein könnte, hat die jüdische Autorin Rose Austerlitz in ihren Romanen *Cabaret Sphinx* (1905) und *Café Größenwahn* (1906) mit herzhaft-satirischer Überzeichnung dargestellt: Das Café, beschreibt sie, war «nicht sehr voll, es war ja noch nicht einmal Mitternacht». «[E]inige Jünglinge mit kühner Lockentolle und dreistückigen Kragen lehnten zigarettenrauchend in den Sofas und blickten wartend zur Tür.»[25] Endlich sind alle versammelt, der Raum ist stickig und überfüllt: «da saß die schief gescheitelte überschlanke Diseuse, auf deren Gesicht die Nervosität zuckte, und sprühte wie in einer windbedrohten Gaslaterne, ihr schwarzes Futteralkleid umgab ihren Schlangenleib eng hinauf bis zum Kinn. Da saß die havannabraune Tänzerin mit ihren pechschwarzen Sammetaugen und naschte alle Kuchen von den Tellern ihrer Nachbarn, dabei verschmähte sie jeglichen Löffel und aß einfach mit den Fingerspitzen.»[26] Austerlitz wandelt durch die verschiedenen Etablissements der Hauptstadt. In einem Kabarett im Scheunenviertel, also in einer übel beleumundeten Gegend mit viel Prostitution und Kriminalität, «hörten tugendhafte Frauen von der Tragik des Dirnenlebens»;[27] im Cabaret Blauer Dunst dagegen findet ein Improvisationsabend statt, also, im heutigen Sprachgebrauch, ein Poetryslam: Ein Mann nimmt ihm zugeworfene Worte auf: «Je alberner das Schlagwort, desto entzückter war das Publikum, dessen Wonne am höchsten stieg, wenn der Improvisator auf den Ruf Idiot erwiderte: ‹Zu Ihnen komme ich später!›»[28] Der Höhepunkt des Abends besteht später darin, dass ein «bleiches, schönes Mädchenköpfchen» auf einem Richtblock liegt. Ein Henker im blutroten Gewand nimmt Maß, schlägt zu und präsentiert ihr scheinbar abgeschlagenes Haupt. «Da tönte feine Musik, und das Haupt schlug die Augen auf, seufzte tief und begann zu singen.» Natürlich zu Chopins Trauermarsch. Am Schluss der Vorstellung steht die blonde Lorette, die «in ihrem Richtblock sehr unbequem gekniet hatte», mühsam auf; Applaus brandet ihr entgegen.[29]

Berlin lockte darüber hinaus mit einem anregenden intellektuellen Umfeld. Der Nietzsche-Übersetzer und Autor Ola Hansson, der mit seiner Frau, der Schriftstellerin Laura Marholm, in Friedrichshagen lebte, machte August Strindberg Berlin genau mit diesem Argument schmackhaft: Er könne im großen Germanien «sowohl das Vergnügen als auch die Ehre haben, dabeizusein».[30] Drei Jahre später ist es so weit, Strindberg, der in Schweden mehrere Prozesse wegen Gotteslästerung und Unsittlichkeit am Hals hat, flieht nach Berlin. Es ist wirklich eine Flucht: Nicht nur die skandinavische Spießbürgerlichkeit vertreibt ihn, sondern auch die Ehefrau Siri von Essen, mit der er in einem erbitterten Scheidungskrieg steckt. Er braucht frische Luft, Impulse, und was liegt da näher, als nach Berlin zu gehen, wo sein Stück *Der Vater* 1890 bereits auf der Freien Bühne aufgeführt wurde. Geld hat er kaum, sogar die Reisekosten müssen Hansson und Marholm übernehmen. Arm und abgerissen, wie es sich für einen Bohemien und Skandalautor gehört, kommt Strindberg in Berlin an. Er lässt sich von Laura Marholm aushalten, mit der er sich aber bald überwirft. Später wird sie ihn als «Schachspieler mit dem Leben» beschreiben, als einen, der besessen von Angstzuständen und einem bodenlosen Misstrauen gegen alle gewesen sei. Ein Egomane, ein Skandalautor, ein wahrer Bohemien.[31]

Sein Verlobungsgeschenk für die Wiener Journalistin Frida Uhl, die er in Berlin kennenlernt, ist ein Gemälde mit dem Titel *Nacht der Eifersucht:* Es zeigt mit hohem Abstraktionsgrad eine bewegte See. In der höchst dramatischen Meeresszenerie sind Wasser und Himmel kaum zu unterscheiden, alles ist aufgewühlt, die Wellen toben, Gischt spritzt empor, graue Nebelschwaden durchziehen einen schwarzen Himmel. Und genau so, das mag der Autor und Maler Strindberg seiner zukünftigen Frau ebenso offen wie schonungslos andeuten wollen, sieht es auch in seinem Inneren aus.[32]

Noch ist Strindberg ein kommender Autor, weit weniger bekannt als sein Konkurrent Henrik Ibsen. Berlin soll seinen internationalen Durchbruch bringen, wozu er einen guten Verlag braucht. Er spricht bei S. Fischer vor – und es ergeben sich diplomatische Schwierigkeiten. Denn der Verlag trägt auch den Ehrentitel eines Königlich Schwedischen Hofbuchhändlers, weil er die Gedichte von König Oskar verlegt hat. Also wird Strindberg in Deutschland nicht vom aufstrebenden Samuel Fischer verlegt werden; immerhin aber verschafft dieser als Schatzmeister der Freien Bühne Strindberg ein Honorar von vierhundert Kronen.[33] Überhaupt entsteht in diesen Jahren der Literaturstar Strindberg, also *der* Autor, der die heißen Themen anpackt und sie prägnant in Dramen, Romanen und Essays gießt. Im Januar 1893 wird sein Stück *Gläubiger* erfolgreich im Berliner Residenztheater aufgeführt, woraufhin er bald schon nach Paris weiterreist.

«Das schwarze Ferkel» steht in seiner kulturellen Blüte. Man habe in ihm, schreibt der polnische Avantgardist und Schriftsteller Stanisław Przybyszewski, kaum mehr einen Platz gefunden, «seitdem Strindberg in dieser Weinstube herumzusitzen begonnen hatte». Die Nachricht habe sich in der skandinavischen Kolonie sehr schnell verbreitet, alle hätten sie Strindberg kennenlernen oder die Bekanntschaft mit ihm auffrischen wollen.[34] Einmal in Stimmung gekommen, war Strindberg ein talentierter Unterhalter; er griff sich die Gitarre, fing an zu spielen und dabei zu singen. Przybyszewski, der wegen seines für deutsche Zungen kaum aussprechbaren Namens häufig Stachu oder «der Pole» genannt wurde, hämmerte dazu mit genialischer Attitüde in die Klaviertasten. «Man schob flugs Tische und Hocker beiseite, damit wir uns nicht die Beine brachen, die Gäste kauerten sich an die Wand, damit wir mehr Platz hatten für unseren unbändigen Schwung.»[35] War Strindberg aber schlecht gelaunt, was nicht selten vorkam, schwieg er passiv-aggressiv in einer Ecke. Widerspruch ertrug er schlecht, er reagierte darauf ausgesprochen gereizt.

Der «Ferkelrunde» gehörten viele weitere Skandinavier an: der norwegische Maler Edvard Munch, der neben Strindberg eine

Führungsrolle beanspruchte, der Dramatiker Gunnar Heiberg, der Maler Holger Drachmann, der Bildhauer Franz Flaum und der Schriftsteller Sigbjørn Obstfelder – ein «Dichter der Traurigkeit und des Elends», wie Max Dauthendey (selbst ein polyglotter Weltreisender mit einem breiten Themenspektrum in seinen Werken) ihn charakterisierte. Es handelte sich um einen modernistischen Zirkel, zusammen waren sie «Männer des modernen Durchbruchs», benannt nach einem gleichnamigen Buch des Literaturkritikers Georg Brandes, das 1885 auf Dänisch und 1890 in deutscher Übersetzung erschienen war. Auch zahlreiche Deutsche verkehrten hier: Mitglieder des Freien Litterarischen Vereins, der Schriftsteller Paul Scheerbart, der in seinen phantastischen Zukunftsromanen Glasarchitektur, automatische Türen, Klimaanlagen und sogar die Kartoffelschälmaschine vorwegnahm,[36] die in Friedrichshagen lebenden Brüder Heinrich und Julius Hart, der spitzzüngige Literaturkritiker Julius Meier-Graefe oder der bereits erwähnte «wilde Mann» Richard Dehmel.

Was wäre ein Treffpunkt wie «Das schwarze Ferkel» ohne die Frauen? In der überhitzten Atmosphäre des Cafés, wo die männlichen Egos aufeinanderprallten, durften sie nicht fehlen. Und sie fehlten auch nicht: In gewagten Aufmachungen mit Lippenstift und schwarz umrandeten Augen, wie von Rose Austerlitz beschrieben, flatterten sie «wie ein Schmetterling von einem zum anderen».[37] Sie setzten sich zwischen die Männer und dadurch im wörtlichen Sinn in den Mittelpunkt des Geschehens. Allein mit ihrer Anwesenheit brachten sie ein Stück Frivolität, ja Verruchtheit in die Räume. Blicke flogen hin und her, Erotik knisterte, der Geist vibrierte.

Trotzdem hatten sogar namhafte Autorinnen wie Paula Dehmel, Hedwig Lachmann oder Dagny Juel Mühe, sich in einem Lokal wie dem «Schwarzen Ferkel» zu behaupten. Als Gespielinnen und Musen wohlgelitten, versagten die Männer ihnen die Anerkennung, sobald sie sich als eigenständige Künstlerinnen zu etablieren versuchten. Komplimente zu Aussehen und Kleidern, die sich bis zu anzüglichen Frivolitäten steigern konnten, überdeckten nur notdürftig die Herablassung, die Frauen entgegenschlug, wenn sie sich entgegen der Konvention nicht in die ihnen zugedachte Rolle der Muse fügten. Trotzdem (oder gerade deswegen) haben sie in dieser Zeit hervorragende Werke geschaffen und bemerkenswerte Gedanken entwickelt – mit dem Unterschied jedoch, dass ihnen das Café in sehr viel eingeschränkterem Maß als Bühne diente. Aber gerade die Rolle im Hintergrund eröffnete neue Möglichkeiten: Dadurch hatten Frauen in der Wahl ihrer künstlerischen Mittel eine größere Freiheit. Sie, die von Anfang an außerhalb des Spiels standen, konnten die Spielregeln kreativer interpretieren als die männlichen Kollegen, die dem häufig lähmenden Konkurrenzdruck ausgesetzt waren. Zudem war unübersehbar, dass die Verhältnisse ins Rutschen kamen, dass sich männliche Vorherrschaft gerade in Boheme-Zirkeln nur mühsam aufrechterhalten ließ. Alles in allem gab es mehr als genug Anlass zu Konflikten zwischen den Geschlechtern, aber mehr dazu später.

Vorerst zurück zur Männerrunde: Während die Atmosphäre zwischen Strindberg und Munch, den beiden Zentralgestirnen der Ferkelrunde, anfänglich freundschaftlich war, entwickelten sie mit der Zeit immer stärkere Konkurrenzgefühle. Beide waren sie dominante Figuren, welche die Diskurshoheit für sich beanspruchten und schnell beleidigt reagierten, wenn die anderen ihre herausragende Stellung nicht bestätigten. Überhaupt waren die Eitelkeiten groß. Holger Drachmann, ein großgewachsener dänischer Dichter mit Wikingergestalt, äußerte sich aus einem unbekannten Anlass so kritisch über Munch, dass dieser das Lokal wutentbrannt verließ. Darüber kam es zwischen Strindberg, der Partei für Munch ergriff, und anderen zum Streit.[38]

Dieses fortgesetzte Wettbewerbsverhalten hatte auch damit zu tun, dass alle auf dem gleichen Feld tätig waren. Nur hatten längst nicht alle den gleichen Erfolg. Manche verdienten mit ihrer Kunst

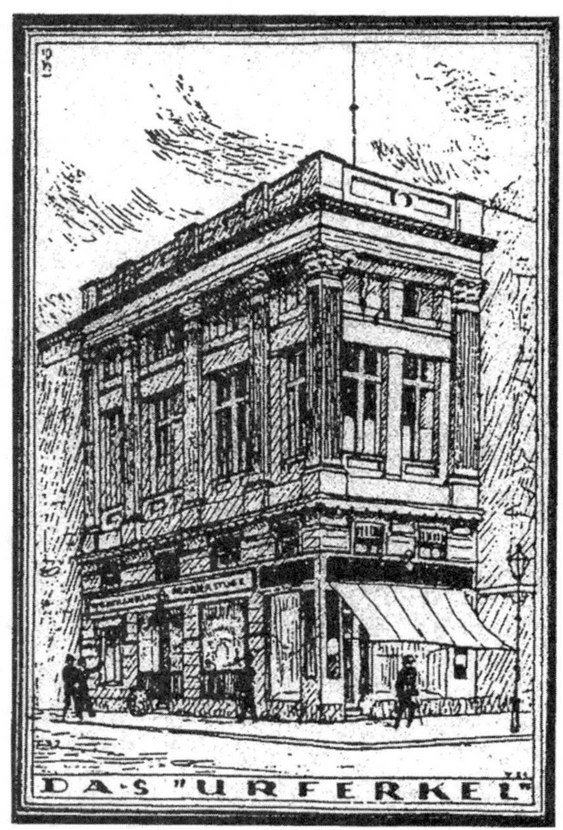

Von außen ist das Lokal mit dem offiziellen Namen «Weinhandel und Probierstube» an der Ecke Wilhelmstraße/Unter den Linden in Berlin nichts Besonderes. Aber «Das schwarze Ferkel», wie es bald genannt wurde, entwickelt sich zum Treffpunkt der Boheme.

Geld und schufen sich wie Strindberg einen Namen. Andere mussten, weil sie beispielsweise aus reichen Verhältnissen stammten, genau dies nicht tun. Argwöhnisch wurde beobachtet, wer was erreichte, wer wo publizierte, wer welchen Kompromiss einging und sich durch den Markt korrumpieren ließ. In dem überschaubaren Kreis traten Eitelkeiten besonders hervor. Jedes Verhalten wurde genau beobachtet und kommentiert, erinnerte sich der Schriftsteller Julius Hart: «Hatte man auch die Nacht schweigsam wie ein Trappist dagesessen, tag darauf erhielt man doch von irgendeinem einen Brief: Sie haben gestern das und das über mich gesagt. Wie kommen Sie dazu? Sie – Sie –!»[39] Doch gegen außen hin, so viel Fassade musste sein, trat die mythische Ferkelrunde als Einheit auf.

Treuherzig schrieb Stanisław Przybyszewski: «Unter dieser Künstlergemeinde herrschte eine solche Solidarität und solche fast übersensible Hilfsbereitschaft, daß es keinen gab, der nicht alles, was er besaß, mit den anderen geteilt hätte.»[40] Doch der gleiche Przybyszewski beklagt sich an anderer Stelle neidvoll, dass seine skandinavischen Kollegen ihre Tätigkeit unter ganz anderen Bedingungen ausüben konnten als er: «Für einen skandinavischen Künstler war es nicht schwierig, seinem vorläufig geradezu verhaßten Vaterland zu entfliehen. Jeder von ihnen bezog kraft eines Parlamentsbeschlusses, so in Kristiania wie in Kopenhagen, ein festes Monatsgehalt, das ihm einen bequemen dreijährigen Aufenthalt im Ausland ermöglichte.» Im harten nordischen Winter, fährt Przybyszewski polemisch fort, würde man deswegen in Städten wie Berlin, München, Paris, Florenz oder Rom ganze Heerscharen von Skandinaviern antreffen. Sie würden einer ausgesprochen befremdenden Form von Boheme angehören: nämlich einer Boheme mit Geld! Ein Widerspruch in sich, wie er unnötigerweise betont.[41]

Przybyszewski selbst sieht mit seinen abgerissenen Kleidern, den dunklen Augen, die unter den buschigen Augenbrauen herausfordernd blicken, und dem wilden Bart wie das Musterbeispiel eines Bohemiens aus. 1868 in Lojewo in Westpreußen geboren, besucht er in Thorn das Gymnasium. Anfang der 1890er-Jahre nimmt er in Berlin ein Architekturstudium auf, bricht dieses jedoch bald ab, um als Redakteur einer polnischsprachigen Arbeiterzeitung zu arbeiten. Gemeinsam mit seiner Partnerin Martha Foerder und drei gemeinsamen Kindern, die zwischen 1891 und 1895 geboren werden, lebt er in einer bescheidenen Wohnung. Wenn er überhaupt da ist, denn zwischenzeitlich heiratet er die norwegische Schriftstellerin und Femme fatale Dagny Juel, mit der er auch zwei Kinder hat: Zenon (*1895) und Iwa (*1897). Schwanger mit dem vierten Kind von ihm begeht Martha Foerder 1896 Suizid.

Genau in dieser privat so bewegten Zeit versucht «Stachu» sich als Autor zu etablieren. Seine Werke mit Titeln wie *Totenmesse* (1893), das dreibändige Romanwerk *Homo Sapiens* (1895–97) oder die Romane *Die Gnosis des Bösen* und *Satans Kinder* (beide 1897) sind kraftvoll, radikal, bewusst provokativ. Lustvoll wühlt er sich durch die Ränder der Gesellschaft. Das Themenspektrum reicht von drastischen Gesellschaftsbeschreibungen über Anarchismus bis hin zum Satanismus. In ihrer sprachlichen Ausgestaltung erscheinen die Texte häufig als etwas ungelenk. Das mag auch damit zusammenhängen, dass Przybyszewski sie auf Deutsch, also in einer Fremdsprache, verfasste. Vor jeder Veröffentlichung musste er sie von befreundeten Autoren auf orthographische und grammatische Unstimmigkeiten überprüfen lassen. Als Schriftsteller ist Przybyszewski immer ein Geheimtipp geblieben, was eigentlich ein Euphemismus ist: Über seine Bücher wurde mehr gesprochen, als dass sie gelesen wurden.

Aber möglicherweise ist Przybyszewski gerade deswegen eine archetypische Persönlichkeit der Boheme. Sein romanhaftes Leben überstrahlt sein Werk, oder anders gesagt: Als Selbstdarsteller seiner Rolle als radikaler Bohemien läuft er sich selbst als Künstler den Rang ab. Er ist, ähnlich wie heute mancher Star des Reality-TVs, berühmt für sein erratisches Verhalten, mit dem er den Voyeurismus des Publikums bedient. Dieses ist eingeladen, seine nur marginal anonymisierten Romane – eigentlich frühe Beispiele von Autofiktion, in der alle Charaktere einer realen Person entsprechen, die es zu entdecken gilt – zu entschlüsseln. Starke emotionale Reaktionen können nicht ausbleiben, was wiederum das Interesse am Autor befeuert. Es hieße aber einer Figur wie Przybyszewski auf den Leim zu gehen, würde man sein Verhalten als «authentischen» Ausdruck seines möglicherweise dubiosen Charakters betrachten. Die Sache liegt komplizierter, denn im Verhalten «Stachus» und anderer Bohemiens ist immer viel Pose mit dabei. Doch auch eine Pose muss, soll sie nicht leer bleiben, mit Persönlichkeit ausgefüllt werden. Und da gab es wirklich keinen, so bezeugen es neidlos viele Kollegen, der sich an den Abenden im «Schwarzen Ferkel» lauter und herausfordernder verhielt als dieser skandalumwitterte Pole.[42]

Berühmt-berüchtigt war «Das schwarze Ferkel» für lange, wirre, wilde Debatten, oder, in den Worten August Strindbergs, für «Musik, Lyrik, Gesang und Skandal».[43] In diesem Berliner Boheme-Milieu setzten alle alles daran zu zeigen, dass sie nicht tauglich waren für das konventionelle Leben in der wilhelminischen Gesellschaft. Die versammelten Bohemiens bildeten sich etwas auf ihre Progressivität und Unangepasstheit ein. Nichts verband sie mit Bürgern, welche sich einzig über ihre Arbeit definierten. Sie wollten nicht Teil einer großen Gesellschaftsmaschine sein, welche den Einzelnen zu einem Rädchen oder Schräubchen degradierte.[44]

Häufig arteten die Abende im «Schwarzen Ferkel» in exzessive Trinkgelage aus, waren aber trotzdem alles andere als dumpfe Stammtischsaufereien. Denn der vollendete Rausch war Teil eines ästhetischen Programms, für den Chronisten der Berliner Boheme Julius Bab «geradezu die vornehmste Waffe im antisozialen Freiheitskampf der Bohemiens».[45] Ein Gedichtband Erich Mühsams beschreibt das alltägliche Leben als eine Wanderung durch eine eintönige Wüste. Als erste Oase identifiziert er das Caféhaus: In ihm lassen sich nicht nur mit «feilen Weibern zarte Bande knoten», das Künstlerleben besteht auch darin, mit «teuren Freunden» zu «saufen, fluchen, zoten» und «trostlos seinen Gram in Schnaps [zu] ersäufen». Auch die zweite Oase (Destille) und die dritte (Weinhaus) sind direkt mit dem Rausch verbunden. Erst in der vierten und letzten Oase hat es sich endgültig ausgetrunken: «Bett und Sarg».[46]

Der Wirt Gustav Türke, der wusste, was er an seinen trinkfesten

Gästen hatte, zeigte sich großzügig und gewährte Kredit, wenn einer seine Zeche nicht sogleich bezahlen konnte. Die Verehrung, die dem Alkohol als Rauschmittel entgegengebracht wurde, ging so weit, dass im «Schwarzen Ferkel» mit dem Toddy sogar ein eigener Boheme-Drink kreiert wurde. Die sogenannte «Skandinavier-Milch» bestand in ihrer basalen Form aus einem Teil Whisky (notfalls tat es auch Kognak), der mit zwei Teilen Wasser verdünnt wurde. «Der erste Schluck», berichtet Julius Hart, «zerrann auf der Zunge des Kenners. Ein Zucken nur um die vollen Lippen blühend-sinnlichen Lebensverlangens.» Noch war der Wasseranteil zu hoch. Der Dichter August Strindberg «hob infolgedessen die Kognakflasche empor und füllte mit einem Guss kräftig reiner alkoholischen Gluten das Glas wieder nach. Auch der zweite Schluck hielt der Prüfung nicht stand.» Bis zu sechs Mal wurde der Alkoholanteil vergrößert; denn der galt als wahrer «künstlerischer Meister», der das «Gesetz der Steigerung und Entwicklung» am vollkommensten beherrschte.[47] Na denn prost!

Gegen Jahresende 1892 versammelt sich eine muntere Runde. Viel bekannt ist nicht von diesem Abend, nur dass ein paar Literaten wohl aus einer Sauflaune heraus dem Schriftsteller Detlev von Liliencron eine Postkarte schrieben. Der mit Bleistift geschriebene Text füllt in der krakeligen Handschrift des Strindberg-Biografen Adolf Paul die ganze Rückseite der Postkarte aus. Für sich genommen ist er wenig aufschlussreich: «Dem großen deutschen Lyriker, der zum ersten Mal den deutschen Rausch (‹Betrunken›) und die deutsche Edelnatur (‹Auf dem Altebaram›) verewigt hat.» Das Besondere an der Karte ist das anarchische Schriftbild – ohne Abstände, nahezu randabfallend, mit unmotivierten Einschüben –, das jeglicher Schönschrift, wie sie in der Schule gelehrt wurde, spottet. Nur zu gerne wäre man dabei gewesen, als dieser Text niedergeschrieben wurde. Wer hat in der munteren Runde die Idee gehabt, dem Kollegen zu schreiben? Wer hat einen Textvorschlag gemacht und wer hat bei der Niederschrift dazwischengerufen?

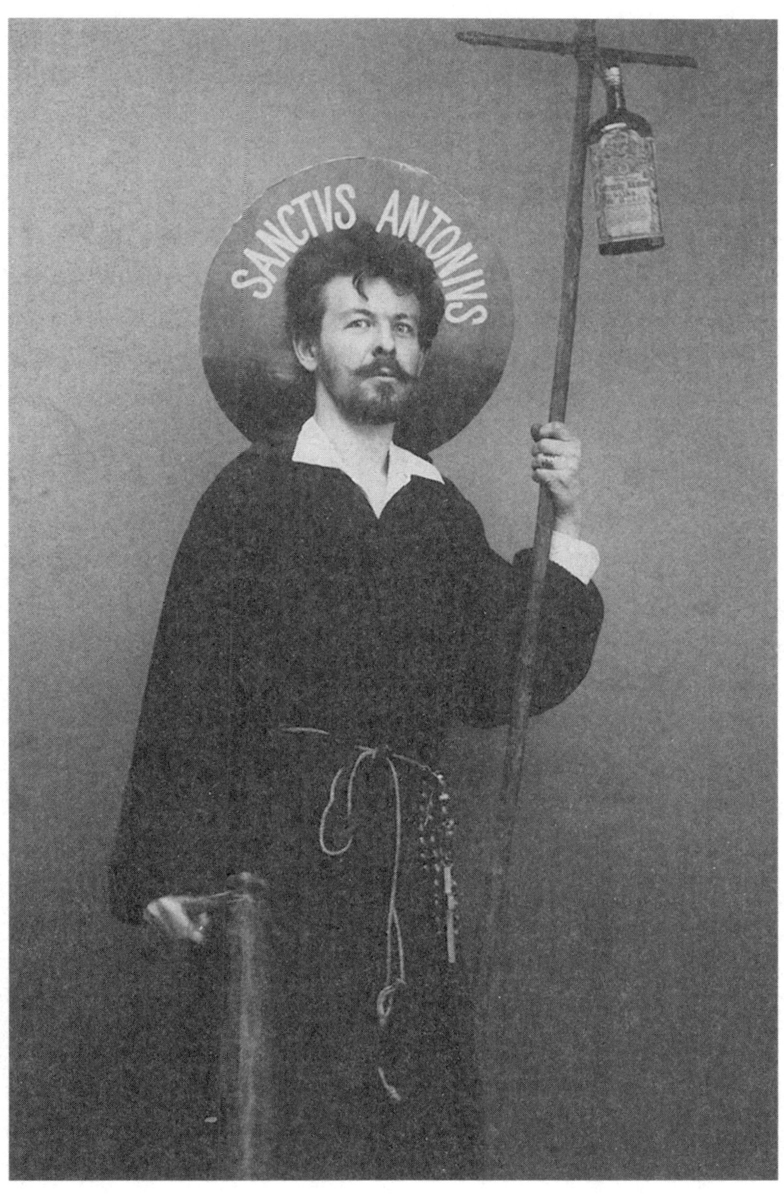

Am Rosenmontag 1892 verkleidet sich Richard Dehmel im evangelischen Berlin als Antonius von Padua, den Schutzheiligen der Liebenden und der Ehe. In diesem Kostüm, ein Ferkel an einem Strick hinter sich herziehend, tritt er im Literaturzirkel «Klause» auf, wo er ein freches Reimgedicht vorträgt.

Kurioserweise hat Strindberg offenbar doppelt unterschrieben und noch den Namen «Przybyszewski» hinzugefügt; Letzterer hat es sich nicht nehmen lassen, ganz unten zusätzlich persönlich zu unterschreiben, so wie dies auch Adolf Paul und Edvard Munch getan haben. Warum aber hat Adolf Paul für Richard Dehmel, wie die Mitherausgeberin des Dehmel'schen Briefwechsels zweifelsfrei bestätigt, unterzeichnet? War Dehmel möglicherweise schon zu betrunken? Wir werden es leider nie erfahren. Aber vorstellen können wir uns die muntere Stimmung, die an diesem Abend herrschte: die stickige Luft, das Gelächter und Stimmengewirr, die Blicke, das Klirren der Gläser, der etwas heruntergekommene Glanz einer vergangenen Epoche.[48]

Dass Richard Dehmel zu betrunken war, um eigenhändig zu unterschreiben, liegt durchaus nahe: Kaum einer war dem Rausch zugeneigter als er. Provokation war sein Metier, wie Julius Bab schreibt: «Zum Wüsten und bis zur Verwüstung zieht es damals den jungen Dehmel mit Gewalt. Strafmandate über 20 Mark (eine erschreckliche Summe für seine Situation) wegen nächtlicher Erkletterung von Laternenpfählen Ecke Friedrichstraße und Linden zeigen noch eine sehr harmlose Art an, der inneren Verzweiflung Luft zu machen.»[49] Dehmel sieht nichts Ehrenrühriges dabei. Bewusst stellt er sich in die Tradition des mittelalterlichen Dichters und Vaganten François Villon, der lange eingekerkert war. In freien Versen dichtet er dessen Balladen *Lied des vogelfreien Dichters* und *Lied des Gehenkten* als verkapptes Selbstporträt nach.

Am Rosenmontag 1892 verkleidet sich Dehmel im evangelischen Berlin als Antonius von Padua, den Schutzheiligen der Liebenden und der Ehe. In diesem Kostüm, ein Ferkel an einem Strick hinter sich herziehend, tritt er im Literaturzirkel «Klause» auf, wo er ein freches Reimgedicht vorträgt. Später stellt er die Szene im Fotostudio nach. Das Foto zeigt Dehmel in einer dunklen Ordenskutte, umgürtet von einem Seil. Auf einem fingierten Heiligenschein, der seinen Kopf umkränzt, steht «Sanctus Antonius». Um die Inszenierung perfekt zu machen, trägt er Geißel, Rosenkranz und Holzkreuz, an dem – welche Gotteslästerung – eine Schnapsflasche hängt. Im Publikum habe angesichts dieses rabiaten, blasphemischen Spaßes «allgemein blasses Entsetzen» geherrscht. «Nach rechts und links fallen die derbsten Attacken, und es wird die Stimmung der braven Bürger verhöhnt.»[50] Zur Freude des Publikums dreht Dehmel in seiner Rede die Richtung der Kritik auf einmal um. Er wettert gegen «diese frechen ‹Hungerleider› von Poeten», die «gar keine moralischen Rücksichten kennen». «Denn es ist doch in Deutschland Alles so rein, / aber den Schweinen ist Alles Schwein!»[51] Später schreibt Dehmel einem Freund, dass sie ihn deswegen im «preußischen Musterstaate» an den nackten Beinen unter seiner Mönchskutte hätten kriegen wollen. Das sei jedoch nicht geglückt.[52]

Schon die eigene Hochzeit mit der Rabbinertochter Paula Oppenheimer hatte Dehmel 1889 – zum Entsetzen seiner Eltern und Schwiegereltern – mit «somnambuler Würde» als Groteske, als antibürgerliches Spektakel, inszeniert. Nach der Streichmusik, die Freunde darbrachten, kam der jüdische Schwiegervater gar nicht zu Wort. Dehmel selbst deklamierte vor der gesamten Festgesellschaft an seine Frau gewandt: «Ich bin der Herr Dein Gott! – Du sollst mich ehren: / auf Meine Kraft dein ganzes Leben bauen, / in Glück und Not voll Demut Mir vertrauen, / nach Keiner Hilfe außer mir begehren!» Im vollen Bewusstsein setzt er sich als Ehemann in die Rolle des Gottvaters und bezieht sich dabei auf Friedrich Nietzsche, der den Tod Gottes postuliert hatte: Ein neuer Mensch werde dessen Platz übernehmen. Nicht Gott wird Mensch, sondern der Mensch wird Gott, also inszeniert sich Dehmel als Messias in Menschengestalt.[53] Die Aufgabe seiner zukünftigen Frau sieht er so: «mit deiner Klarheit meinen Geist erfüllen, / mit deiner Reinheit schmückend mich umhüllen»[54] – eine empörende Aussage: Provozierte während der Zeremonie eher die Selbstanmaßung Dehmels als Gott, welche die Hochzeitsgesellschaft betreten zur Seite schauen ließ, ist es inzwischen stärker die in der Reimrede ausgedrückte Frauenverachtung, die er der eben angetrauten Gattin ins Gesicht sagt.

Doch allein aufgrund seiner Persönlichkeit wäre Richard Dehmel zu seiner Zeit nicht so hingebungsvoll verehrt worden. Allen war klar: Abgesehen von Strindberg war er das stärkste literarische Talent im Kreis des «Schwarzen Ferkels». Er war ein Kultautor seiner Zeit, ein Wahnwitzling und Apostel der Unmoral, seine Gedichtbände erzielten Höchstauflagen. Als ekstatischer Bohemien ließ er sich nicht von Nützlichkeitsüberlegungen leiten, wie es in der letzten Strophe seines Gedichts *An die Krämerseelen* heißt:

Nein, nein! ich kann mich nicht wie Ihr begnügen,
ich kann nicht tropfenweis mein Herz verschütten:
eh' wollt' ich, meiner Liebe Fluten schlügen
empört in Stücken eure Bettelhütten![55]

Hier ist einer, scheint das Gedicht zu sagen, der eine tropfenweise abgezählte Existenzform ablehnt; aus Ungenügen an diesem wohldosierten Leben stürzt er sich in die Fluten der Sinnlichkeit. Dabei ist Dehmels Tonfall beileibe nicht immer unversöhnlich und hart, mitunter mischen sich auch heitere Beschwörungen von Gegenwelten in seine Anklagen.

Dehmel ist ein Dichter der Daseinsbejahung und der Lebensfreude, wozu für ihn explizit auch das Erotische und Sexuelle zählt, so der Kunstschriftsteller Arthur Moeller-Bruck: «Dehmel läuterte das Geschlechtliche so, dass es als solches zur Religion wurde» – mithilfe von ihm werde es gelingen, zur Erkenntnis der Weltzusammenhänge vorzudringen.[56] Anders als die Romantiker aber, die ihr Sehnen auf eine ideale Gestalt in der Ferne richteten, auf Priesterinnen und vergeistigte Heilsgestalten, ist Dehmel in allen Details konkret. Seine Gedichte sind zärtlich, sinnlich, derb, fleischlich, sogar ekelerregend – und genau dies macht ihr unerhört provokatorisches Potenzial aus. Dehmels Lyrik verspricht keinen unbeschwerten Genuss, sie verstört.

In seinem Gedichtband *Die Verwandlungen der Venus* (1897), der den hübschen Untertitel «Erotische Rhapsodie, mit einer moralischen Ouvertüre» trägt, wird dies am deutlichsten. Dreißig Anrufungen der Liebesgöttin Venus umfasst die Sammlung, eine davon heißt *Venus Metaphysica.* Der Ich-Erzähler, offenbar der Dichter selbst, entfernt sich aus Berlin in der Nacht, lässt die Gaslaternen und die schwarzen Vorstadtquartiere hinter sich und hört noch, wie es vom Rathaus Mitternacht schlägt. Er legt sich nieder, betrachtet den Mond – so weit dieser durchaus romantische Gedichtauftakt – und sieht, wie diesem Mond der Hintern einer Frau entsteigt. Die Mondfrau kommt auf ihn losgesaust und setzt sich auf ihn:

Schon will ich mich tot erklären,
aber da sitzt sie mir, wupp, im Schooß,
wupp: wie etwa die Hemisphären
eines Tragischen Heroinen-Popos.

Es folgt ein metaphernreich ausgemalter Geschlechtsakt mit der Mondfrau. In des Erzählers Mitte stampft es «fast schon wie'ne Kanone von Krupp». Ihm wird die Sitzung langsam schmerzlich, sein «spiritistisches Fluidum spritzte schon literweise herum». Endlich ist der Höhepunkt da und schon gleich überschritten:

Ich merkte mit Schrecken, daß ich platter
und platter wurde, und mit den letzten
Kräften schrie ich ins Äthermeer:
‹Madam! Sie werden mir zu schwer!›[57]

Deutlich wird an diesem und anderen Gedichten, dass Dehmel die Erotik einer Entidealisierung unterzieht. Er «verhässlicht» den weiblichen Körper, betont das Fleischliche seiner Erscheinung: fahle Haut, hängende Brüste, dicke Schenkel und Hintern. Dabei erkennt er sehr klarsichtig, dass die Frauen die Opfer der Gesellschaft sind; sie würden im rücksichtslosen Kampf ums Dasein den Kürzeren ziehen, kritisiert er.[58] 1894 muss Dehmel vor der zweiten Strafkammer des Münchner Landgerichts einen Prozess wegen Verbreitung unsittlicher Schriften bestehen. Pathetisch betont er in seinem Schlussplädoyer: «Meine Zeit kann mich dafür verurteilen, die Zukunft wird mich freisprechen. Ich weiß, meine Herren Richter, dass Sie den Geist der Zeit zu vertreten haben, aber in diesem Geist lebt schon der Geist der Zukunft.»[59] Bei einer weiteren Anklage gegen *Venus Consolatrix* erklärte das Berliner Landgericht 1897 das Gedicht für «unzüchtig und gotteslästerlich». Im Gedichtband musste das Gedicht herausgeschnitten bzw. schwarz überstempelt werden. Dehmel konnte nichts Besseres passieren, in spätere Auflagen der Sammlung lässt er stolz eine entsprechende Notiz einfügen.[60]

Es wäre aber deutlich verkürzt, Richard Dehmel einzig als effekthascherischen Störenfried zu betrachten, der sich zum Zweck der Provokation der Reizthemen seiner Zeit annimmt. Ihm geht es auch darum, seine Alltagserfahrung in der Familie für die Literatur fruchtbar zu machen. Gerade für einen Mann ist dies in der damaligen Zeit eher ungewöhnlich. In seinem Gedicht *Wiegenlied für meinen Jungen* fasst er die widerstrebenden Empfindungen eines Vaters in Worte, dessen Sohn partout nicht einschlafen will. Sehr realitätsnah, wie wohl alle mit entsprechenden Erfahrungen bestätigen können, thematisiert er die Aggression, die einen ergreifen kann, wenn der Sprössling – in der Rage sogar «Satansbraten» tituliert – unbeeindruckt von allen Beruhigungsbemühungen weiterbrüllt: «Schlaf, mein Küken, Racker, schlafe! / Kuck: im Spiegel stehn zwei Schafe, / Bläkt ein großes, mäkt ein kleines, / Und das kleine, das ist meines! / Bengel, Bengel, brülle nicht, / Du verdammter Strampelwicht.» Endlich kommt ein Schmetterling geflogen: «Huscht dir auf die Nase, hu, / Deckt dir beide Augen zu.» Und in der fünften Strophe ist es endlich vollbracht: «So, nun schläft er; es gelang; / Himmel, Hölle, Gott sei Dank!» Sogar in der letzten Gedichtzeile schafft es Dehmel, mit der gleichzeitigen Anrufung von Himmel und Hölle das Wechselbad der Kindererziehung plastisch darzustellen – und dabei konservative Kreise vor den Kopf zu stoßen.[61]

Zusammen mit seiner Ehefrau, der Kinderbuchautorin Paula Dehmel, lässt Richard sich von der Reformpädagogik inspirieren. Erziehungsmethoden der «schwarzen Pädagogik» mit Prügelstrafen lehnt er ab, wobei ihm, wie die wohl autobiografisch zu lesende Erzählung *Die Rute* suggeriert, trotzdem ab und zu die Hand ausglitt. Paula Dehmel jedenfalls soll eine deutlich liebevollere Beziehung zu den Kindern gehabt haben.[62] Paula und Richard Dehmel haben sich zum Ziel gesetzt, eine zeitgemäße Kinder- und Jugendliteratur zu entwickeln. Eine, in der nicht wie beim *Struwwelpeter* (1844) von Heinrich Hoffmann einem daumenlutschenden Kind das Corpus Delicti abgeschnitten wird. Vom Standpunkt des Kindes soll sie geschrieben sein; die Dinge müssen ihrer Ansicht nach nicht, wie es allzu oft passiere, unnötig versimpelt und verkitscht werden, wodurch der lebensvollste Stoff zu einer «leeren Plattheit» werde.[63]

Auch als sie Mitte der 1890er-Jahre längst getrennt voneinander leben, führen Paula und Richard Dehmel ihre Zusammenarbeit auf diesem Gebiet fort. Gemeinsam wollen sie das Kinderbuch *Fitzebutze* herausgeben, für welches sie die Verse geschrieben haben. Mit einer ersten Version mit Illustrationen ihres Dichterkollegen Johannes Schlaf finden sie zunächst keinen Verlag. Danach gelangen sie an den Schweizer Maler Ernst Kreidolf, der bereits mit seinem jugendstilhaften *Blumenmärchen* eine neue Bildwelt in die Kinderbücher eingeführt hatte. Sehr eigensinnig setzt er die textlichen Vorgaben in passende Bilder um; einmal beklagt sich Richard Dehmel in einem Brief: «Direkte Ratschläge darf man ihm garnicht geben, sonst thut er womöglich das Gegenteil».[64] Doch schnell zeigt sich, dass sich Text und Bild gut ergänzen. Auf der Seite «Die Schaukel», auf der es um das Freiheitsempfinden des Kindes geht, verschieben sich die herkömmlichen Eindrücke; der Himmel kommt ganz nahe. Das ist in der Illustration Kreidolfs mit geneigten Bäumen und schräg gezeichneten Häusern kongenial aufgenommen.[65]

Sprachlich und inhaltlich betreten Paula und Richard Dehmel mit *Fitzebutze* Neuland: Anders als in den meisten Bilderbüchern der Zeit geht es um «Die Ganze Welt» – so heißt ein vierstrophiges Gedicht, das Ernst Kreidolf mit exotischen Tieren wie Affe, Kamel, Elefant und Eisbär bebildert hat. Auch stereotype Darstellungen eines Schwarzen und eines Chinesen, der sich eine Pfeife ansteckt, sind in der Illustration enthalten. Der Titel «Fitzebutze» bezieht sich auf einen aztekischen Kriegsgott, der in der Illustration Kreidolfs stolz sitzend auf der Titelseite prangt. In ihren Versen verwenden die Dehmels eine kunstvoll durchstilisierte Kindersprache, die bis hin zu merkwürdigen orthografischen Lautverschiebungen an Originalität kaum zu überbieten ist und einen künstlerischen Sog entfaltet. Zum Beispiel dieser der Tochter Vera, genannt Detta, gewidmete Vers: «Lieber ßöner Hampelmann / deine Detta sieht dich an! Ich bin dhoß und Du bist tlein; willst Du Fitzebutze sein? / Tomm!»[66]

Bei Erscheinen zu Weihnachten 1900 lässt das Buch kaum jemanden kalt. Helene Bonfort lobt die «urkomische[n] Verse und Bilder»; für die Schriftstellerin und Frauenrechtlerin Gertrud Bäumer ist es deutlich frischer und kräftiger als die traditionelle Kinderlyrik: «Wir haben seit langem einmal wieder Kinderreime, die den uralt überlieferten Spielreimen an Frische und Sinnenfälligkeit und an Freiheit von jeder Pedanterie verwandt sind.»[67] Kaum überraschend steht dem uneingeschränkten Lob von progressiver Seite eine ebenso eindeutige Kritik aus konservativen Kreisen gegenüber: In der Evangelischen Kirchenzeitung kommen einem Kritiker die Verse und Bilder «geradezu als eine Verhöhnung alles Schönen, Wahren und Frommen»[68] vor. Ein anderer sieht in dem Kinderbuch ein «tendenziöses Machwerk» und fragt rhetorisch: «Was soll denn nur dieser ausländische Götze in einem deutschen Bilderbuch an hervorragender Stelle?»[69]

Die Texte des Buches sind eine Gemeinschaftsleistung von Paula und Richard Dehmel, obschon laut Erich Mühsam die «besten und wirksamsten Gedichtchen von Paula Dehmel herrühren». «Sie weiß», fährt er fort, «Töne anzuschlagen, die in der Seele der kleinen Kinder wiederklingen».[70] Aber anders als die Mehrzahl der Männer seiner Zeit hat Richard Dehmel die künstlerische Arbeit seiner früheren Ehefrau (ab 1900 sind sie offiziell geschieden) nicht unter den Teppich gekehrt oder allein für sich beansprucht. Sie haben den ihnen jeweils zustehenden Teil der Tantiemen gerecht untereinander aufgeteilt. Das ist, wie aus dem folgenden Kapitel über die Frauen des «Schwarzen Ferkels» hervorgeht, längst nicht immer der Fall gewesen.

Boheme-Prinzessinnen unter Ferkelbrüdern

Die Begeisterung für den Rausch, wie sie in der Boheme zelebriert wurde, war in gewisser Weise gegen den gesellschaftlichen Trend. Denn besonders in den bürgerlichen Schichten nahm gegen Ende des 19. Jahrhunderts die Achtsamkeit gegenüber dem menschlichen Körper zu. Der medizinische Fortschritt und der höhere Wohlstand in der Gesellschaft hatten zu einem Anstieg der Lebenserwartung wie auch zu einem Rückgang der Kindersterblichkeit geführt. Sozialreformerisch orientierte Kreise sahen im Alkohol einen Hauptfeind der Volksgesundheit; besonders im Kleinbürgertum und in der Arbeiterschaft sei die «Trunksucht» allzu weit verbreitet. Zwar wurde in Deutschland – anders als in einem Bohemelokal wie dem «Schwarzen Ferkel» – kaum Wein getrunken (Schätzungen gehen von gerade einmal 6 bis 10 Prozent aus), dafür umso mehr Schnaps und Bier. Neue Destillierverfahren hatten die Produktion von billigem Kartoffelschnaps ermöglicht; die Bierproduktion konnte durch die 1871 erfundene Kältemaschine und effizientere Methoden der Flaschenabfüllung vereinfacht werden.[71]

Genau diese leichte Zugänglichkeit von Alkohol, so lautet das Argument der entstehenden Abstinenzbewegung, sei ausgesprochen problematisch. In allzu vielen Familien würde der Mann bereits am Zahltag seinen Lohn im Wirtshaus vertrinken, anstatt der Frau genügend Haushaltsgeld abzugeben. Ein nicht zu unterschätzendes Folgeproblem sei zudem die häusliche Gewalt, die häufig unter Alkoholeinfluss eskaliere. Der Alkohol müsse daher als eine der Hauptursachen von Kriminalität, Armut und Amoralität betrachtet werden.[72] Zahlreiche neu gegründete Verbände nahmen den Kampf gegen den Alkoholismus auf, so das Blaue Kreuz, der Arbeiter-Abstinentenbund und der Internationale Verband gegen den Missbrauch geistiger Getränke. Innerhalb dieser Bewegung entwickelte sich bald ein Richtungsstreit: Während die «Abstinenzler» einen vollständigen Verzicht auf Alkohol propagierten, war für die «Temperenzler» eine Mäßigung beim Konsum gesundheitspolitisch ausreichend. In wenigen Jahren entwickelte sich die Antialkoholbewegung zu einer nicht zu unterschätzenden gesellschaftlichen Kraft; 1911/12 wird ihr organisierter Teil in Deutschland auf 180 000 Mitglieder geschätzt.[73]

Der Hinwendung zu einer verantwortungsbewussten Körper- und Gesundheitspolitik steht das Bekenntnis zu einem rauschhaften Leben in der Boheme gegenüber. Zusammen wirken sie wie zwei aufeinander zufließende Strömungsbewegungen der Moderne: das Moralische, das in einer Verbesserung der Welt sein Ziel erkennt, und das betont Amoralische. Die eine zielt auf die Verbesserung der gesamten Gesellschaft, will Probleme lösen, will heilen – bei der anderen steht das eigene Selbst im Zentrum. Ihre Vertreter rebellieren gegen die Einschränkungen durch das Tugendhafte und moralisch Gebotene. Der luzide Zeitdiagnostiker Harry Graf Kessler sieht genau diese Widersprüchlichkeit als symptomatisch. 1907 schreibt er, dass der «Gegensatz zwischen einem bis zum Perversen gehenden Esoterismus und einer schmucklosen aber eleganten Nützlichkeit» den Charakter der Gegenwart bestimme, «das gleichzeitige Ja und Neinsagen zur modernen Wirklichkeit».[74]

In der Großstadt Berlin fiel dieses Spannungsverhältnis besonders ins Auge. Gerade für Frauen stellte sich die Frage mit erhöhter Dringlichkeit. Ihnen, die politisch noch kein Wahlrecht besaßen und bis 1908 sogar aus politischen Vereinen, also aus Parteien ausgeschlossen waren, boten zivilgesellschaftliche Vereine wie der 1900 gegründete Deutsche Bund abstinenter Frauen die Möglichkeit zur Vernetzung.[75] Hier konnten sie Solidarität einüben, sich auf eine gemeinsame Linie festlegen und diese gegen außen vertreten.

Ein ganz anderes Rollenmodell jenseits des bürgerlichen Horizonts bot den Frauen die Boheme. Solidarische Zusammenschlüsse mit feministischen Zielsetzungen, wie sie in anderen gesellschaftlichen Bereichen vermehrt aufkommen, sind hier kaum festzustellen; emphatische Beschwörungen der Freundschaft sind ausschließlich Männersache. Das mag damit zusammenhängen, dass auch die Bohemiennes (wie ihre männlichen Kollegen) jegliche Vereinsmeierei ablehnen. Viel eher ist ihr Anliegen die Revolution des weiblichen Lebensstils. Eine der wichtigsten Veränderungen besteht darin, dass die Frauen der Boheme anfangen, sich ihr Geschlechtsleben selbst zu organisieren und ihre Geschlechtspartner frei zu wählen. Sie befreien sich aus alten Zwängen und Konventionen und wählen das Risiko. Immer mehr von ihnen lassen sich nicht abspeisen mit dem lauen Versprechen der bürgerlichen Beziehungsarrangements: Sie verzichten auf materielle Versorgung um den Preis eines erstarrten emotionalen Beziehungslebens. Lieber verausgaben sie sich auf eigene Verantwortung erotisch und intellektuell.[76]

Dass gerade die Skandinavierinnen hier Vorreiterinnen sind, ist kein Zufall. In Skandinavien brach sich bereits zu einer Zeit oppositioneller Geist und antiklerikales Denken Bahn, als dies im übrigen Europa noch sehr ungewöhnlich war. Aber selbst in der Boheme mussten die Frauen immer wieder um ihre Akzeptanz ringen. Nur mit Mühe konnten sie sich gegenüber den mystisch aufgeladenen Frauenbildern behaupten, die zwischen heiliger Madonna und männervernichtender Femme fatale changierten. Ständig mussten sie sich gegen die Boheme-Männer wehren, die ihren Freiheitsgeist einzuhegen versuchten und sich längst nicht immer so emanzipatorisch verhielten, wie sie zu sein vorgaben.

«Ich sehne mich nach dem Himmel», teilt Oda Krohg ihrem Liebhaber, dem Schriftsteller Hans Jæger mit.[77] Alles wolle sie auskosten, ihr sei klar geworden, dass sie nur dafür gelebt habe, aus ihrem Leben eine Kathedrale zu machen. Die 1860 in eine bessergestellte Beamtenfamilie geborene Oda Larsson hat früh einen Geschäftsmann geheiratet und zwei Kinder bekommen. Doch das Leben als Ehegattin und Mutter genügt ihr nicht. Obschon ihr Vater sie davor warnt, will sie Künstlerin werden. Sie nimmt beim bekannten Maler Christian Krohg Unterricht, verliebt sich in ihn und wird von ihm schwanger. Um dem Gerede auszuweichen,

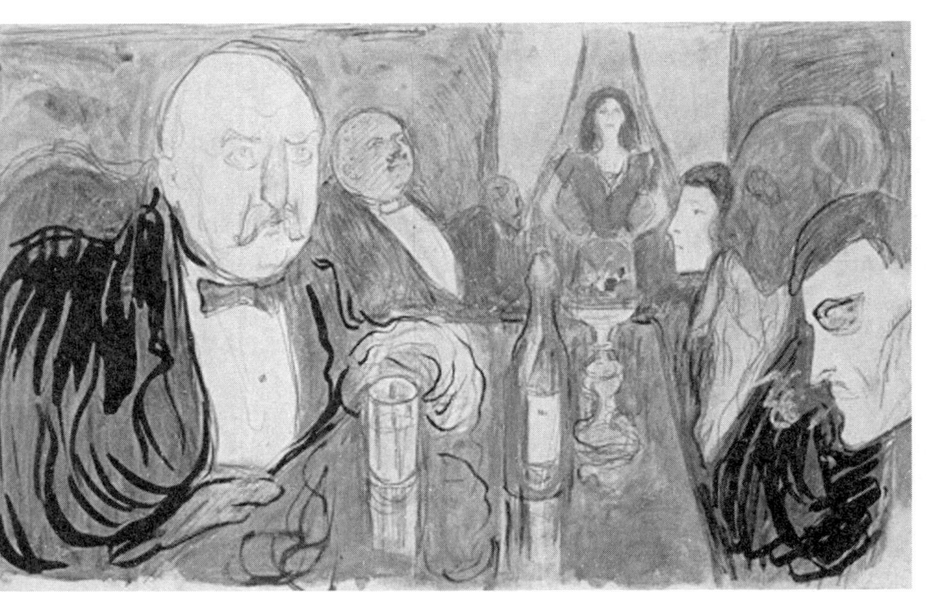

bringt sie die Tochter Nana 1885 in Brüssel zur Welt. Bald jedoch kehrt das Glamourpaar Oda und Christian Krohg in das Bohemezentrum Kristiania (den alten Teil von Oslo) zurück. 1889 wird der gemeinsame Sohn Per geboren.

Auf zahlreichen Fotografien und Gemälden tritt uns Oda Krohg als selbstbewusste, emanzipierte Frau entgegen. Ständig soll sie mit ihren gepflegten Händen die Zigarette zum Mund geführt haben. Auch nach ihrer Heirat mit Christian Krohg legt sie – als vierfache Mutter mit Kindern von zwei Männern – ihrem amourösen Erfahrungshunger keine Zügel an. Sie führt ein Leben wie aus einem Roman. Und in Romanen ist sie denn auch mehrfach kaum verschlüsselt porträtiert worden. Hans Jæger verarbeitet seine 1888 nur wenige Wochen dauernde Beziehung mit ihr in der Romantrilogie *Kranke Liebe*. Der Ehemann, der die außereheliche Beziehung seiner Frau wenn nicht gefördert, so doch wohlwollend geduldet hatte, bildet die drei auf einem Gemälde ab. Mit Abstand voneinander sitzen sie in einem Paradiesgarten; unsichtbare Liebes-, Abstoßungs- und Eifersuchtsströme scheinen zwischen den dreien zu fließen. Das Liebesverhältnis von 1891 mit dem Schriftsteller Jappe Nilssen thematisiert dieser im Roman *Nemesis* (1896). Und der Dramatiker Gunnar Heiberg, mit dem Oda Krohg während vier Jahren bis 1900 eine Parallelbeziehung zu ihrer Ehe pflegt, nimmt Motive ihrer Beziehung in seine Ehedramen mit auf.[78]

Edvard Munch bildet sie 1895 in seiner aquarellierten Zeichnung *Kristiania-Boheme II* stehend an der Stirnseite eines Tisches ab. Im roten Kleid stützt sie sich mit beiden Händen in die Hüften,

Edvard Munch bildet Oda Krohg 1895 in seiner aquarellierten Zeichnung *Kristiania-Boheme II* stehend an der Stirnseite eines Tisches ab. Ihr zur Rechten wie zur Linken sitzen je drei Männer. Versammelt sind in vollendeter Pikanterie ihre beiden Ehemänner, ihre drei Liebhaber Hans Jæger, Jappe Nilssen und Gunnar Heiberg sowie der Maler Edvard Munch selbst.

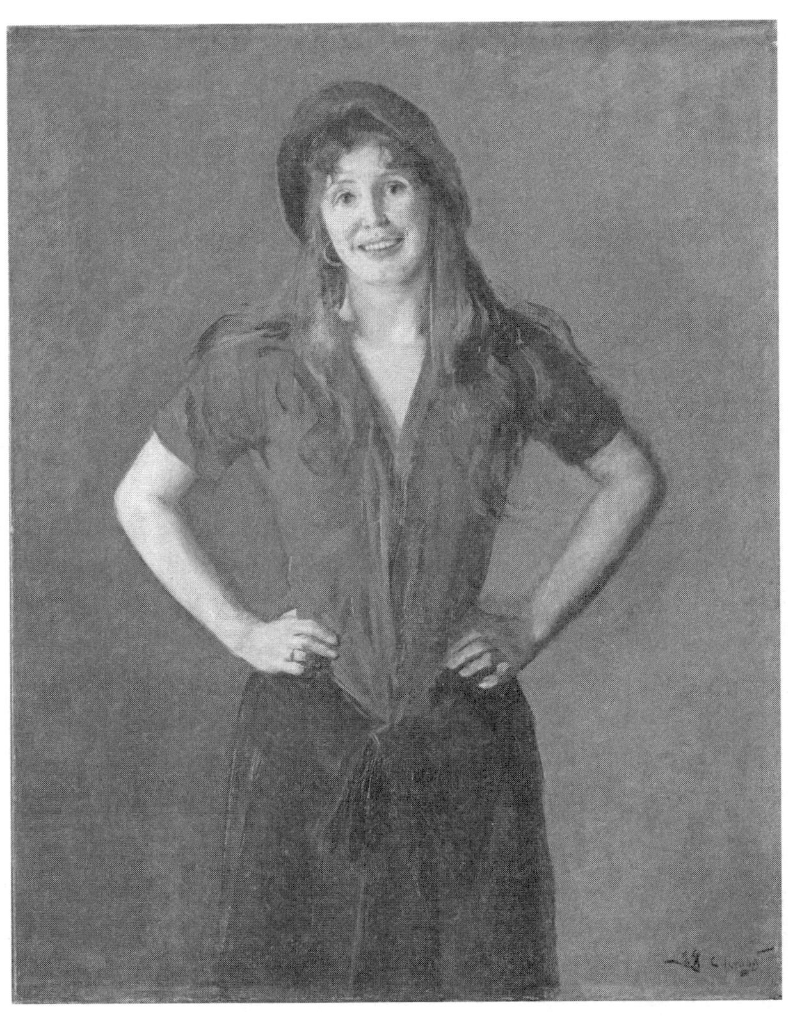

Auch als verheiratete Frau legt die Malerin Oda Krohg – hier auf einem Gemälde ihres Ehemannes Christian Krohg – ihrem amourösen Erfahrungshunger keine Zügel an.

vor sich eine Fruchtschale, die ihre erotische Ausstrahlung symbolisch auflädt. Ihr zur Rechten wie zur Linken sitzen je drei Männer. Versammelt sind in vollendeter Pikanterie ihre beiden Ehemänner, ihre drei Liebhaber Hans Jæger, Jappe Nilssen und Gunnar Heiberg sowie der Maler Edvard Munch selbst.[79] Aber, so lässt sich fragen, für was steht das Aquarell Munchs eigentlich? Ist es eine Verneigung vor einer selbstbewussten Frau, die sich das Recht zu amourösen Parallelbeziehungen herausnimmt, wie sie gesellschaftlich nur für Männer akzeptiert waren? Oder ist es im Gegenteil die schlüpfrige Herabwürdigung einer männerfressenden Femme fatale? Beide Lesarten sind möglich, und das ist durchaus symptomatisch: Munch findet hier ein Bild für einen männlich geprägten Zeitgeist, der sich von den Frauen gleichzeitig angezogen und abgestoßen fühlt. Also erneut: das gleichzeitige Ja- und Neinsagen zur modernen Wirklichkeit, in diesem Fall zum geänderten Rollenverhalten der modernen Frauen.

Den Winter 1893 verbringen Oda und Christian Krohg in Berlin. Als Teil der skandinavischen Kolonie verkehren sie auch im «Schwarzen Ferkel». Adolf Paul erzählt in seinen Aufzeichnungen eine aufschlussreiche Begebenheit, die sich am Abschiedsabend für den nach München abreisenden August Strindberg zutrug. Viele Männer tummelten sich im Lokal, aber «die holde Weiblichkeit wurde von Frau Krogh allein, aber mit viel Grazie und Liebreiz vertreten». Als sich Strindberg entschloss, ein Lied zum Besten zu geben, sei er von einer Gedächtnisschwäche befallen worden. Also reichte er die Gitarre an Frau Krohg weiter; diese jedoch, eigenwillig, wie sie war, begann seine Gitarre umzustimmen. «Er verlangte kategorisch, sie sollte [seine eigene geheiligte Stimmung] benutzen! Sie lehnte sie als unbrauchbar ab! Und so zankten sie sich um die Stimmung herum und kamen immer mehr in die Verstimmung hinein!» Erst eine darauf folgende Rede des Dichters Holger Drachmann soll die Gemüter beruhigt und den Abend gerettet haben.[80]

Über solchen und anderen Anekdoten, die über die Boheme-Prinzessin Oda Krohg in reicher Fülle kursieren, wird oft vergessen, dass sie eine ernsthafte und eigenständige Malerin war. Am

Norwegischen Herbstsalon 1886 stellt sie erstmals zwei Gemälde aus. Ab diesem Zeitpunkt ist sie regelmäßig auf Ausstellungen präsent, wenn sie auch im Schatten ihres deutlich berühmteren Ehemannes bleibt. Häufig porträtiert sie Personen aus ihrem persönlichen Umfeld. Besonders bei ihren Kinderporträts entwickelt sie eine Meisterschaft, die sich von den steifen Kinderdarstellungen früherer Zeiten wohltuend abhebt. Werke wie das Doppelporträt von Ehemann und Tochter, bei dem der lange Bart Christian Krohgs das Kindergesicht halb verdeckt, oder die Darstellung ihrer Nichte Ingrid, die mit einer Katze auf dem Schoß posiert, sind lebendige Zeugnisse ihrer genauen Beobachtungsgabe. In Oda Krohgs Malerei wird die häusliche Sphäre als gleichberechtigt anerkannt und in den Rang des Künstlerischen erhoben.[81]

Besonders im Spätwerk entwickelt sie eine psychologisierende Malweise, die den malerischen Akzent auf das helle Gesicht und die Hände legt. Vor dem von ihr gewählten dunklen Hintergrund erscheinen sie umso plastischer. Die Frauenrechtlerin Aasta Hansteen, eine der ersten Malerinnen Norwegens, bildet sie auf diese Weise ab; geschickt kontrastiert sie die Körperfragilität der beinahe Achtzigjährigen mit ihrem kämpferischen Ausdruck zu einem Bildnis psychologischer Tiefe, das sowohl die überstandenen Stürme wie den Stolz über das Erworbene erahnen lässt.

Nahezu zeitgleich mit der Auflösung ihrer Beziehung mit Gunnar Heiberg malt sie ein Porträt des Dramatikers. Oda Krohg widersteht der Versuchung, ihren Verflossenen karikaturistisch darzustellen, obschon es sich angeboten hätte: Heiberg mit seinem runden Charakterkopf, den leicht schielenden Augen, die sich hinter einer randlosen Brille verstecken, und dem markanten Schnauzbart. Offensichtlich ein praller Lebemensch und Vitalromantiker – zumindest hat er sich diesen Ruf mit seinen Dramen und Texten erarbeitet. 1894 hatte sein erotisches Drama *Balconen* Uraufführung, worauf es seinen Weg auch nach Berlin und Paris fand. Die Handlung ist rasch erzählt: Die Hauptperson Julie betrügt ihren Ehemann, einen Geschäftsmann und dezidierten Materialisten, mit einem Schwärmer, mit dem sie sich in der Wohnung vergnügt. Als der Ehemann überraschend die Liebesidylle stört, verfrachtet sie nicht etwa den Liebhaber auf den titelgebenden Balkon, sondern stellt ihn als möglichen Hauskäufer vor. Der Ehemann wittert ein Geschäft und präsentiert sogleich die Wohnung im besten Licht. Er tritt auf den Balkon und demonstriert mit einem festen Fußtritt dessen Solidität. Doch die schon vorher feststellbaren Risse waren Anzeichen der nun eintretenden Katastrophe – der Balkon stürzt ab und mit ihm der Ehemann in den Tod. Julie, nicht lange in Trauer ob dieses Verlusts, nimmt flugs den Liebhaber zum Ehemann Nr. 2. Dieser ist ganz anders als der erste: redselig, schwärmerisch, verständnisvoll. Er zeigt sogar dann noch Verständnis, als Julie ihn, seines philosophierenden Hangs zur Toleranz überdrüssig geworden, mit einem vitalistischen Kraftpaket von Mann betrügt – einem erotischen Übermenschen, dessen ungebändigten Leidenschaften sie offensichtlich nicht widerstehen kann.

Liebe, so scheint das Stück zu sagen, ist die höchste und eigentliche Lebensform; degeneriert sie in der Ehe, wird sie zu einer sozialen Institution. Jede Moral und Kultur wird in der Liebesleidenschaft beiseitegeschoben; und erst hier, in dieser Raserei, kann die Grenze des Lebens erspürt werden.[82] Mit *Balconen* brachte Heiberg ein wichtiges Thema auf die Bühne, er surfte auf den Wellen des Zeitgeists. Aber in der Aufführung im Berliner Residenz-Theater, die Rudolf Steiner 1898 besuchte, reagierte das Publikum anders als vorgesehen: «Man saß tagelang und bereitete ernst ein ernstes Stück vor, und in Wirklichkeit hatte man – eine Ulkstimmung präpariert.» Am Ende der Vorstellung ging alles im Gelächter unter.[83]

Der bereits erwähnte Edvard Munch gehörte zur gleichen Boheme-Clique wie Gunnar Heiberg und widmete sich in seiner Malerei auch vergleichbaren Themen. Nur mochte am 5. November 1892, als seine Ausstellung in einem Raum des Vereins Berliner Künstler an der Wilhelmstraße 92/93 eröffnet wurde, niemand

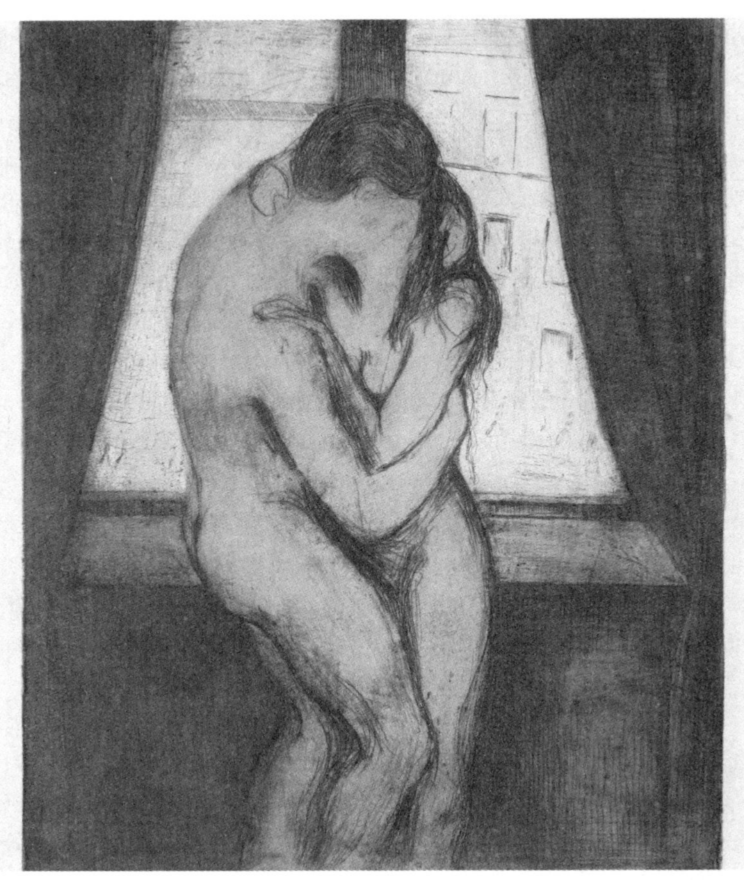

Eines der Hauptthemen in Munchs Schaffen ist das Verhältnis der Geschlechter. Häufig geht es um die Sehnsucht nach Vereinigung und die Angst vor der zerstörerischen Kraft der Liebe. Das erstmals im Zyklus *Lebensfries* ausgestellte Gemälde *Der Kuss* bezieht seine Kraft aus einer unklaren Gemengelage von Lust und Gewalt.

mehr lachen. Vielen war klar: Hier nahm ein Kunstskandal seinen Lauf. Zu neu, zu anders, zu empörend waren die 55 Bilder, die der unbekannte Norweger der Öffentlichkeit darbot. Im Vorfeld waren sich die Mitglieder des Vereins Berliner Künstler, einer konservativen, kommerziell ausgerichteten Institution mit ihrem Vorsitzenden

Anton von Werner, nicht bewusst gewesen, auf wen sie sich eingelassen hatten.[84] Sie hatten der Empfehlung des norwegischen Malers Adelsteen Normann vertraut und Munch unbesehen eine Einladung zukommen lassen, in der Erwartung, er werde «Ibsen'sche Stimmungsbilder» ausstellen. Weit gefehlt. Munch kam mit flächig «gemalten Präparaten der Seele» an, wie Stanisław Przybyszewski es ausdrückte. In seiner Radikalität stellte der *Lebensfries* genannte Zyklus alles in den Schatten, was man im traditionsversessenen Preußen, in dem kaum die Impressionisten angekommen waren, bislang gekannt hatte. Über die «liederliche Malweise» Munchs hätten viele noch hinwegkommen können, schlimmer war für viele der subjektiv-emotionale Ansatz des Künstlers.

Der Maler Max Kruse, der zur Fraktion der Modernen gehörte, erinnerte sich später, dass sie, als Munchs Bilder aufgehängt waren, Angst vor der eigenen Courage bekommen hätten. «Aber von dem Ausbruch von Entrüstung, ja Wut bei den alten Herren hatten wir uns doch keine Vorstellung gemacht. Kaum gesehen, stürzten sie in den Versammlungssaal zurück, und Anton von Werner erklärte die Ausstellung als einen Hohn für die Kunst, als Schweinerei und Gemeinheit, für geschlossen.»[85] Folgt man den Quellen, ging die Entscheidungsfindung nicht ganz so schnell und vor allem, wie bei einem deutschen Verein nicht anders zu erwarten, deutlich bürokratischer vonstatten.

Unmittelbar nach der Eröffnung stellten 23 Vereinsmitglieder den Antrag, die Ausstellung zu schließen. Eine außerordentliche Generalversammlung unter Leitung Anton von Werners wurde einberufen; in erregter Atmosphäre diskutierten die anwesenden Berliner Maler und Bildhauer das Für und Wider einer Schließung. Die Entscheidung fiel knapp aus: Der Antrag wurde mit 120 zu 105 Stimmen angenommen. Die Unterlegenen, die sich zur progressiven Richtung zählten, zogen sofort laut protestierend aus dem Saal. Der Skandal war perfekt, am Folgetag wurde die Ausstellung sieben Tage nach ihrer Eröffnung abgebaut. Auch eine eilig einberufene Unterschriftenaktion zugunsten Munchs konnte nichts mehr ändern. Die konservativen Blätter jubelten, die liberalen fanden die Entwicklung bedenklich.[86]

Wie oft in kulturpolitischen Auseinandersetzungen wurde der Streit – in diesem Fall um die zwangsweise Schließung einer Ausstellung, die mit einer geplanten Laufzeit von zwei Wochen sieben Tage später ohnehin geschlossen worden wäre – zu einer symbolisch aufgeladenen Grundsatzdiskussion. Auf der Anklagebank stand die moderne Kunst. Was lag da näher, als die beiden Hauptkontrahenten einander gegenüberzustellen: Auf der einen Seite Edvard Munch, der mit 39 Jahren vor seinem Durchbruch als Künstler steht, und ihm gegenüber der zwanzig Jahre ältere Anton von Werner, Akademiedirektor, Mitglied der preußischen Landeskunstkommission, Hauptvorsitzender der Allgemeinen Deutschen Kunstgenossenschaft, Vorsitzender des Vereins Berliner Künstler, der sich zur Zeit des Skandals auf dem Höhepunkt seines Ruhms befindet. Unterschiedlicher hätten ihre Kunstauffassungen nicht sein können: Edvard Munch malt privat, ja intim, die Spuren des Pinsels sind sichtbar (wie «hingeschmiert»), er sucht die Übereinstimmung mit seinem inneren Bild, vielleicht mit einem Gefühl. Die Frage, «wie es wirklich ist», interessiert ihn nicht im Geringsten. Ganz anders Anton von Werner, ein monarchisch-nationaler Malerfürst, der in einer gründerzeitlichen Villa im Grunewald lebt und, stolz auf seinen «photographischen Illusionismus», staatstragende Gemälde malt – etwa die Kaiserproklamation 1871 im Spiegelsaal von Versailles, als die Reichsgründung mit dem frisch gekrönten Deutschen Kaiser Wilhelm I. mit allem Pomp zelebriert wurde.

Nur vor dem Hintergrund des nationalen Überschwangs, der sich in Anton von Werners Gemälden in voller Ausprägung manifestierte, wird die Empörung über Munchs *Lebensfries* verständlich. Man muss sich das vorstellen: Ein junger abgerissener No-Name aus dem dubiosen Boheme-Nest Kristiania stellt die offizielle deutsche Kunstpolitik in Frage. Nicht mit Worten, sondern mit seinen

Werken, die sich über alle bis dahin feststehenden Regeln und Konventionen hinwegsetzen. Dabei war doch die offizielle Kunst so glanzvoll!

Nach Aufenthalten in Paris und Italien war der süddeutsche Maler Anton von Werner 1871 in die Reichshauptstadt Berlin gezogen. Mit seiner monarchisch-nationalen Gesinnung stellte er sich in den Dienst des neu gegründeten Kaiserreichs. Sein Credo: Für den Deutschen Kaiser, für das Deutsche Reich. Mit Kaiser Wilhelm II. pflegte er freundschaftlichen Umgang; gemeinsam machten sie Kutschenausfahrten. Werners wirksamste Bilder waren der Geschichte des Kaiserreichs gewidmet: Insbesondere mit seinen detailreichen Schlachtengemälden trug er zur mythischen Verklärung der militärischen und politischen Eliten bei. Dies obschon Anton von Werner selbst wegen seiner schwächlichen Konstitution nie an der Front gewesen war.[87]

Sein in der damaligen Zeit bestimmt einflussreichstes Werk war das 1883 vollendete Sedan-Panorama, das in einem eigens dafür erstellten Rundbau direkt beim Alexanderplatz stand. Bis es 1908 dem Neubau eines Kaufhauses weichen musste, zog es Millionen von Besucherinnen und Besuchern an. Mit einer Höhe von 15 und einer Länge von 120 Metern handelte es sich um ein Propagandawerk von gigantischer Dimension. Zur feierlichen Eröffnung des teuersten Kunstwerks seiner Zeit war die gesamte Staatselite geladen, sogar Kaiser Wilhelm I. und Reichskanzler Bismarck beehrten die anwesenden Maler und deren Leiter Anton von Werner mit ihrem Besuch.

Auf dem Rundbild dargestellt ist in einem präzisen Illusionismus der 1. September 1870 zwischen 13.30 und 14.00 Uhr in der für die deutschen Truppen siegreich verlaufenen Schlacht bei Sedan des deutsch-französischen Kriegs 1870/71. Zahllose Soldaten beider Armeen bevölkern die Leinwand, erhöht stehende Generäle verfolgen das Aufeinandertreffen der Truppen und weisen mit ihren Armen über das riesige Schlachtfeld. Um die Darstellung möglichst realitätsgetreu ausführen zu können, hatte Anton von Werner Terrainstudien und wissenschaftliche Untersuchungen über die Ausdehnung von Pulverdampf unternommen. Im Garten seiner Villa stellte er mit Statisten Szenen nach, um sie zu skizzieren und danach auf die Leinwand zu übertragen.

Mit Panoramabildern sollte noch vor der Erfindung des Kinos den Besuchern das Gefühl vermittelt werden, sie könnten bei einem Ereignis wirklich dabei sein. Dabei wurde darauf geachtet, die Illusion möglichst perfekt zu machen: Dies ging so weit, dass im Vorfeld zur Leinwand ein *faux terrain* mit Steinen, Sträuchern, Schanzgerät und echten Waffen aufgebaut wurde. Wenn nun die Besucher aus dem Dunkel auf die erhöhte Rundfläche traten und die hell erleuchtete Wandfläche anschauten, konnten sie wirklich der Illusion erliegen, sie seien bei der Schlacht mit dabei. Zahllose Details gab es zu entdecken: rennende und schießende Soldaten, Uniformen mit fotogetreu gemalten Helmen, Mützen, Orden, Kokarden, dazu blitzende Waffen, Haubitzen, Gewehre im Anschlag – ein buntes Spektakel des Militarismus, eine Verherrlichung des Krieges gegen den «Erbfeind» Frankreich, ohne Schmerz, ohne Leiden, ohne Tod. Aus dem Orchestrion ertönte Marschmusik.[88]

Für neuere Strömungen in der Kunst zeigte Anton von Werner kein Verständnis. Der Pleinairismus, also das Malen in der freien Natur, und der neu aufgekommene Impressionismus stünden nicht im Einklang mit der Blüte Deutschlands in Wissenschaft, Handel und Industrie. Zudem seien sie ausländischen Ursprungs. Die Aufgabe des Künstlers sei es, «veredelnd zu wirken», und gerade dies sei nicht gegeben, wenn wie in den aus Frankreich kommenden modernen Kunstströmungen der Dilettantismus überhandnehme.[89]

Anton von Werner hatte aber auch eine heitere Seite. Diese konnte er bei der künstlerischen Ausgestaltung des Café Bauer unter Beweis stellen, das sich in prominentester Berliner Lage an der Ecke Friedrichstraße und Unter den Linden befand. Mit Unterstützung mehrerer Assistenten schuf er von 1877 bis 1885 einen sechsteiligen Bildzyklus *Römisches Leben* als Wandgemälde. Auf den Gemälden finden sich Szenen des antik römischen Genusslebens: exotische Frauen vor Säulen tanzend, elastisch-kraftvolle Männergestalten in der Therme, eine Lautenspielerin, die vor liegenden Männern ihre Kunst aufführt. Der antike Dichter Horaz sitzt vor einem Säulenportal, von Weinreben umkränzt, in heiterer Muße, ein Weinbecher in seiner rechten Hand, die Tunika locker über die Schulter geworfen. Der aufgemalte Ausspruch *Beatus ille, qui procul negotiis* (Glücklich ist jener, der fern von Geschäften ist) ruft den im Café sitzenden Kaufleuten und Ministerialbeamten in Erinnerung, dass der nächste Termin warten kann, dass es noch andere Werte im Leben gibt als das berufliche Fortkommen. Im Dekor von südlichen Ideallandschaften werden in den Wandbildern – als Gegenbild zur geschäftigen Großstadt Berlin – die Kontemplation, das physische Wohlergehen und die Genüsse der antiken Welt zelebriert, «gleichsam der Versuch der Menschen jener Epoche, sich so gut es gehen mochte, für den nachgewiesenen Mangel der Wiener Café's zu entschädigen», wie in der *Vossischen Zeitung* ironisch angemerkt wurde.[90]

Ein Palast der Belle Époque: Nicht weniger als 700 Tageszeitungen von allen fünf Kontinenten und in 18 Sprachen, neben den Hauptsprachen auch in Russisch, Schwedisch, Spanisch, Japanisch, Türkisch und Ungarisch, lagen im Café Bauer aus. 1884 wurde es als erstes Café mit elektrischem Licht ausgestattet; den Strom lieferten mit Dampfturbinen betriebene Generatoren, die im Keller standen. Bald gehörte das Café Bauer zum Pflichtprogramm für Touristen, die hier einen Mocca schlürften oder den «Rauch der Cigarette in blauen Ringeln zur Decke» emporsandten, wie es in einer der unzähligen Reportagen hieß.[91] Ein unbekannter Autor schreibt 1889: «Nach Mitternacht wird es erst behaglich in diesen eleganten Räumen», «der Springbrunnen plätschert; die blonde Buffetdame klappert mit den Augen und mit den silbernen Zuckertellerchen»; «die Komandoworte: ‹ein Piccolo› – ‹ein Sherry Cobler› –

‹Ein Kapuziner› – ‹Ein Pilz› – fliegen nur so durch den elektrisch erstrahlenden Prachtraum».[92]

Was für ein Gegensatz zur bescheidenen Weinstube «Schwarzes Ferkel»! Aber nicht wenige Bohemiens verkehren zwanglos in beiden Lokalen, haben also nichts gegen das luxuriös-großbürgerliche Ambiente des Café Bauer einzuwenden. Auch Edvard Munch stört sich nicht daran, dass mit Anton von Werner ein erbitterter Feind seiner Kunst die Innenräume künstlerisch ausgestaltet hat. In Ermangelung einer fixen Wohnadresse in Berlin lässt er sogar seine Korrespondenz postlagernd ins Café Bauer schicken.[93]

Die Affäre um die zwangsweise Schließung seiner Ausstellung nimmt ihn kaum mit. Er scheint zu ahnen, dass der Rummel um ihn und seine Kunst das Beste war, was ihm hat passieren können. «Dieses ganze Treiben ist sehr vergnüglich», schreibt er in einem Brief. «Ich habe 6 Pfund zugenommen und mich nie so wohl befunden.»[94] Er ist jetzt eine Berühmtheit, darf seine Bilder bald in Ausstellungen in Düsseldorf und Köln zeigen, und Ende Dezember 1893 wiederum in Berlin, im Equitable-Palast an der Friedrichstraße.

Der *Lebensfries* als integraler Werkkomplex und Höhepunkt seines Frühwerks umfasste unterschiedlich große Bilder, die um die Grundfragen des Lebens kreisen: Liebe, Schmerz, Melancholie, Trennung, Kämpfe, Geschlechtlichkeit, Lebensangst, Einsamkeit, Tod. Melancholisch und düster, umreißen die existenziell dramatischen Werke die brüchig und fragwürdig gewordene Existenz; die Einsamkeit und Verlorenheit als Conditio humana der Moderne. Munchs berühmtestes Bild *Der Schrei* steht symbolisch für die Ängste und Emotionen einer ganzen Epoche.

Munch hatte die Vorstellung, dass sich die Einzelwerke mit wiederkehrenden Motiven und korrespondierenden Farben gegenseitig erläuterten. Eine musikalische Note ziehe sich durch sie hindurch, in ihrer Gesamtheit seien sie mit einer Symphonie vergleichbar. Eine variable Symphonie allerdings: Ein praktischer Vorteil dabei war, dass Munch seinen *Lebensfries* für jede der folgenden Ausstellungen in europäischen Städten wie Leipzig, Oslo, Prag und Hamburg neu zusammenstellen konnte. Das Fragmentarische und Unvollendete der Einzelwerke stand in Spannung zum Totalitätsanspruch des Gesamtzyklus.

Bereits früh wurde angemerkt, dass Munch keineswegs der große Bildzerstörer war, als der er von den konservativen Kritikern beschimpft wurde. Der Publizist Theodor Wolff schrieb im *Berliner Tageblatt:* «Denn zwischen gar manchen Schrullen und wahren Scheußlichkeiten glaubte ich feine, überzarte Stimmungen zu sehen.»[95] In Wirklichkeit hatte kaum ein anderer Maler eine höhere Meinung von der Kunst als Munch. Mit dem Tod Gottes, wie Nietzsche ihn postulierte, war ein Platz frei geworden; in diese Lücke sollte die Kunst vorstoßen: «Die Leute sollten das Mächtige, das Heilige in den Bildern verstehen, und sie sollten ihre Hüte vom Kopf nehmen, als ob sie in einer Kirche wären.»[96]

Eines der Hauptthemen in Munchs Schaffen ist das Verhältnis der Geschlechter, genauer: die «Entwicklung im Kampf zwischen Mann und Frau», die Liebe genannt wird. Das Bild *Liebe und Schmerz* aus dem Lebensfries erhielt von Przybyszewski den Titel *Vampir*, womit er ihm eine neue Lesart einschrieb. Es zeigt vor düsterem Hintergrund eine Frau und einen Mann in einer Umarmung; die roten Haare der Frau legen sich auf den Kopf und den Rücken des Mannes, wärmen und trösten ihn. Ein Bild der Innigkeit und Geborgenheit. Erotische Energie fließt, die roten Haare deuten es an. Nur: Schnüren die Haare den Mann nicht auch ein? Beißt ihm die Frau womöglich gerade in den Hals? Auch das könnte sein, Munch hält die Bildaussage bewusst in der Schwebe, die Sehnsucht nach Vereinigung und die Angst vor der zerstörerischen Kraft der Liebe. Als wären sie Gestirne am Himmel können Mann und Frau, die Menschen überhaupt, nie zueinander finden, wie Munch sich in einer Notiz ausdrückt: «Wie ein Stern der aus der Dunkelheit aufsteigt – einen Augenblick leuchtet, um wieder in die Dunkelheit zu verschwinden – auf diese Weise – begegnen sich ein Mann und eine Frau – gleiten miteinander leuchten auf in Liebe und verschwinden jeder in seine Richtung.»[97]

Der Vampir-Mythos ist ein geläufiges Motiv um die Jahrhundertwende: 1897 veröffentlicht der irische Schriftsteller Bram Stoker seinen Dracula-Roman. Er bezieht seine Kraft aus einer unklaren Gemengelage von Lust und Gewalt, einer vertrackten Dynamik des Begehrens. Oft ist er sexistisch ausgelegt worden, nämlich als Vernichtung des Mannes durch eine unheilbringende Femme fatale, die ihm das Blut aus den Adern saugt. Auch Munchs Gemälde schließt diese Interpretation zumindest nicht aus. Stanisław Przybyszewski schreibt darüber, dass der Mann den Vampir nicht loswerde, «das Weib wird immer da sitzen und wird ewig beißen mit tausend Natternzungen, mit tausend Giftzähnen».[98]

Jedenfalls werden die Geschlechterrollen Verhandlungssache, sie sind nicht mehr einfach gegeben. Während die Emanzipationsbewegung auf die strukturelle Diskriminierung der Frauen hinweist, werden in der Kunst die Rollen nicht selten umgedreht. Die Frau übernimmt den aktiven Part, und der Mann lässt die Verführung geschehen; er bekommt androgyne, gar effeminierte Züge. Im Rückblick auf seine Berliner Zeit schreibt Munch 1929: «Ich habe in der Übergangszeit gelebt – mitten in der Frauenemanzipation – Da war es die Frau, die verführt und lockt und den Mann betrügt – die Zeit von Carmen – In der Übergangszeit wurde der Mann der Schwächere.»[99]

Das Gefühl, in einer Übergangszeit zu leben und als Mann auf dem absteigenden Ast zu sein, war in Bohemekreisen, in denen gesellschaftliche Strömungen mit feinem Sensorium früh aufgenommen wurden, weit verbreitet. Trotzdem, oder vielleicht gerade deswegen, spielten die Männer auch in avantgardistischen Kreisen ihre Macht gegenüber den Frauen aus. Am deutlichsten zeigt sich das bei Dagny Juel, der «Seele» des «Schwarzen Ferkels». Keine Frau hat die versammelten Männer zu höheren intellektuellen Ein-

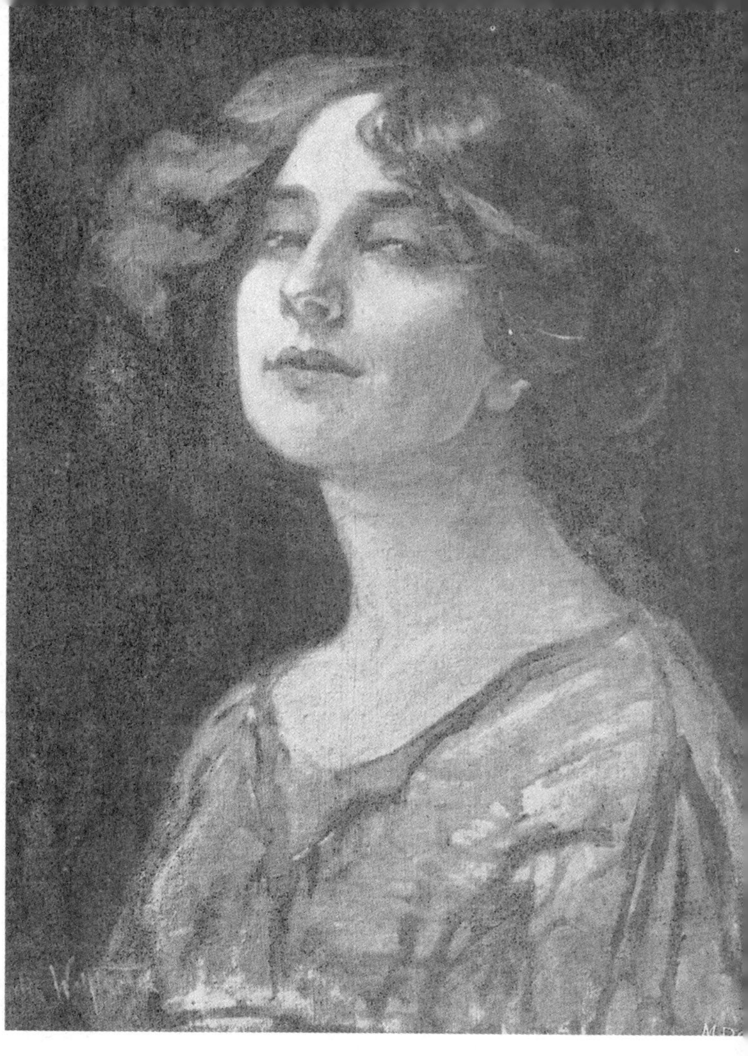

«Ein Lächeln, das zum Küssen verführte, und dabei hinter dünnen Lippen zwei Perlenreihen scharfer Zähne, die nur auf Gelegenheit zu lauern schienen, plötzlich zuzubeißen!» Dagny Juel bildet den Mittelpunkt des «Schwarzen Ferkels». 1895 wird sie von Julie Wolfthorn porträtiert.

sätzen veranlasst als diese Pianistin und Schriftstellerin. Dagny – eine erotisch aufgeladene Erscheinung, eine Künstlerprojektion.

Die 1867 in Kongsvinger geborene Arzttochter und Nichte des norwegischen Ministerpräsidenten Albert Blehr war nach einer abgeschlossenen Ausbildung als Pianistin am Konservatorium nach

Berlin gekommen, um Musik zu studieren. Im März 1893 stellte Munch Dagny Juel seinen Freunden im «Schwarzen Ferkel» vor. Sogleich bildete sie den Mittelpunkt der Runde, oder wie Adolf Paul sich ausdrückte, «die Sonne, um die all die Ferkelbrüder, Strindberg an der Spitze, als Planeten kreisten».[100]

Munch bildet sie in Rückenansicht beim Klavierspiel ab, während ihre Schwester Ragnhild in einem geblümten Abendkleid mit weit ausladendem Kragen ein Ständchen darbringt. In einem weit öfter abgebildeten Gemälde, einer expressiven Porträtstudie auf dunkelblauem Grund, erscheint Dagny Juel als überlegen dreinblickende Dame, deren angedeutetes Lächeln nicht zu entschlüsseln ist. Die Pianistin Margarethe Ansorge schrieb über sie: «Lachen Sie mich nicht aus, aber ich sah sie immer als singenden Engel vor mir, selbst mit der Zigarette im Mund. Sie raucht aber auch so sphärenhaft, die kleinen blauen Ringe schweben ihr wie Heiligenscheine zwischen den Lippen hervor.»[101]

Sie war eine auffällige Erscheinung: «Blond, schlank, elegant, mit einem Raffinement gekleidet, das die Geschmeidigkeit des Körpers zu voller Geltung brachte, aber sorgfältig vermied, bestimmte Konturen zu geben. [...] Ein Lächeln, das zum Küssen verführte, und dabei hinter dünnen Lippen zwei Perlenreihen scharfer Zähne, die nur auf Gelegenheit zu lauern schienen, plötzlich zuzubeißen! Und eine schlangenhafte, müde Lässigkeit der Bewegung, die aber einen blitzschnellen Angriff befürchten ließ! So schlängelte sie durch die Schar eitler Geisteshelden hindurch.»[102] Das Schlängelnde wurde zu Dagny Juels Markenzeichen; es taucht in vielen Beschreibungen über sie auf. «Ducha», wie sie liebevoll genannt wurde, «war das Urbild jener schlanken überzarten Frauengestalten des Fin de siècle, die Schlangenlinien des später so üblen Jugendstils schienen nach ihr gebildet.»[103] Wenn «Stachu» (ihr späterer Ehemann Stanisław Przybyszewski) dem Flügel einen Walzer entlockte, gab sie sich ganz dem Tanz hin, mit einem ganz eigenen Stil, wie Ida Dehmel bemerkte: «Nie im Leben wieder habe ich einen

Tanz gesehen, der dem ihren glich. So schlank wie ein Schilfgras und ebenso biegsam. Sie lag im Arm der Männer nicht schwerer, als wenn sich ein Schleier oder ein Rauchwölkchen anschmiegte.»[104]

Die Männer des «Schwarzen Ferkels» nehmen gar nicht zur Kenntnis, dass Dagny Juel selbst literarisch tätig ist. Als Autorin rückte sie nie in den Fokus, ihre in norwegischer Sprache verfassten Texte werden erst lange nach ihrem Tod veröffentlicht. Im schmalen Œuvre dominieren archaische Bilder von einprägsamer Kraft: «Der Ewigkeit Brunnen sind die Stürme, die singen», «ein Herz wie kalter weißer Kristall», grabesfinstere Gewölbe, Todesblässe, verzweifelter Blick, Sturm, der «sie pfeifend dem unbekannten Ziel entgegentrieb». Den von ahnungsvollen Sehnsüchten durchglühten Menschen steht eine kalte, abweisende Natur gegenüber – «einsame Lichter» – das Rätsel des Lebens kann nie gelöst werden. Immer zielt das Streben auf eine unbestimmte andere Welt, von der höchstens ein Schimmer erhascht werden kann – «ein Abgrund öffnete sich vor ihr». Nur selten wird das Repertoire des Ahnungsvollen und Bedeutungsschweren ironisch gebrochen. Ein Mann, offenbar der Gesangslehrer, teilt einer Frau, die sich beim Singen in den Ewigkeitssphären des Weltalls verliert, trocken mit: «so gut hast du das H noch nie getroffen».[105] Viel typischer sind surrealistische Szenen, in denen namenlose Menschen bebend vor Erwartung durch unendliche Korridore in die Welt der lebenden Toten treten. «Nur von der Decke strömte matt ein grünspanfarbenes Licht, das fahl um einen Katafalk auf hohen schwarzen Säulen wogte.»[106]

Dagny Juel sucht das Abenteuer: tändelt, lockt und spielt, verteilt Küsse dem einen und manchmal gleichzeitig auch einem anderen, geht intime Beziehungen mit mehreren «Ferkelbrüdern» ein, flirtet sogar mit August Strindberg, als dessen neue Verlobte Frida Uhl abwesend ist. Aber letztlich zerbricht sie unter den Männergeschichten; die brachialen Egoismen der Künstler in der ekstatischen Armut des Bohememilieus sollten sich für eine Frau, und sei sie noch so unkonventionell und mutig, als nicht beherrschbar herausstellen.[107]

Sie flüchtet sich praktisch in die Heirat mit dem wildesten aller Bohemiens oder wird zu dieser gedrängt. Jedenfalls geht sie 1894 eine Ehe mit dem diabolischen Charakter Stanisław Przybyszewski ein. Die Verbindung steht von Anfang an unter keinem guten Stern. «Zwei Negationen, die sich gegenseitig bejahen und somit ausradieren!»[108] Der norwegische Bildhauer Gustav Vigeland hat sie beim Tanzen eines Walzers dargestellt; auch bei dieser Bronzeskulptur wird nicht ganz klar, ob sie sich gegenseitig stützen oder doch eher erdrücken.

Die Zeit des «Schwarzen Ferkels» geht zu Ende. Für «Ducha» und «Stachu» folgen unstete Jahre in Skandinavien und in Polen, wohin es ihn bald zurückzieht. Von 1898 bis 1900 ist er Chefredakteur der Krakauer Zeitschrift *Zycie.* Dagny Juel, die sich in vielen Fremdsprachen ausdrücken kann, nicht aber in Polnisch, fühlt sich in Krakau bald einsam, zumal sich Przybyszewski nur wenig um sie und die beiden Kinder kümmert. Lieber widmet er sich zwei polnischen Freundinnen, die eine bekommt ein Kind von ihm.

Ohne große Rücksichtnahme verarbeitet Stanisław Przybyszewski seine private Situation in autobiografischen Schlüsselromanen. In *Über Bord* (Teil der Romantrilogie *Homo Sapiens*) beschreibt er die Beziehung von Erik Falk (er selbst) mit Isa (Dagny) im Mittelpunkt, in die sich eifersüchtig Mikita (Edvard Munch) einschaltet. Zu dritt gehen sie ins Lokal «Grüne Nachtigall», treffen bunte Charaktere, darunter einen «Neokatholiker», der in den Fingerspitzen Energie speichern kann.[109] Das Ziel von Falk besteht darin, eine «Biogenese der Liebe» zu schreiben; doch er bleibt selbst dann kalt, als er Isa seine Liebe gesteht. Bald sieht Isa sich gezwungen, Mikita zu besänftigen, mit dem sie ein Verhältnis hatte: «Du warst so stolz auf meine Selbstständigkeit, und jetzt suchst Du sie zu zerstören und mich zu einer Sklavin zu machen.»[110] Mikita kann sich sogar in der Liebe nicht von der Leistungsethik frei machen, mit seiner Malerei werde er «die ganze Welt zwingen, sich vor Dir zu verbeugen».[111] Isa weist Mikita ab, worauf dieser einen Revolver kauft, ihn sich in den Mund steckt und abdrückt. Am Ende des Romans fahren Falk und Isa ohne Gewissensbisse nach Paris.

Der Schuss in den Kopf – eine schon fast hellsichtige Vorwegnahme Przybyszewskis. Und doch war es ganz anders. Um Abstand zu gewinnen, fährt Dagny Juel mit den beiden Kindern in den mondänen Gebirgsort Zakopane in der Hohen Tatra, 120 km südlich von Krakau.[112] Später nimmt sie eine Einladung ihres Verehrers Władysław Emeryk, Sohn eines Minenbesitzers und reicher Erbe, an und macht mit ihm eine Reise in den Kaukasus. In einem Hotel in der georgischen Hauptstadt Tiflis beziehen sie, vorgeblich als Bruder und Schwester, je ein separates Zimmer. Zwei Wochen bleiben sie, bis es zur Tat kommt, die später nie vollständig aufgeklärt werden kann. Jedenfalls geht Emeryk in das Zimmer der schlafenden Dagny – den Sohn hatte er zuvor weggebracht – und schießt ihr in den Hinterkopf. Danach richtet er die Waffe auf sich selbst und begeht Suizid.

Der Abschiedsbrief, den Emeryk hinterlassen hat, gibt kaum Aufschluss über seine Motive. In seiner Drastik ist er ein bestürzendes Dokument männlicher Selbstanmaßung, wie es kaum ein vergleichbares aus der Boheme gibt: «Geliebter Zenon!», schreibt er dem Sohn. «Ich nehme dir deine Mutter weg.» In schwülstigen Worten umkreist Emeryk seine Gefühle für Dagny Juel. Ohne jegliche Einfühlung schreibt er dem zukünftigen Waisen: «Ich will dir nur sagen, dass dieses Wesen eine Heilige war. Sie war die Gottheit selbst und sie besaß die königliche Güte, die aus der Geringschätzung erwächst.»[113]

In der *Neuen Freien Presse* aus Wien wird am 11. Juni 1901 ein «Liebesdrama im Kaukasus» vermeldet, ein «Gutsbesitzer Namens Emeryk» habe die «Gattin des polnischen Schriftstellers Przybyszewski» erschossen und «sich gleich nach dem Morde selbst entleibt».[114] Das ist allgemein der Tenor in der Presse. Die geschlechtsspezifische Gewalt des Femizids, also die ultimative Machtausübung gegen eine Frau, wird als «Liebesdrama» umgedeutet und damit verharmlost. Mörder und Ermordete werden auf eine Stufe gestellt, womit Dagny Juel sogar noch nach ihrem gewaltsamen Tod Unrecht getan wird. Nicht nur bestürzend, sondern geradezu skandalös sind daher zwei Fotografien, die nach dem Femizid verbreitet werden. Als wären sie ein Paar, das einem Unfall zum Opfer gefallen ist, liegen beide friedlich, mit geschlossenen Augen in einem mit Blumen geschmückten Sarg. Als ob sie schliefen, Emeryk hat sogar die Hände gefaltet.

Bei der Beerdigung seiner Ehefrau ließ sich Stanisław Przybyszewski entschuldigen. Angeblich war die Fahrkarte nach Tiflis zu teuer. Ob ihn irgendwelche Gewissensbisse geplagt haben, ist nicht bekannt; er äußerte sich nie mehr öffentlich zu seiner ermordeten früheren Ehefrau. Die Kinder Zenon und Iwa wuchsen bei Dagny Juels Schwester Gudrun und ihrem Mann auf, ohne dass Przybyszewski zu ihrem Unterhalt beitrug.

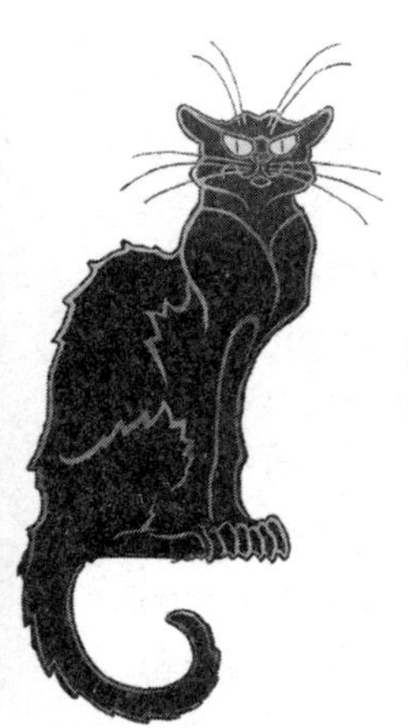

III.
Die Reize der Nacht

Schwarze Katzen

Vom Bahnhof Neuchâtel fährt die Bahn in einer langgezogenen Kurve, den blau schimmernden See hinter sich lassend, in das Val de Travers. Die Landschaft ist ländlich; auf grünen Weiden grasen Kühe und Freiberger Pferde, viel mehr als Wald- und Weidewirtschaft scheint es in diesem Tal nicht zu geben. Dunkelgrüne, fast schwarze Fichtenwälder kleben an steilen Hängen. Die immer wieder sichtbaren Karste und Felsabbrüche des Faltenjuras erlauben einen Blick zurück in die Jahrmillionen der Erdgeschichte. Ein steil über einen Höhenkamm führendes Sträßchen verbindet das Haupttal mit dem Val de La Brévine, einem der Kältepole der Schweiz, wo im Winter regelmäßig dreißig oder vierzig Minusgrade erreicht werden. Provinz, die Bahn fährt durch tiefste Provinz, ständig leicht steigend, bis in Les Verrières mit 930 m. ü. M. der höchste Punkt und gleichzeitig die Grenze zu Frankreich erreicht wird.

Im Jahr der Eröffnung der Bahnstrecke Neuchâtel–Pontarlier 1860 hätte der Blick aus dem Wagenfenster, abgesehen von den vorüberziehenden grauen Rauchschwaden, welche die Dampflokomotive ausstieß, ähnlich ausgesehen. Doch die ländliche Idylle täuschte bereits damals: Denn dieses Juratal war schon früh industrialisiert; die Asphaltmine La Presta exportierte ihre Bitumenprodukte mit dieser Bahn in alle Welt. Auf dem nahe gelegenen Hochplateau des Jura hatten aus Frankreich vertriebene Hugenotten Uhrmanufakturen gegründet, in denen sich in dieser Zeit unter der Arbeiterschaft anarchistisches Gedankengut zu verbreiten begann. Das soziale Experiment war so außergewöhnlich, dass sogar die russischen Theoretiker Michail Bakunin und Piotr Kropotkin den Fuß in diese abgelegene Gegend setzten. Sie hofften, dass sich der Anarchosyndikalismus ausgehend von provinziellen Regionen wie dieser auf der ganzen Welt verbreiten würde – als dezentral organisierte Alternative zum weitherum unhinterfragten System des kapitalistischen Erwerbsstrebens und der nationalen Staatlichkeit.[1]

Und noch etwas verband das Val de Travers mit dem Montmartre in Paris, wohin die Reise bald führen wird: In diesem Tal standen zahlreiche kleinere und größere Absinth-Brennereien. Der Schnaps auf Wermutbasis, auch «Grüne Fee» genannt, wies mit 45 bis 89 Volumenprozenten einen außerordentlich hohen Alkoholgehalt auf. Doch seine berauschende Wirkung entfaltete der Absinth nicht einzig durch den Alkohol, sondern ebenso durch den Inhaltsstoff Thujon. Ihm wurde eine halluzinogene Wirkung nachgesagt, die vergleichbar mit einem Nervengift sei – eine Ansicht, der heute von wissenschaftlicher Seite widersprochen wird.

Die ständig gesteigerte Nachfrage nach Absinth in der zweiten Hälfte des 19. Jahrhunderts führte zu einer Ausweitung der Produktion. Aus Fabriken mit rauchenden Kaminen, wie sie in Pontarlier gebaut wurden, fanden beschriftete Absinthflaschen verschiedener Marken ihren Weg zu den Konsumenten. Die oft von namhaften Künstlern gestalteten Werbeplakate und Etiketten nehmen farbenfrohe, beschwingte Jugendstilmotive auf. Ein besonders bezauberndes hat die Firma Bourgeois im Jahr 1900 herausgebracht: Eine schwarze Katze nippt inmitten eines Stilllebens mit entkorkter Flasche, Karaffe und Zeitung aus einem Kristallglas, das mit einem gelblich-grün schimmernden Absinth gefüllt ist.

Kein anderes Getränk war so stark mit der Boheme verbunden wie der Absinth. Man trank ihn üblicherweise in Gesellschaft in darauf spezialisierten Lokalen. Doch wer ihn erstmals probierte, war häufig enttäuscht über diese «abscheulich trübe, gelbgrüne Flüssigkeit, die süsslichbitter hauptsächlich nach Anis und Fenchel schmeckt».[2] Mit der Zeit setzte Gewöhnung ein, und nicht wenige tranken ihn bis zur Besinnungslosigkeit. Der Künstler Amedeo Modigliani soll seinen Hunger mit Absinth betäubt haben, weil er nicht genug Geld hatte, um sich Essen zu kaufen. Das Lieblingsgetränk des Künstlers Henri de Toulouse-Lautrec nannte sich *Tremblement de Terre* (Erdbeben), eine im wahrsten Sinn des Wortes fatale Mischung aus Absinth und Brandy. Bei ihm führte sie, in Kombination mit der Syphilis, an der er zusätzlich litt, zu paranoiden Wahnerscheinungen. 1899 musste er in ein privates Asyl in Neuilly gebracht werden. Eine Behandlung mit Elektroschocks blieb ohne Erfolg, der große Illustrator der Montmartre-Boheme starb 1901 mit gerade einmal 36 Jahren.[3] Er war nicht der einzige Pariser Künstler, den ein früher Tod aufgrund des ungesunden Lebenswandels mit exzessivem Alkoholkonsum ereilte: Baudelaire starb mit 46, Alfred de Musset mit 47 und der symbolistische Lyriker Paul Verlaine mit 51 Jahren.

Doch längst nicht nur die Männer sprachen dem Absinth übermäßig zu, auch viele Frauen erlagen seiner Verführungskraft. Der Pariser Autor Henri Balesta betonte, dass die Damen aus dem Quartier Latin «aus Angst davor, nicht zu trinken» von allem tränken. An den Tischen, die vor den Cafés auf dem Asphalt stünden, gebe es ebenso viele Absinthtrinkerinnen wie Absinthtrinker.[4] Die Abstinenzbewegung machte gegen die «Grüne Fee» mobil und instrumentalisierte für ihre Propaganda auch einen spektakulären Kriminalfall. 1905 hatte in der Westschweiz ein Mann seine Frau und die gemeinsamen Kinder unter Absintheinfluss ermordet.

Unter dem Eindruck dieses Verbrechens konnten in mehreren europäischen Ländern Absinthverbote durchgesetzt werden. Bereits im gleichen Jahr in Belgien, 1910 nach einer angenommenen Volksinitiative in der Schweiz, 1914 in Frankreich und 1915 in Deutschland.[5]

Bis zu diesem Zeitpunkt blieb noch eine Weile. In der Pariser Boheme zählte zunächst etwas ganz anderes: Intensiv sollte das Leben sein, intensiv und gefährlich. Und was könnte intensiver sein als ein Leben in den «künstlichen Paradiesen» der Besinnungslosigkeit von Alkohol, Opium und Haschisch, wie sich Charles Baudelaire ausdrückte? Der Absinth war folglich attraktiv, nicht

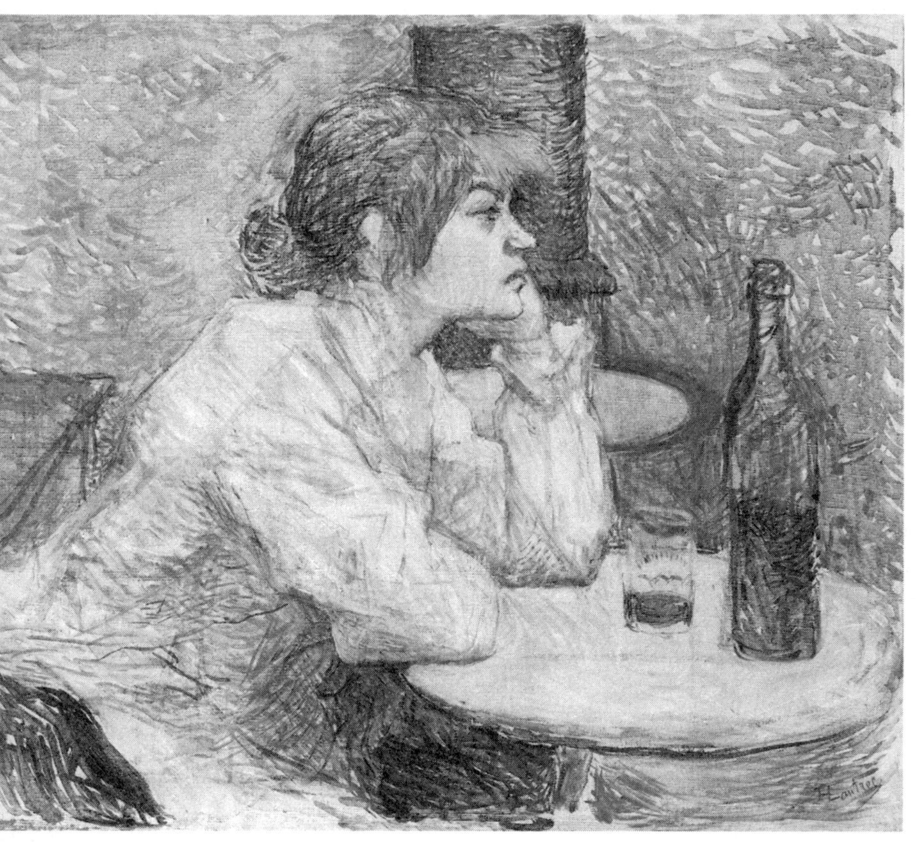

obwohl, sondern weil er den Ruf eines verderblichen Nervengifts hatte. In zahlreichen Kunstwerken schwingt ebenso seine glamouröse wie seine potenziell verheerende Seite mit, so in dem Gemälde *In einem Café (Absinth)* (1877) von Edgar Degas oder in Toulouse-Lautrecs *Kater/die Trinkerin* (1887), einem Porträt seiner Künstlerkollegin Suzanne Valadon, die allerdings dem Rotwein und nicht dem Absinth zuspricht. Beide Künstler haben eine wie verloren an einem Tischchen sitzende trinkende Frau gemalt. In ihrem melancholischen Ausdruck liegt eine unergründliche Spannung; den Betrachtenden vermitteln sie gleichzeitig Selbstbewusstsein und Verletzlichkeit. Ihr Geheimnis, sofern sie eines haben, geben diese Frauen nicht preis.

Das Abenteuer, das die «Grüne Fee» ebenso in Aussicht stellte, bestand in irdischer Transzendenz – einem mühelosen Hinaufschweben in andere Sphären. Der Preis dafür war am folgenden Morgen zu zahlen: Kopfweh, Übelkeit, Unlust. Manch einer zog daraus den Schluss, dass diese auf der Seele liegende schwarze Katze am besten mit einem Schluck Alkohol zum Verschwinden zu bringen sei – und wurde mit fortgesetzter Einübung dieser Praxis zum Alkoholabhängigen. Was bei vielen mit einer Suche nach Rausch und Intensität angefangen hatte, führte mit ständig steigenden Dosierungen über die Jahre zur Selbstzerstörung.

Besonders stark zugesprochen wurde dem Absinth im Montmartre, wohin sich die Boheme in den 1870er-Jahren verschob, als das Quartier Latin allmählich an Attraktivität einbüßte. Die Freifläche am Rande des modernen Paris wurde mit ihrer fast dörflichen Atmosphäre bald zum Ausflugsziel für die eleganten Städterinnen. Noch standen an der nördlichen Anhöhe, französisch *Butte* genannt, zahllose ärmliche Behausungen, kaum mehr als Hütten.

Henri de Toulouse-Lautrec porträtiert Suzanne Valadon, die einsam an einem Tischchen sitzt, als ebenso verletzliche wie selbstbewusste Künstlerin.

Hier gab es weder Gasbeleuchtung noch Kanalisation, dafür viel bezahlbaren Wohn- und Atelierraum. Rund um die monströse neobyzantinische Kirche Sacré-Cœur, welche die Katholiken errichtet hatten, um an die Niederlage von 1870/71 zu erinnern, «hausen die Unheiligsten aus dem unheiligen Volke des modernen Babel, Dichter und Künstler, Modelle, Chansonnetten und Grisetten».[6] Insgesamt konnte der Montmartre als ein riesiges Freiluftatelier bezeichnet werden; der deutsche expressionistische Maler Ludwig Meidner sah ihn als «kostbarstes Dorf mitten in der großen Stadt», ein efeuumsponnenes Refugium mit kleinen, stillen Läden, mit Friedhof und Fernsicht. Die weiß überkuppelte, mächtige Kirche Sacré-Cœur kam ihm wie eine «Eruption des Orients» vor.[7] In diesem spannungsvollen Ambiente zwischen belebter Großstadt und ärmlicher Faubourg lebten und promenierten «Maler mit vorsintflutlichen Bärten, wallenden Locken, merkwürdigen Sammetanzügen, auf denen alle Farben der Palette schimmern, und riesigen Schlipsen».[8] Noch standen pittoreske Windmühlen, die ein beliebtes Malmotiv abgaben und deren drehende Flügel zum Wahrzeichen des 1884 gegründeten Vergnügungspalasts Moulin-Rouge wurden.

In der Nacht erwachte der Montmartre zum Leben, die roten Lichter der Varietés und Künstlercabarets wiesen dem Publikum den Weg zur «leichtgeschürzten Muse», zu Tingeltangel, Rausch und Ablenkung. Bis in die frühen Morgenstunden wurde hier gefeiert; zahlreiche Etablissements buhlten um Gäste. An Straßenecken zwinkerten aufreizend gekleidete Prostituierte den Männern zu und lockten sie durch einen Hintereingang in ein kleines Zimmer. Die Vorstadt stand als riesiges Vergnügungsviertel für Dekadenz und Genuss, aber ebenso für Armut, Erschütterung und Verzweiflung – und für verlorene Illusionen am nächsten Morgen. Des Nachts aber, mit ein paar Promille Alkohol im Blut, konnte einem die Butte als Wiege der Menschheit vorkommen: «Hier wurde die erste Stadt der Welt gegründet – lächerlich scheint es, Theben,

Ninive oder Babel in einem Atem zu nennen – und noch heute ist sie in Wahrheit die Metropole, das geistige Centrum des Universums. Alles andere ist Provinz, Paris nur der erste vorgeschobene Posten.»[9] Wichtig für das Verständnis: Ninive und die «Hure Babylon» gehörten als Sinnbilder der Unmoral dem Alten Testament nach zu den «ungehorsamen» Städten (Offenbarung 17).

Die Boheme suchte die Nähe zur armen Vorstadtbevölkerung. Es lockte sie die dunkle Welt der Heimatlosen und Ausgestoßenen, wo Glück und Leid nahe beieinander lagen. Vor jeder Haustür waren Laster, Rohheit und Verderbtheit zu besichtigen; herumlungerndes Volk, Obdachlose, Zuhälter, fünfzehnjährige Dirnen, schmutzige und verwahrloste Kinder, auf die niemand aufzupassen schien: «Es ist das Auge einer ganzen Menschheit, die neben uns, unter uns, ihr lichtloses Höhlen- und Nomadendasein führt, es ist der Blick des zertretenen fröhnenden Volkes, der verlegen, ängstlich, hündisch oder frech in die Welt der Satten und Wohlbehaglichen starrt.»[10] Und doch lag in dieser Szenerie auch etwas, das in den schicken Pariser Quartieren fehlte: primitive Rohheit ebenso wie wilde Zärtlichkeit, lautes Lachen, jauchzende Freude, Lustschreie, Tränen aus Eifersucht und Enttäuschung. Tür an Tür ließ sich hier, und das war genau das Anziehende daran, das volle, ungekünstelte Leben in seiner radikalsten Ausprägung miterleben. Dadurch konnte sich in diesen engen Straßen des Montmartre, wo die Zusammenstöße der Aufständischen und der Armee während der 71 Tage der Pariser Commune 1871 besonders blutig verlaufen waren, nichts weniger als ein Gefühl von Freiheit einstellen. Da nahmen es viele Bohemiens gerne in Kauf, dass das Atelier im Sommer brütend heiß war und im Winter eiseskalt.

Leicht könnte man zu der Auffassung gelangen, dass sich die Montmartre-Künstler an der Rohheit und Armut der Vorstadtbevölkerung ergötzten, weil die Intensität des Empfindens, die sie suchten, in der saturierten bürgerlichen Gesellschaft nicht zu finden war. Doch wäre diese Kritik zu kurz gegriffen. Nicht wenige

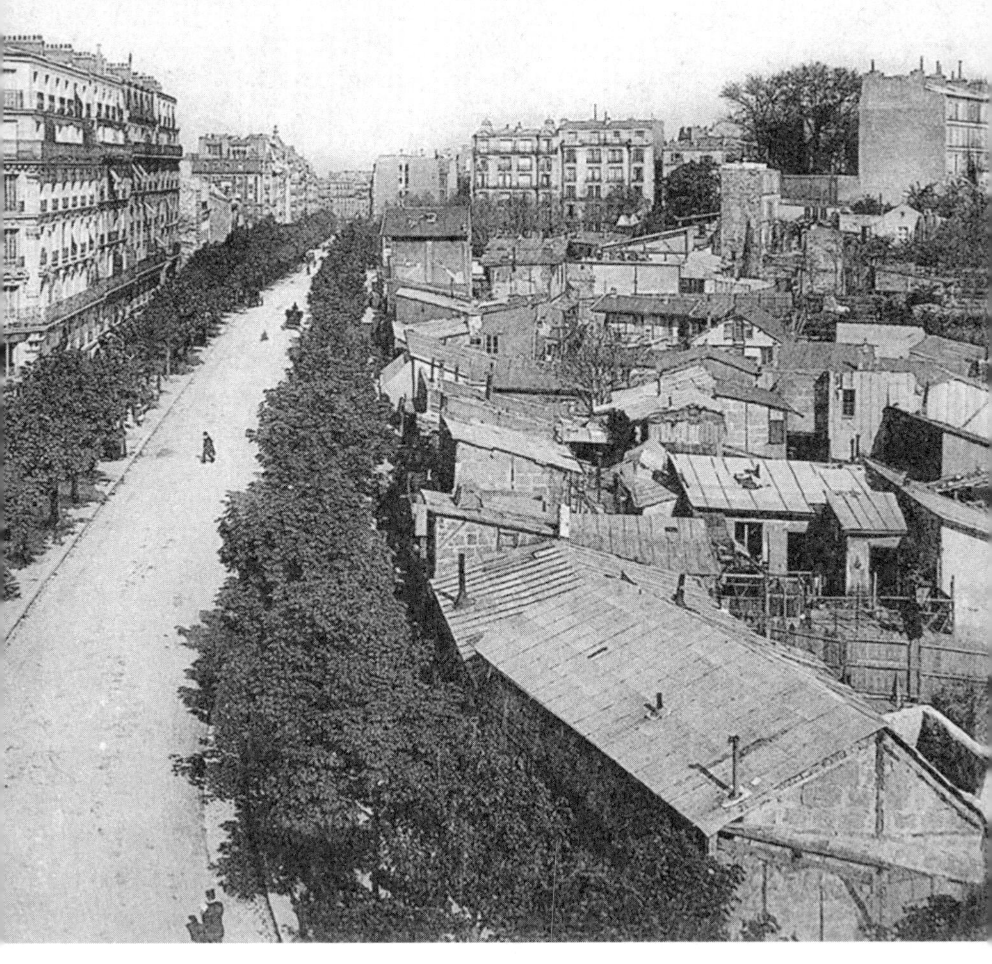

Literaten und Künstlerinnen hatten ein waches soziales Bewusstsein und prangerten in ihren Werken Ungerechtigkeiten an. Dies galt etwa für den Poeten Jehan-Rictus, der 1895 sein bahnbrechendes Werk *Soliloques du Pauvre* veröffentlichte. Der in ärmlichen Verhältnissen im Montmartre aufgewachsene Gabriel Randon, der erst später seinen Künstlernamen annahm, hatte schon mit 13 Jah-

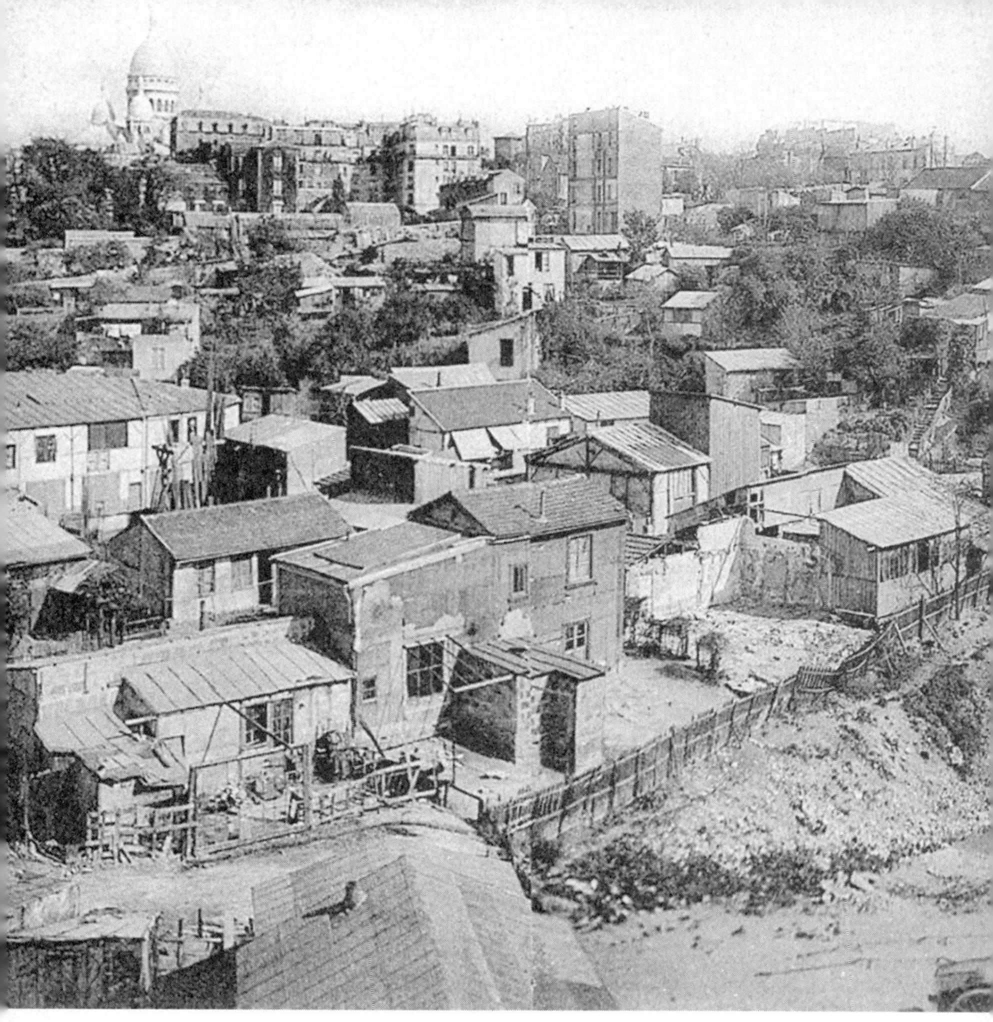

Die Boheme ist von der dörflichen Atmosphäre des Montmartre angezogen. Hier gibt es weder Gasbeleuchtung noch Kanalisation, dafür bezahlbare Wohn- und Atelierräume in den ärmlichen Häusern.

ren die Schule verlassen müssen und sich danach mit allerlei Gelegenheitsarbeiten durchgeschlagen. Seine «Selbstgespräche eines Elenden» sind im Argot des Montmartre verfasst. Der Soziolekt der dort lebenden Unterschicht wurde nur von der alteingesessenen Bevölkerung verstanden. Seine Exklusivität führt zu einem Gefühl der Zugehörigkeit.

Diesen Argot nimmt Jehan-Rictus in seinem Poem auf und literarisiert ihn. Viele seiner Ausdrücke sind sogar für französische Muttersprachler – außer sie wären in der Unterschicht des Montmartre im 19. Jahrhundert aufgewachsen – schlecht verständlich und teilweise nur mit einem Argot-Dictionnaire in ihrer Bedeutung zu erfassen. Sie stammen aus einer mündlichen Tradition, die keine festen Rechtschreiberegeln, allenfalls lose Konventionen kennt. Weil er es so hört, schreibt Jehan-Rictus das Wort *Dieu* (Gott) als *Guieu* und folgt dabei der Tradition Molières, der in seinem Drama *Dom Juan* aus dem 17. Jahrhundert die Bauern bereits so sprechen ließ.

Das führt zu einem Paradox von Jehan-Rictus' Poesie: Der wilde, anarchische Argot seiner Gedichte steht in einem eigentümlichen Gegensatz zu ihrer strengen Form. An einem Beispiel lässt sich dies am besten demonstrieren. Im Gedicht *Prière*[11] (Gebet) folgt auf die Anrufung Gottes – mit der Einschränkung «si vous existez» (wenn Sie existieren) – diese zweite Strophe:

> J'ai été l' môme el' l' pauvr' clampin,
> L' loupiot d' Paris qu' la purée berce
> Et qu'a trimé dur dans «l' Commerce»,
> Pour eune apparenc' de bout d' pain!

Übersetzt in deutschen Fließtext, lesen sich die Verse ungefähr so: Ich war der Knirps und der arme Faulenzer, der Balg von Paris, den die Not plagte. Ich schindete mich hart in Geschäften (wobei bei dem in Majuskeln geschriebenen «Commerce» eine illegale Note mitschwingt), und das für eine bloße Erscheinung eines Stücks Brot – es hat also, impliziert Jehan-Rictus, nicht einmal für ein echtes Stück Brot gereicht. Auffällig ist, wie rigide Jehan-Rictus das klassische Versmaß der Octosyllables handhabt, dessen sich bereits La Fontaine in seinen Fabeln bediente. Jeder Vers umfasst genau acht Silben, und die Endreime folgen streng dem Schema A B B A.

Im mündlichen Vortrag «verschluckte» Silben werden mit einem Apostroph markiert.

Unzweifelhaft sind die Gedichte sozialkritisch – und politisch sind sie auch. Das zeigt sich an einer der folgenden Strophen, in der dem Armen gesagt wird, er sei doch jung und stark, er könne doch Elsass-Lothringen zurückerobern, welches, so viel konnte in der Entstehungszeit des Gedichts vorausgesetzt werden, in der Folge des deutsch-französischen Kriegs 1870/71 Deutschland zugeschlagen worden war. Der angesprochene Junge antwortet: *(Comm' si c'tait moi qui l'a perdue!)* – (als wäre ich es, der es verloren hat!), in Klammern gesetzt, wie um deutlich zu machen, dass es sich um einen Gedanken handelt. Er will sich, scheint dieser Einschub zu sagen, nicht mit politischen Fragen beschäftigen, er habe doch mit dem französischen Staat nichts am Hut. Besser er würde sich einem *syndicat d' faillis* (einer Gewerkschaft der Gescheiterten) anschließen – als ob es eine solche geben könnte!

Deutlich wird diese Ausrichtung in der nächsten Strophe, deren inhaltliche Entschlüsselung ein ähnliches Vergnügen bereitet wie das Lösen eines Kreuzworträtsels. Jehan-Rictus setzt sie wiederum in Klammern:

(D'jà ma daronn' m'avait battu,
L'est donc venu l' tour d' la Patrie
Qui m'a r'passé aux poings d' la Vie;
Ces trois femm's-là s' sont entendu.)

Schon die *Daronne* (ein Argot-Wort für Mutter, das heute zur Banlieue-Sprache gehört und manchmal in Rap-Texten verwendet wird) habe ihn geschlagen, danach sei die *Patrie* (der französische Staat, in Majuskeln geschrieben) an der Reihe gewesen. Sie hätten ihn an die Fäuste des Lebens (wiederum in Majuskeln) ausgeliefert – und diese drei Damen, so die unversöhnliche Konklusion der Strophe, hätten sich bestens verstanden.

Ein «bitteres Lächeln» drängt sich hier auf, und genau das meint das französische Wort *rictus*, das der exzentrische Dichter nicht zufällig zu einem Teil seines Pseudonyms gemacht hat. Jehan hingegen ist eine archaisierende Schreibweise des Namens Jean. In späteren Jahren hat er auf den Bindestrich zwischen den beiden Namensteilen beharrt, weil er nicht konventionell als «Monsieur Rictus» angesprochen werden wollte.

Die *Soliloques du Pauvre* erschienen mit Illustrationen von Théophile-Alexandre Steinlen. Der in Lausanne geborene Steinlen aus einer bürgerlichen deutschen Familie hatte sich, ohne je eine künstlerische Ausbildung genossen zu haben, 1881 im Montmartre unter der armen Vorstadtbevölkerung niedergelassen. Als ungemein produktiver Illustrator und Künstler skizzierte er auf der Straße und arbeitete seine Illustrationen danach im Atelier aus. Am Ende seines Lebens hinterließ er Tausende Zeichnungen über den Montmartre; Zeitungs- und Buchillustrationen, Plakate und Gemälde, in seiner Gesamtheit ein gigantisches Werk, wobei er sich, anders als Balzac in seiner *Comédie Humaine* oder Émile Zola in seinem zwanzigbändigen Romanzyklus über die Familie Rougon-Macquart, im Wesentlichen auf das Umfeld des Montmartre beschränkt.

Tage- und nächtelang streift Steinlen über die Straßen und Plätze. Er besucht Cafés, Cabarets, Zirkusse und Sportveranstaltungen und studiert die Physiognomien und das Verhalten seiner Modelle. In seiner Kunst «rauscht das fieberhafte gewaltige Leben der Riesenstadt». Steinlen versteht sich als politisch engagierter Künstler: «In den Wein und den Becherklang mischt sich ihm das Murren und Stöhnen der Unterdrückten.» Er publiziert in dem anarcho-syndikalistischen *Chambard socialiste* (der sozialistische Krach) und anderen revolutionär-linken Zeitschriften, die hohe Ideale vertreten, aber niedrige Honorare zahlen. Steinlen kann daher die materiellen Nöte der von ihm Porträtierten bestens nachvollziehen – sie plagen ihn nämlich auch. Wegen chronischer Geldprobleme muss er 1897 den Verleger Albert Langen um einen Vorschuss bitten. 1903, als seine Schulden auf 12 000 Francs angewachsen sind, sieht er keinen anderen Ausweg, als herzzerreißende Bettelbriefe an Bekannte und Freunde zu schicken, mit der Bitte, sie möchten ihm doch eine Summe leihen oder, besser noch: schenken. Andernfalls würden er und die gesamte Familie bald auf der Straße leben müssen.[12]

In seinen Illustrationen ist Steinlen getrieben von einem unbedingten Mitgefühl mit den Armen und Randständigen. Er prangert soziale und koloniale Ungerechtigkeiten ebenso an wie die mit Polizeigewalt durchgesetzte Macht des Staates. Die Menschen auf seinen Zeichnungen erscheinen selten beschwingt und auf den ersten Blick sympathisch. Die allgegenwärtige Armut hat sie zwar gebeugt, aber ebenso hart und kämpferisch gemacht. Obschon er in seinen Zeichnungen die hässlichen Seiten nicht ausspart, denunziert Steinlen seine Modelle nicht. Sie behalten ihre Würde. Das wird an seinem Werk *Parade* (Kohle und Pastell, 1903) deutlich: Eine Gruppe von Schaustellern, möglicherweise von einem Zirkus, posiert am oberen Bildrand für eine anonyme schwarze Menge. Diese nimmt kaum Notiz von ihnen, so sehr die fünf Auftretenden sich auch bemühen und ihre Reize zur Schau stellen. Die ganze Szenerie strahlt eine melancholische Trostlosigkeit aus. Zwar feiern sie alle ein Fest, aber nicht dionysisch ausgelassen, sondern mit einer verzweifelten Lustigkeit, die sich berauschen und das vorherrschende Elend vergessen will.[13]

Der Katzenliebhaber Steinlen war es auch, der eines der einprägsamsten Plakate der Belle Époque schuf: die sitzende schwarze Katze des Chat Noir, des ersten Cabaret artistique im Montmartre. Der Grafiker, Kabarettist, Organisator und künstlerische Impresario Rodolphe Salis hatte es 1881 eröffnet und damit einen einzigartigen Veranstaltungsort geschaffen. Seine Motivation: «Er wollte nur die Bürger zum Staunen bringen» – ein Ziel, das er erreicht hat.[14] Als 1885 der Umzug an den zweiten Standort des Chat Noir

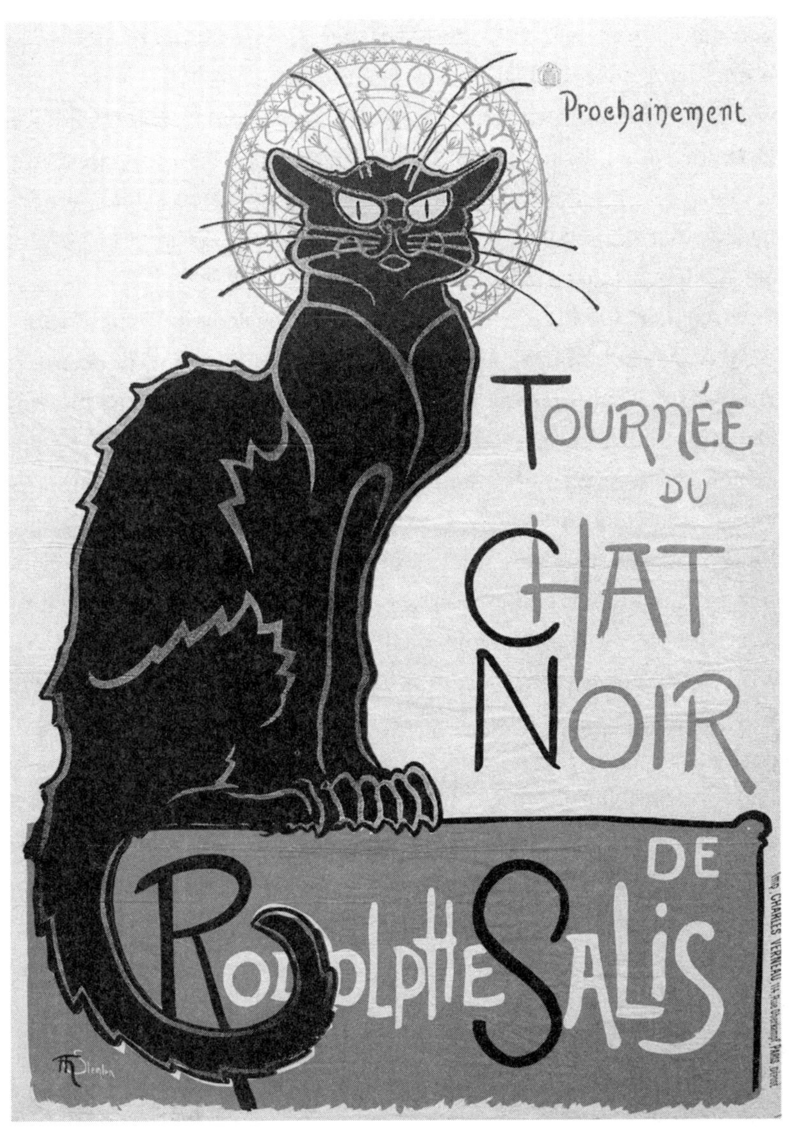

Die von Théophile-Alexandre Steinlen geschaffene Katze für das Chat Noir von Rodolphe Salis entwickelt sich schnell zu einem Erkennungszeichen der Boheme.

am Boulevard Rochechouart (heute Rue Victor Massé) ansteht, inszeniert Salis ihn als Parade zu den Klängen von Victor Meusys *Marseillaise du Chat Noir.* Zwei Schweizergardisten gehen an der Spitze, gefolgt von zwei Bannerträgern und vier Hellebardieren. Er selbst marschiert an erster Stelle des gesamten Künstlervolks in der Glitzeruniform eines Präfekten erster Klasse. Die neu bezogene Lokalität ist die Wunderkammer eines Exzentrikers, der malende Schriftsteller Erich Klossowski betrachtet sie als ein mit liebevoller Raffinesse ausgestattetes Museum. Ein wilder Stilmix, ein vollendeter Eklektizismus erwartet ihn: Alle Wände sind über und über mit Skizzen und Gemälden belegt. Im Innern der Pforte steht oben «Homme sois moderne» (Mensch sei modern), in den Räumlichkeiten sind Statuetten, japanische Masken, ein Chorpult mit handgeschnitztem Adler, ein Kristallglas, aus dem Voltaire getrunken hatte, sowie der Schädel und die Flöte von François Villon zu finden. Selbstverständlich alles echt. Und ebenso echt ist die «von Witz, Laune, Geist und Übermut geschwängerte Atmosphäre, die von Hirn zu Hirn übersprühenden Funken, […] die Fascination der bunten excentrischen Umgebung», die den Besucher erstaunen lässt.[15] 1886 eröffnet Salis im zweiten Stock zusätzlich das Théâtre d'Ombres (Schattentheater). Bis 1897 werden dort 43 Stücke aufgeführt, 1894 beispielsweise *Le Rêve* von Émile Zola. Der Schriftsteller und Kabarettist Émile Goudeau organisiert im Chat Noir regelmäßig die literarischen Freitage, die literarischen Samstage und am Mittwoch die literarischen Absinthtage. Als Mitbegründer des literarischen Zirkels *Les Hydropathes* will er das Leiden vermindern, das durch den Genuss von Wasser entsteht.[16]

Auch August Strindberg versucht sich im Chat noir zu zerstreuen. Vier Tage zuvor hat ihn seine zweite Ehefrau Frida Uhl im Streit verlassen. «Was für ein erbärmliches Leben!», schreibt er ihr am 4. November 1894. In der Ungewissheit, ob sie sich wiedersehen, fährt er fort: «Ich verabscheue die Menschheit, aber ich kann das Alleinsein nicht ertragen – daher: schlechte Gesellschaft, Alkohol, lange Nächte, Chat noir, Verzweiflung und alles andere, vor allem Lähmung.» Das Schreiben stockt, er hat sich innerlich fast schon von der Literatur und der Malerei verabschiedet und beschäftigt sich wieder stärker mit den Naturwissenschaften und dem Okkultismus. Warum ist er überhaupt in Paris? Er sieht keinen Sinn darin, wie er seinem «Sonnenkäfer» mitleidheischend mitteilt, er bleibe nur, weil er die Premiere seines Stücks *Vater* im Théâtre de l'Œuvre im Dezember abwarten wolle. Die schlechte Laune und das Gefühl der *Nausée* halten ihn nicht davon ab, noch im selben Brief großartige Pläne zu schmieden, sich an seinem ihm schon plastisch vor Augen stehenden Unternehmen wie selbst zu berauschen. Mit dem Musikerkollegen Littmansson will er ein eigenes «Chat noir Strindberg» gründen; «Ich werde die Wände streichen und *Die Schlüssel des Himmelreichs* als Schattenspiel aufführen; meine Gitarre wird mich begleiten; Littmansson wird die Musik nach der neuesten Mode dirigieren.» Die gesamte skandinavische Kolonie werde sein Cabaret besuchen, da ist er sich sicher. In Erinnerung an seine eben erst vergangene Berliner Zeit wäre es wie «im Ferkel, mit chronischem Alkoholismus und allem Drum und Dran». Beim Glockenklang der Kirche von Saint Jacques fügt er noch zwei pathetische Sätze an: «Untergehen, um aufzusteigen; sterben, um zu leben! Das Wirtshaus anstelle der Familie.»[17] Er unterschreibt den Bogen, faltet ihn, steckt ihn in einen Umschlag und schickt ihn ab. Doch außer in diesem an einem «hypochondrischen Sonntag» verfassten Brief hat das «Chat noir Strindberg» in der Welt keine weiteren Spuren hinterlassen.

Botticellis der Vorstadt

Ein Cabaret zu führen konnte ein Eintrittsbillet in die höhere Gesellschaft sein. Rodolphe Salis kaufte sich von dem mit dem Chat Noir erwirtschafteten Vermögen ein Landgut in Genainville und legte sich, weil niemand ihm einen verleihen wollte, gleich selbst einen Adelstitel zu: Mit *Seigneur de Chatnoir-ville-en-Vexin* wollte er in Zukunft angesprochen werden. Das rief Nachahmer auf den Plan, die eigene Cabarets im Montmartre gründeten. Bei den meisten war die Bühne vom Zuschauerraum nicht getrennt und nur wenig erhöht. Ihr Programm bestand typischerweise aus zwei Teilen: Auf ein zusammenhängendes Gesangsstück mit Couplet-Sängern und -Sängerinnen folgte eine Revue, deren Nummern durch einen Conférencier miteinander verbunden wurden. Besonders in den größeren Produktionen waren manche der Sängerinnen und Tänzerinnen hauptsächlich für die (männlichen) Augen da. Jung, hübsch und aufreizend gekleidet schwangen sie ihre Beine und gewährten Einblick in ihr Dekolleté. Austauschbar, wie sie waren, bekamen sie nur eine knapp bemessene Gage. Hatten sie ein bestimmtes Alter erreicht, wurden sie durch Jüngere ersetzt.[18]

Das Repertoire, das in den Cabarets des Montmartre angeboten wurde, bestand längst nicht nur aus schwülstigen Revuen mit leichtgekleideten Frauen. Es war Kleinkunst in großer Variationsbreite, das geneigte Publikum konnte sich zwischen harten Satiren, politischen Chansons bis hin zu herzschmelzenden Dramoletten das Gewünschte aussuchen. Manches aber war nicht bloß schlüpfrig oder zweideutig – sondern eindeutig versaut: derb, tabubrechend, obszön und bestimmt nicht jugendfrei. Die Pariser Ungeniertheit galt als Markenzeichen; zum guten Ton des politisch-sozialen Liedguts gehörten Verhöhnungen von Präfekten und Polizeipräsidenten. Anders als bei der gedruckten Literatur ließen die Zensoren das meiste durchgehen.

Die einzelnen Kleinkünstler traten ganz unterschiedlich auf. Manche mit viel Nonchalance, die Hände in den Hosentaschen, andere wild gestikulierend und übertreibend. Persönlichkeiten wie Xavier Privas, Xanrof oder Jehan-Rictus, die allesamt unter Künstlernamen auftraten, konnten das Publikum mit ihren Darbietungen als schreibende Dichter, Humoristen und Sänger begeistern.

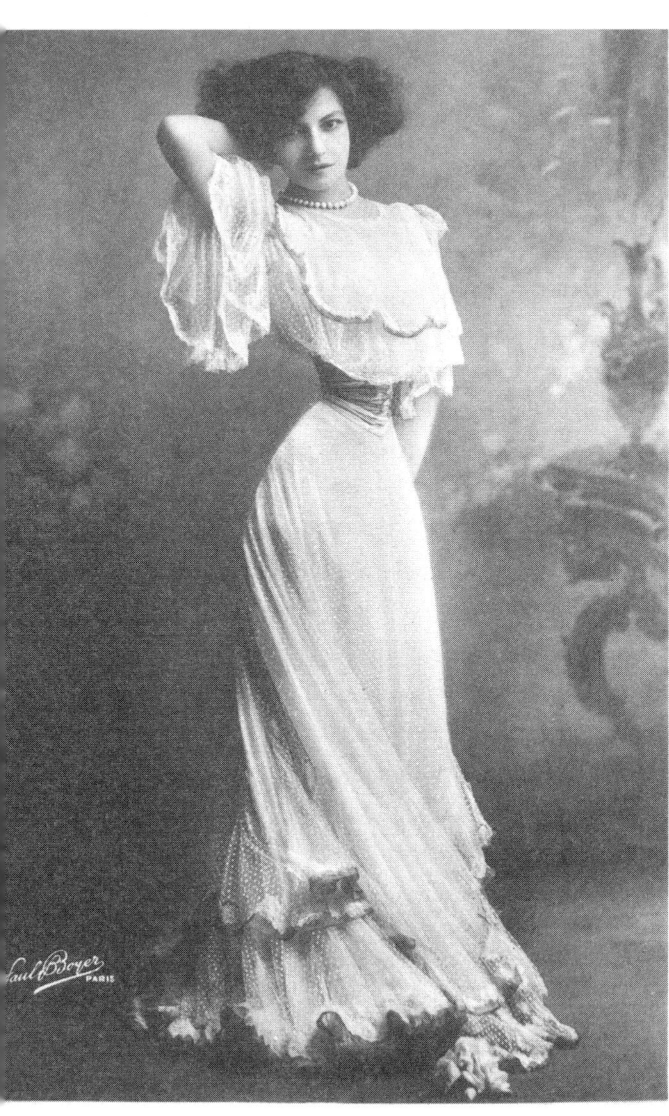

Polaire, die Sängerin mit der sagenhaften Wespentaille, tritt beim Vortragen ihrer Lieder häufig von einem Bein aufs andere. Bald bekommt sie den Spitznamen *Gommeuse épileptique* (epileptische Gummifigur) verpasst.

Polin (eigentlich Pierre Paul Marsalès) verkörperte in seiner Glanzrolle einen englischen Touristen, der sich zur Freude des Publikums mit seinem britisch gefärbten Französisch in Paris durchzuschlagen versuchte. Als berühmtester Kleinkünstler machte Aristide Bruant den riesigen Schlapphut, kombiniert mit rotem Schal und Kanonenstiefeln, zu seinem Markenzeichen – und dass er es sich nicht nehmen ließ, mit Lust das Publikum zu beschimpfen. Nach dem Umzug des Chat Noir übernahm er die leer gewordenen Räumlichkeiten und eröffnete dort unter dem Namen «Mirliton» sein eigenes Kleintheater. Bruant trat auch als Lyriker hervor. Sein von Steinlen illustrierter Band *Dans la rue* versammelt einprägsame Miniaturen aus dem Pariser Alltagsleben.

Auch Sängerinnen waren als feste Größen vom Betrieb der Cabarets Artistiques und Music-Halls nicht wegzudenken. Ihre Namen wurden zusammen mit Abbildungen groß auf die Programme und Plakate gedruckt, sie waren die Stars, um die sich die Welt der Cabarets drehte – die Autoren der Chansontexte und der Musik mussten sich demgegenüber mit einer Rolle im Hintergrund begnügen. Um sich auf dem harten Pflaster des Montmartre in einer Hauptrolle durchzusetzen, war es ausgesprochen dienlich, ja eigentlich Pflicht, sich von anderen abzuheben. Eine reichlich bemessene Portion an Exzentrizität gehörte unbedingt dazu. Das fing schon mit dem Namen an: Die siebzehnjährige von Algier nach Paris gekommene Émilie Marie Bouchaud muss sich gesagt haben, dass ihr Geburtsname nicht die beste Voraussetzung für eine große Karriere sei. Also nannte sie sich fortan Polaire und kombinierte ihren nordafrikanischen Akzent einer Pied-Noir mit dem Auftreten eines «leichten» Pariser Mädchens. Mager, nervös, lebhaft, mit dem Erkennungsmerkmal einer sagenhaften Wespentaille trat sie beim Vortragen ihrer Lieder häufig von einem Bein aufs andere. Bald bekam sie den Spitznamen *Gommeuse épileptique* (epileptische Gummifigur) verpasst.[19]

Das Gegenteil von Polaire war die üppige Sängerin Jeanne Bloch, *La Kolossal Chanteuse* genannt, mit einem Gewicht von geschätzt 110 kg; sie brillierte hauptsächlich im komischen Fach. In einer ihrer Paraderollen verkleidete sie sich mit angeklebtem Vollbart, Gehstock und Zylinder als Monsieur le Président Armand Faillères. Im Kontrast zu ihrer hellen Nachtigallenstimme muss der Effekt umwerfend gewesen sein.[20] Die 1863 in Bordeaux geborene Félicia Mallet – sie trat unter ihrem Geburtsnamen auf – debütierte in Paris in den 1880er-Jahren als Interpretin und trat später in Programmen mit Titeln wie «Chansons brutales» oder «La Danseuse de Corde» (die Seiltänzerin) auf. Das Verzeichnis der darstellenden Künstler und Künstlerinnen von Paris bescheinigte ihr eine «bemerkenswerte szenische Intelligenz», die es ihr erlaube, leicht von der Farce ins Tragische zu wechseln – und umgekehrt.[21]

Lise Fleuron wiederum wurde 1874 als Marguerite Rauscher im Elsass geboren. Ihre deutschen Eltern hatten sich 1872 für die französische Staatsbürgerschaft entschieden. Mit Auftritten in der Scala, im Eldorado und im Ambassadeurs gehörte sie bald zu den beliebtesten Pariser Künstlerinnen. In der *Illustré théâtral* war über sie zu lesen, dass sie «ein lustiges und modernes Genre» verkörpere, «das der hübschen Frau, die kein Engel, aber auch nicht dumm ist». Mit ihrem etwas dunkleren Teint könne sie den «orientalischen Typus» hervorragend darstellen; ein Eindruck, zu dem ihr bevorzugter Kleidungsstil mit großflächigen Blumenmustern gut passte.[22]

Die Erste ihres Fachs, die unbestrittene «Königin der Chansonetten», ist aber zweifellos Yvette Guilbert. Nach der Eröffnung des Moulin Rouge 1887 erobert sie die Pariser Bühnen im Eiltempo als *Diseuse*, eine Sängerin, die eher einen Sprechgesang pflegt und

Yvette Guilbert, die unbestrittene Königin der Chansonetten, pflegt ein bewusst gewähltes äußeres Erscheinungsbild: Magerer Körper, blasser Teint, rotblonde Haare, eckige Arme, kleine goldbraune Augen. Als Glück für die Karikaturisten steht ihr eine mächtige Nase im Gesicht.

ihre Lieder nicht so raumgreifend koloriert wie eine Operettensopranistin. In Soloprogrammen tritt sie auch im Esplanade, im Divan Japonais und in der Scala auf; 1895 verdient sie die Rekordsumme von 15 000 Francs monatlich. Yvette Guilbert gelingt das Kunststück, einen eigenen Stil zu kreieren und trotzdem eine sagenhafte Verwandlungskünstlerin zu sein: Während eines Programms, das sie in der Scala vorträgt, ist sie zuerst die Montmartrehure, dann

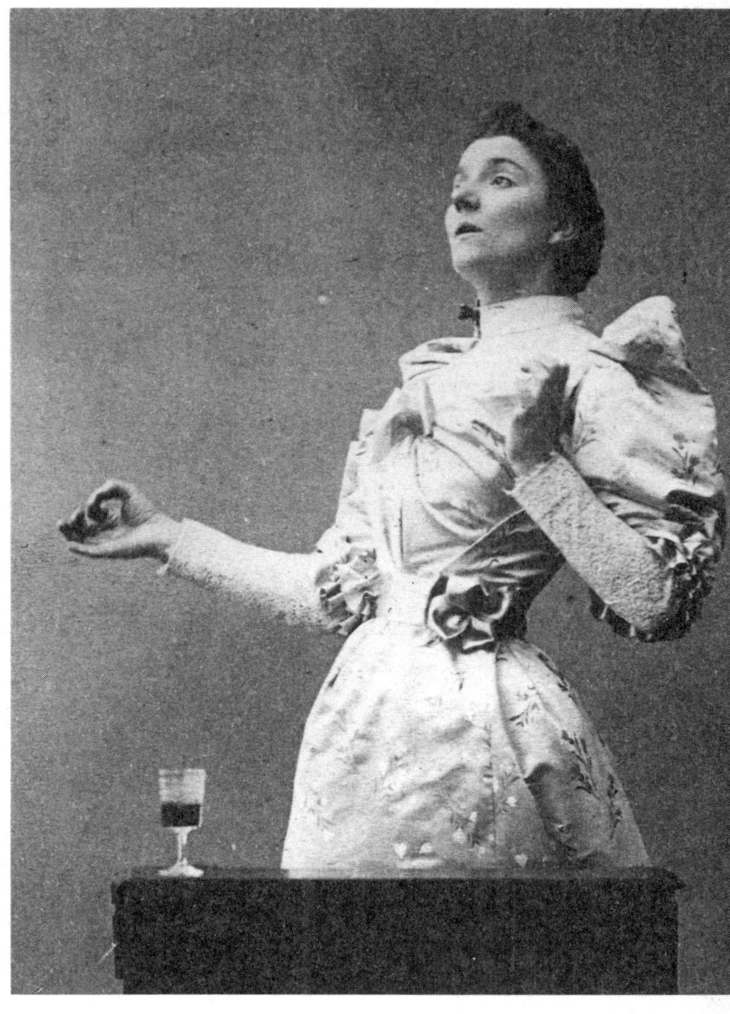

eine Apache (freches Mädchen) mit Mütze und Halstuch, um sich zum Schluss als große Dame vom Publikum zu verabschieden. Im Liebesduett mit dem Sänger Jean Lorrain singt sie den Part des schwindsüchtigen Mädchens, das anklagend ausruft: «Der Himmel ist gemein, er lässt einen sterben, wenn man glücklich ist». Ein Kritiker sieht in ihr danach einen «Botticelli der Pariser Vorstadt» und urteilt wohlwollend: «Das körperlose ideale Pathos des Lieds packte das Publikum.»[23] Einen weiteren großen Erfolg feiert sie mit dem Musette-Walzer *Madame Arthur* als Satire auf eine Lebedame, die sich von ihren galanten Herren aushalten lässt.

Dass es aber so weit kommt, ist harter Arbeit und etwas Glück zu verdanken. Wenig deutet am Anfang ihrer Karriere darauf hin: Immerhin schafft sie es schon bei ihrem ersten Auftritt im Theater, sich gegenüber einem alten mürrischen Schauspieler, der sie schlecht behandelt, zu behaupten. Zum Vergnügen des Publikums brüllt sie ihm die Antworten auf seine Fragen komödiantisch ins Ohr, so dass er sich hinterher beim Direktor beklagt. Doch trotz ihres Einsatzes fallen mehrere Stücke, in denen sie auftritt, durch. Als sie es im Casino von Lyon mit Gesang versucht, wird sie vom Publikum verspottet. Sie sieht keine Perspektiven mehr, ist vollkommen desillusioniert: 6000 Francs Schulden allein bei der Schneiderin! So kann es nicht weitergehen. Ein Sängerkollege nimmt sie beiseite und sagt ihr: «Für die Operette von heute hast du nicht genug Stimme, aber für die Chansons reicht es.» Daraufhin trifft sie eine Entscheidung.[24]

Es kommt, wie es kommen muss: Dramatisch und etwas rührselig malt sie in ihrer Autobiografie *Lied meines Lebens* aus, wie sie von der verspotteten Außenseiterin zum umjubelten Star wurde. Der Grund dafür war, dass sie vom Theater zum weniger prestigeträchtigen Tingeltangel wechselte, obschon alle ihr davon abrieten. Zudem hat sie sich den Ratschlag eines wohlmeinenden Theaterdirektors zu Herzen genommen, der ihr zusprach «Hab Mut, Kleine …», aber ihr gleichzeitig zu verstehen gab, dass auf der

Bühne Mut allein nicht genüge. Mut sei zwar eine Tugend, aber Folgendes dürfe sie nicht außer Acht lassen: «auf dem Theater sind ein paar gute Laster mehr wert als eine Tugend …»[25] Schließlich stellt sich mit dem selbst geschriebenen Couplet *La Pocharde* (Die Beschwipste) der Erfolg ein, und nach ein paar Auftritten ist sie bekannt genug, um sich nicht länger ausnutzen lassen zu müssen: Mit einer Drohung kann sie ein Honorar von 500 Francs pro Abend durchsetzen, und das bei voller Freiheit in der Wahl des Repertoires. Sie hat es geschafft; die guten Einnahmen an der Abendkasse sorgen dafür, dass die Direktoren Respekt vor ihr bekommen – und wenn nicht, dann weiß sie sich auch juristisch zu helfen. Sie strengt einen Prozess gegen den Direktor Musleck an, weil dieser ihr widerrechtlich verbieten wollte, auf einer anderen Bühne aufzutreten – und sie gewinnt ihn.

Mit ihren Chansons steht Yvette Guilbert nach ihrer eigenen Aussage für einen ähnlichen naturalistischen Ansatz, wie ihn Émile Zola, Edmond de Goncourt und Guy de Maupassant in der Literatur vertreten. Das allzu Herausgeputzte, Novellistische und Kulissenhafte wollen sie überwinden, um zu einer stärkeren Authentizität im Ausdruck zu gelangen. Das Feindbild ist der allzu wohlfeile Seidenglanz einer überlebten Aristokratie, das harmlose Getue in überkandideltem Dekor, wie es Jacques Offenbach in seine Operetten verpackt hat. Stattdessen nehmen die Naturalisten das Erniedrigende, das in den modernen Arbeitsbedingungen steckt, aufs Korn; sie vertreten einen humanistischen Ansatz, der sich dem minderprivilegierten Individuum mit viel Anteilnahme annähert. Daher bietet Yvette Guilbert bei aller Lockerheit und Respektlosigkeit ihres Vortragsstils nicht bloß leichte Muse, sondern äußert sich explizit gesellschaftskritisch zu Fragen der Gegenwart – doch tut sie dies häufig, wie in den von Xanrof geschriebenen *Chansons sans gêne*, in einer drolligen und amüsanten Form.[26] Ihre Beliebtheit beim Publikum hat noch einen weiteren Grund: Yvette Guilbert ist bekannt dafür, schlüpfrige Lieder mit gewagten Texten vorzutragen.

Mit Nonchalance singt sie die unanständigsten Stellen zum wohligen und etwas indignierten Kitzel des Publikums. Aufgrund der Intervention des Zensors, dem im Chanson *Die Jungfrauen* ein Wort am Ende der Strophe zu gewagt scheint, findet sie eine Lösung: Sie hustet das Wort fortan – dem Anliegen des Zensors ist Genüge getan, das schändliche Wort eliminiert. Das Publikum aber lacht umso schallender.

Zum Erfolg Guilberts trägt weiter ihr bewusst gewähltes äußeres Erscheinungsbild bei: magerer Körper, blasser Teint, rotblonde Haare, eckige Arme, kleine goldbraune Augen. Als Glück für die Karikaturisten steht ihr eine mächtige Nase im Gesicht. Ihren großen Mund schminkt sie nicht wie andere Frauen in den Cabarets optisch kleiner. Als Markenzeichen trägt sie fast bis zum Ellbogen reichende schwarze Handschuhe zu einem knappen Kleid in grüner Seide.[27] Der Künstler Henri de Toulouse-Lautrec vergöttert Yvette Guilbert gerade wegen ihrer durchstilisierten künstlerischen Erscheinung, ihrer «diabolischen Ironie im Tragischen», die, je älter sie wird, in eine «grimmige, charaktervolle, dürre Hässlichkeit» umschlägt.[28] Die Plakate, die er und Théophile-Alexandre Steinlen von ihr schaffen, sind mit ihrer Ausdrucksstärke und dem zugespitzten Fokus auf ihre Eigenheiten die optisch wohl eindrücklichsten Zeugnisse der Chanteuse.

Ihrer Bühnenwirkung kann sich kaum jemand entziehen: «In dem hellen weißen Rampenlichte und dem grauen Dämmer der Bühne» sieht Erich Klossowski in Yvette Guilbert eine «fast unkörperliche Erscheinung» mit einer ungeheuren Ausdruckskraft. «Dieses lebendig gewordene Plakat, dieses Mannweib, halb verblühte Kokotte, halb englische Gouvernante – das ist Yvette Guilbert, die Muse von Montmartre, der Komet von 1890 an dem absinthfarbenen Firmament der Butte.»[29]

Yvette Guilbert war eine beeindruckende, langandauernde Karriere vergönnt, die sie mit Auftritten in die meisten europäischen Länder führte. Auf umjubelten Tourneen durch die USA nahm sie auch das amerikanische Publikum für sich ein. Stolz schreibt sie in ihren Memoiren, dass sie bei ihrer zweiten, 40 Tage dauernden Tournee 1896 nicht weniger als 33-mal im Zug geschlafen und dabei 44 000 km zurückgelegt habe.[30] Dass ihr eine über Jahrzehnte dauernde Bühnenpräsenz vergönnt war, hatte ihrer Einschätzung nach auch damit zu tun, dass sie sich nie dazu herabließ, ihr eigenes Niveau zu unterschreiten: «Aufhängen kann man sich genausogut am höchsten Ast des Baumes wie am tiefsten; und da oben ist wenigstens die Luft rein.»[31]

Es sind Sängerinnen wie Yvette Guilbert, die die Pariser Hotelportiers dazu führen, ankommenden Gästen regelmäßig die Frage zu stellen, ob sie Karten für eine der angesagten Revuen beschaffen dürfen. Gegen Ende des 19. Jahrhunderts entwickeln sich die Programme zu einem weit ausstrahlenden Wirtschaftszweig, der für den Montmartre und Paris steht. Dabei verfolgen die einzelnen Etablissements unterschiedliche Strategien. Anders als die Revuen verlangen die Cabarets keinen Eintritt, nehmen dafür aber höhere Getränkepreise. Normalerweise sind sie «dicht besetzt von geschminkten Schönen, die mit einem verführerischen Aufblitzen der alles wissenden Augen, mit einem Lächeln auf den brennendroten Lippen, das anmutig zu sein sich krampfhaft bemüht, den Fremdling anzulocken suchen».[32]

Der Übergang zur Prostitution ist häufig fließend; Frauen gehen von Tisch zu Tisch und fragen, ob der Gast ihnen etwas offerieren könne. Während die Jüngeren das Spiel der Verführung noch zu genießen scheinen, zeigen sich bei den «ausgediente[n] Priesterinnen der Venus» tiefe «Falten unter der Schminke»; der Tod im Hospital und das Armenbegräbnis stehe ihnen bevor, «aber der Absinth ist ein sicheres Mittel gegen dumme Gedanken».[33]

Weil die Prostitution für die Verbreitung von Geschlechtskrankheiten wie Syphilis verantwortlich gemacht wurde, suchte der französische Staat sie nach Möglichkeit einzudämmen und zu reglementieren. Am leichtesten ließ sie sich in staatlich überwachten

Bordellen kontrollieren, die in Paris *Maisons de Tolérance* genannt wurden. Auch im öffentlichen Raum blieb die Prostitution bis zu einem gewissen Grad erlaubt, doch galten hier strenge Regeln: Die Frauen durften nicht in Gruppen stehen, nicht in der Nähe von Kirchen und nur von sieben bis elf Uhr abends. Die Sittenpolizei blieb wachsam: Frauen, die im Verdacht standen, sie würden sich prostituieren, mussten entwürdigende medizinische Untersuchungen über sich ergehen lassen.[34]

Für die Boheme symbolisierten diese Aktivitäten der Nacht genau das Unbürgerliche und Verführerische, das sie suchte. Dabei war vielen Künstlern eine moralische Empörung über die Ausnutzung der Frauen, die sich prostituieren mussten, nicht fremd; nur fühlten sie sich – so vermessen uns dies heute anmuten mag – verwandt mit ihnen. Beide standen sie am Rande der Gesellschaft, wie sich Vincent van Gogh ausdrückte: «Besagter unterwürfiger Hure gehört mehr meine Sympathie als mein Mitleid. Ausgestoßen und abgelehnt von der Gesellschaft, wie Du und ich es als Künstler sind, ist sie gewisslich unsere Freundin und Schwester. Und in dieser Stellung als Auswurf findet sie – wie auch wir selbst – eine Unabhängigkeit, die, genau betrachtet, auch ihre Vorteile hat.»[35]

Ein weiteres Argument, das sich zur Verteidigung der Prostitution anbringen ließ, hatte der Schriftsteller Émile Zola populär gemacht, indem er es seiner Romanheldin Nana in den Mund legte. Alle Frauen seien gleich, behauptet Nana, die sogenannten anständigen nicht besser als die Dirnen.[36] Die Dirnen seien sogar ehrlicher, denn bei ihnen werde das sexuelle Verhältnis mit dem Freier zu einem vorher ausgehandelten Tarif abgegolten, während der materielle Charakter der bürgerlichen Ehe durch eine Zuneigung verbrämt werde, die häufig nur vorgetäuscht sei. Auch die Ehe sei lediglich eine Tauschbeziehung, was Letztere vom moralischen Standpunkt aus ebenso angreifbar mache. Die Prostitution hingegen erlaube den Frauen zumindest theoretisch einen gewissen Grad an Selbstbestimmung und Unabhängigkeit.

Mit seinem 1880 veröffentlichten Roman *Nana* hat es sich Émile Zola zum Ziel gesetzt, die Bigotterie und Doppelmoral der bürgerlichen Gesellschaft zu entlarven. Denn diese verachte die als «gefallene Mädchen» bezeichneten Prostituierten, ohne sich einzugestehen, dass ihr reibungsloses Funktionieren gerade durch die Externalisierung des sexuellen Begehrens ermöglicht werde. Um dies zu verdeutlichen, schickt Zola seine Hauptfigur Nana auf eine Höllenfahrt, die sie am Schluss des Romans in die tiefste Gosse führt – und die Kunst seines Romans besteht darin, sie nicht bloß als Opfer, sondern als etwas gedankenlose, aber großzügige Frau mit einem ungeheuren Lebenstrieb zu zeichnen. Dass sie ohne Skrupel einige Männer ruiniert, ist so gesehen mehr deren eigene Schuld als ihre.

Zum Anfang des Romans spielt Nana die Venuspriesterin auf der Bühne. Zola zeichnet sie als üppige Schönheit, die mit allen Reizen einer römischen Liebesgöttin ausgestattet ist. Eine Männerprojektion, ein Männertraum, wie er sinnlicher nicht sein könnte. War die Achtzehnjährige früher ein Gassenmädchen, gibt sie jetzt auf der Bühne und später in der Garderobe, wo die Verehrer sie aufsuchen, die große Dame. Von einem Mann, dessen Namen sie nicht preisgibt, hat sie einen zweijährigen Sohn, der bei einer Amme auf dem Dorf aufwächst. Mit beiden Händen gibt sie das Geld aus, beim Droschkenvermieter, bei der Waschfrau, beim Damenschneider und beim Kohlenhändler hat sie Schulden. Dafür stehen unzählige Herren bei ihr Schlange, die, angezogen von ihren körperlichen Reizen, mit ihr schlafen wollen. Sie ziert sich selten lange. Wenn der Liebhaber, mit dem sie in der Nacht ihr Lager geteilt hat, am Morgen früh raus muss, schlüpft der Nächste ins noch warme Bett und bleibt bis um zehn. Nana sonnt sich in der kollektiven Bewunderung der Männer, sogar ein Junge von 17 Jahren sucht ihre Nähe – seine unbeholfenen Annäherungsversuche rühren sie.[37]

Um ihren aufwändigen Lebensstil zu finanzieren, zieht Nana ihren Bewunderern grundsätzlich das Geld aus der Tasche, so etwa

Philippe, einem Hauptmann, der Zugriff auf die Regimentskasse hat. Nana leiht sich von ihm jeweils nur zweihundert oder dreihundert Francs, aber nach einem Vierteljahr haben sich ihre Schulden bei ihm auf über zehntausend Francs aufsummiert. Bei einem erneuten Treffen der beiden umschattet ein schmerzlicher Zug sein Gesicht. «Allein ein Blick Nanas verwandelte ihn sofort, und sein ganzes Wesen geriet in eine Art Ekstase. Sie umschmeichelte ihn wie eine Katze, berauschte ihn mit Küssen und bemächtigte sich seiner durch ihre bezaubernde Hingebung.» Das kann nicht gut gehen, weder für den Hauptmann Philippe noch für die Schauspielerin Nana: Im Niedergang seiner Romanheldin, die von der noch halb geachteten Halbwelt des Theaters schließlich in die Niederungen der Prostitution hinabsteigt, knüpft Zola an die Unausweichlichkeit antiker Schicksalsdramen an. Am Schluss werden die patriarchalischen Verhältnisse bestätigt: Nana, die sich lange im Glanze der hohen Gesellschaft sonnte, vegetiert in der Gosse. Alle Männer, die sie früher anhimmelten, haben sich von ihr abgewendet.

Die Erstauflage von 50 000 Exemplaren des Romans war unmittelbar nach Erscheinen vergriffen, *Nana* war ein enormer Skandalerfolg. Zahlreiche Zeitungen und Boulevardblätter berichteten, Theaterfassungen wurden mit wechselndem Erfolg auf die Bühne gebracht, sogar Seifen und Champagner nach der Romanheldin benannt. Wegen seiner allzu freizügigen Stellen durfte der Roman nicht nach Russland, Deutschland und Österreich-Ungarn eingeführt werden.[38]

Doch der Schriftsteller Émile Zola selbst, der als Moralist das halbseidene Umfeld Nanas so drastisch ausgemalt hatte, lebte zurückgezogen am Rand der von ihm kritisierten Gesellschaft. Anders als von vielen anderen Skandaldichtern sind von ihm keine rauschhaften Eskapaden bekannt. Außer vielleicht Schreibräusche, denn er veröffentlichte neben vielen tagesaktuellen Texten nahezu im Jahrestakt einen dickleibigen Roman. Die Informationen, die er in *Nana* zu einprägsamen Schilderungen verarbeitete, hatte er sich von anderen zutragen lassen. Yvette Guilbert, die ihm an einer Privatsoirée ein frivoles Chansonprogramm mit Liedern von Jules Jouy und Xanrof vortrug, war enttäuscht vom Dichter: kalte Miene, flaches Gesicht, schmaler, trockener, gepresster Mund, große Brillengläser, hinter denen sich reglose Augen verbargen. Als er auf die ihm zu Ehren gehaltenen Toaste antwortete, zeigte sich seine Verlegenheit. Er stotterte, ganz offensichtlich bedeutete es für ihn eine Qual, sich vor einem ausgesuchten Publikum zu äußern.[39]

Andere Künstler hingegen legten nicht diese Zurückhaltung an den Tag. Sie waren Habitués der Absinthkneipen und der Variétés, zogen durch die Cafés, Theater, Musikhallen und die Maisons closes der Butte. Sie wurden angelockt von der Glitzerwelt, der Eleganz und der Erotik – und gleichzeitig begnügten sich die Besten ihres Fachs wie Henri de Toulouse-Lautrec oder Suzanne Valadon nie damit, bloß die schöne Oberfläche abzubilden: Ihnen ging es immer um die Widersprüche zwischen dem Sein und dem Schein. Oder vielleicht eher um ihre gegenseitige Bedingtheit: Oh dieses wunderbare Elend! Oh diese ekelerregende Schönheit!

Als Sinnbild dieses Lebensgefühls konnte der Zirkus gelten. Die Artisten, die ihre waghalsigen Kunststücke unter der Zeltkuppel aufführten, die den Anschein erweckten, sie könnten fliegen, waren in Wahrheit prekär angestellte Gaukler, die von einer Stadt zur anderen ziehen mussten. Ständig lauerte Absturzgefahr. In ihrem frühen Gemälde *Zirkus (Souvenir)* von 1889 hat sich Suzanne Valadon, die mit 15 Jahren selbst während sieben Monaten bei einem Zirkus angestellt war, bis sie unglücklich vom Trapez stürzte, diesem Thema angenähert.[40]

Aber wohl kein anderer Künstler hat das verruchte, nächtliche Paris eindrücklicher in Szene gesetzt als Henri de Toulouse-Lautrec. 1886 bezieht er sein Atelier an der Rue Tourlaque inmitten des Montmartre. Anstatt in einer eigenen Wohnung lebt er im Zimmer eines Bordells Seite an Seite mit den Prostituierten. Ständig skizziert und zeichnet er in den einschlägigen Vergnügungslokalen;

mit Zeichenstift und Malblock sitzt er in einer Ecke, um die Skizzen im Atelier zu Gemälden und Plakaten auszuarbeiten.

Henri de Toulouse-Lautrec als dekadenter Ästhet, der immer der Schönheit nachstellt, war körperlich missgestaltet. Also habe «das Ende dieser stolzen Ahnengalerie der Grafen von Toulouse, der souveränen Herren des Albigeois, diesen armen scheußlichen Zwerg» hervorgebracht, stand in einem zeitgenössischen Bericht – doch man sollte sich nicht täuschen lassen, in diesem verunstalteten Körper steckte ein hellwacher, kritischer Geist.[41] Für Yvette Guilbert war ein gemeinsames Frühstück mit Toulouse-Lautrec ein unvergessliches Erlebnis. Seine «Kinderbeinchen» baumelten in der Luft, während sein Kinn nur gute zwanzig Zentimeter über dem Tischtuch war: «Die Bissen sanken in den Spalt seines Mundes, und bei jeder Kaubewegung wurde die feuchtspeichelnde Arbeit der enormen Schleimhäute seiner Lippen bemerkbar.» Zu ihrer Verwunderung schenkte er ihr anders als viele andere Künstler nie eine Skizze. Er bot sie ihr nur zu einem guten Preis an.[42]

Bei seinen nächtlichen Streifzügen entgeht Toulouse-Lautrec nichts. Im Laufe seiner kurzen Karriere malt er nicht weniger als dreißig Bilder vom Moulin Rouge: «Diese Bilder zerstören jede Legende, jede Illusion, sie zeigen die armselige und vergebliche Jagd nach Vergnügen, lüsternem Kitzel, die Freuden und Nöte der Epidermis in aller Schalheit und Kümmerlichkeit, ihrer Trivialität und Billigkeit.»[43] Er begleitet den Aufstieg der Tänzerin La Goulue (die Gefräßige, mit bürgerlichem Namen Louise Schmitz), die 1891 ihre Premiere hat und der ein ähnliches Schicksal beschieden sein wird wie der Romanheldin Nana.[44]

Möglicherweise hat die «anständige Provinzlerin», die Guy de Maupassant in seiner Novelle *Pariser Abenteuer* (1881) beschreibt, Zolas Roman *Nana* ja auch gelesen, denn sie liest viel. Nämlich jede einzelne Zeile des von ihr verehrten Dichters Jean Varin, der ein echter Pariser Bohemien ist. Als Folge dieser Lektüre möchte die Frau ausbrechen aus der langweiligen gleichmäßigen Tretmühle ihres Lebens mit den immergleichen häuslichen Pflichten, und zwar nach Paris, das ihr von weitem wie ein «Traum von wunderbarer, verderbter Üppigkeit» erscheint. Unter einem Vorwand kann sie endlich eine Reise in die Hauptstadt machen. Dort angekommen, findet sie zunächst keinen Anschluss. «Nichts brachte sie auf die Spur der wilden Feste von Künstler und Künstlerin, nichts verriet ihr den Tempel der Ausschweifungen.»

Sie betritt einen Laden, dessen Schaufenster sie angezogen hat. Zu ihrer Überraschung erkennt sie im Innern Jean Varin, der gerade dabei ist, um eine Vase zu feilschen. Der Verkäufer will sie ihm unter Preis für 1000 Francs überlassen, doch dem Dichter ist das immer noch zu teuer. Daher kauft die Provinzlerin die Vase für 1500 Francs und schenkt sie Varin. Von ihm nach einer Gegenleistung gefragt, wünscht sie sich nichts weiter, als den Dichter für einen Tag und eine Nacht zu begleiten. Er stimmt zu. Infolgedessen gehen sie zunächst in den Bois de Boulogne spazieren, anschließend zeigt er ihr alle bekannten Damen, «vor allem die der Halbwelt», worauf sie, es ist Abend geworden, gemeinsam in einem Boulevardcafé einen Absinth trinken, etwas essen gehen und daraufhin das Theater besuchen. Sie würden alles teilen, hatte der Schriftsteller versprochen, und so teilen sie in der Nacht auch das Bett: «Aber sie war unerfahren, eben wie die Ehefrau eines Provinznotares. Er aber anspruchsvoller denn ein Pascha. Sie verstanden sich nicht.»

Endlich, der Schriftsteller Varin schläft ein, und Maupassant teilt uns Lesenden die Gedanken der wach gebliebenen Provinzlerin mit, die beim Tik-Tak der Wanduhr an ihr Zuhause denkt und eine unsägliche Traurigkeit in sich aufsteigen fühlt. Neben ihr liegt dieser «kleine rundliche Mann», und sein «kugelförmiger Leib» hebt die Bettdecke wie ein gefüllter Luftballon. «Er schnarchte, dass es klang wie Orgelgebraus, wie langdauerndes Schnauben, wie die komischsten Erstickungsanfälle.» Am Morgen nach dieser desillusionierenden Nacht muss sie sich stammelnd eingestehen: «Ich wollte das … das Laster … kennen lernen … nun … nun … schön ist es nicht.» Ohne sich vom Dichter zu verabschieden, kehrt sie zurück nach Hause in die Provinz. Zur Verdeutlichung ihres Seelenzustands hätte es dieser Information gar nicht mehr bedurft, aber Maupassant schreibt sie trotzdem hin: Sie weint bitterlich.[45]

Unterwelten und lichte Gegenwelten

Der junge Edvard Munch geht einen Pariser Boulevard entlang. Ein Mann kommt ihm entgegen, der seinen Sohn an der Hand hält. Er erinnert ihn an seinen Vater, von dessen Tod er eben aus einem Brief erfahren hat. Die Nachricht stürzt ihn in eine tiefe Depression, wie er seinem Tagebuch anvertraut. Für das Begräbnis in Norwegen hat er sich der weiten Reise wegen entschuldigen müssen. Oft spaziert er ziellos in der Stadt umher, allein, in Gedanken versunken. Es geht ihm nicht gut, er quält sich: «Ich sitze allein, bis ich es nicht länger aushalte. Dann gehe ich hinaus, um Freunde zu sehen. Wenn wir zusammen sind, leide ich unter ihrem Gelächter, und ich fliehe vor ihnen –»[46]

Allein besucht er eines Abends die «Danseuses Espagnoles» an der Rue des Capucines, eine typische Vergnügungsrevue des Montmartre. Im Tabakqualm, der in «riesigen blaugrünen Wolken» unter der Decke steht, fällt ihm zunächst der rumänische Sänger auf. Noch vermisst er «hübsche Mädchen», aber immerhin ruft die Revue in ihm synästhetische Sinneserlebnisse hervor: «Die Freude und die Sehnsucht der Liebe und die Trauer der Liebe und die Musik vereinten sich mit den Farben der Umgebung.» Endlich spielen sie einen Kamarillawalzer, und dann tritt auch die verführerische Frau auf, auf die Munch gewartet hat. Genau in diesem Moment wird ihm klar, dass er in seiner Kunst die «heiligsten Augenblicke» eines Lebens darstellen möchte. Eine Offenbarung. Er sieht die Tänzerin nicht nur an, er ist eins mit ihr: «ihre Augen sind meine Seele und sie lächelt und jubelt». Zwar muss er einräumen, dass viele andere zugegen sind, aber «ihr Blick suchte mich». Ihm ist klar: «Und ich bin gefangen.»[47]

Was sich in diesen tagebuchartigen Aufzeichnungen liest wie ein Erweckungserlebnis, das ihn zu einer neuen Kunstauffassung führt, ist in Wahrheit Resultat eines langdauernden Denkprozesses. Beeinflusst von Ola Hanssons *Sensitiva amorosa* (1887) beginnt Munch in Paris, sich mit der Schönheit und der Vergänglichkeit des Lebens auseinanderzusetzen. Immer deutlicher steht ihm, dem Atheisten und Anarchisten, vor Augen, dass Leben und Tod eine Einheit darstellen. Ein pantheistischer Mystizismus überkommt ihn, er sieht seine Lebensaufgabe als Künstler vor sich: Ihm wird es darum gehen, die Seele in der belebten und unbelebten Natur zu finden und darzustellen; die archaischen Gefühlswelten und die menschlichen Emotionen. Erst 1929, also deutlich später, wird er diese Gedanken mithilfe seiner damaligen Aufzeichnungen zum *Manifest von Saint-Cloud* bündeln.

1889 kommt Edvard Munch in Paris an und beginnt seine Lehrjahre im Atelier von Léon Bonnat. Doch die Ausbildung, die er mit dem Ziel angetreten hat, seine malerischen Fertigkeiten zu perfektionieren, befriedigt ihn nur mäßig. Den Impressionismus lässt er schnell hinter sich. Lieber streift er durch Paris und saugt Eindrücke der Großstadt in sich auf. Oft vertieft er sich in die Bilder seiner Kollegen. Seine eigenen Bilder, u. a. *In der Schenke* und *Die Absinthtrinker* (beide 1890), sind ähnlich wie diejenigen von Steinlen von einem Mitgefühl mit den Deklassierten getragen. Aber der sozialkritisch-naturalistische Ansatz genügt ihm nicht; anderes inspiriert ihn mehr, möglicherweise Vincent van Goghs *Sternennacht*. Zugegeben hat er das nie, viel eher sorgsam darauf geachtet, seine Quellen und Inspirationen zu verwischen, um damit das unerhört Neue seines Ansatzes zu betonen und als präzedenzlos in der früheren Kunst darzustellen. Mit dem Selbstbewusstsein eines Neuerers schreibt der Siebenundzwanzigjährige: «Man kann keine

Interieurs mit lesenden Männern und strickenden Frauen mehr malen. Man wird lebendige Wesen malen, die atmen und die fühlen, die leiden und die lieben.»[48]

Das erste Bild, das seinem selbstgesteckten Anspruch genügt, nennt er *Nacht in Saint-Cloud.* Es weist direkt den Weg zum *Lebensfries,* den Munch zwei Jahre später in der skandalumwitterten Ausstellung im Berliner Kunstverein erstmals präsentieren wird. Das Motiv ist wenig spektakulär: Ein Mann mit Zylinder sitzt am Fenster und schaut auf die nächtliche Seine. Ein mit Lampen erleuchtetes Schiff fährt vorbei. Der seitwärts weggedrehte Mann ist im Halbdämmer schlecht erkennbar. Es könnte Munch selbst sein – sicher ist das allerdings nicht, wie kaum etwas auf diesem Bild. Warum hat der Mann im Zimmer den Zylinder nicht abgelegt? Weint er vielleicht? Fast verschmilzt er mit dem Innenraum, der mit seinen wenigen malerisch angedeuteten Requisiten den Eindruck eines minimalistischen Bühnenbilds vermittelt. Der Mond wirft bläuliche Rechtecke auf den Fußboden. Ein inneres Drama könnte sich in dem Mann abspielen, aber Aufschlüsse darüber, was genau ihn umtreibt, erhalten wir nicht. Ohne dass wir unser Einverständnis erklärt hätten, werden wir Betrachtende zu Komplizen seiner Emotionen gemacht. Zudem ist dieses Bild mit seiner Fallhöhe zwischen einschläferndem Setting und aufgewühltem Innenleben der Figur beunruhigend, ja dramatisch aufgeladen. Eine verzweifelte Stille liegt auf ihm, aber, und das ist wichtig, keine Anklage und kein Aufbegehren. Munch verzichtet darauf, uns einen Ausweg aus der miterlebten Emotion dieses Mannes zu weisen; die Erschöpfung, Melancholie und Verlorenheit der Figur ist unsere eigene. Damit hat Munch die Eingebung, die ihm beim Besuch der Revue «Danseuses Espagnoles» zufiel, in Kunst übersetzt.[49]

Eine neue künstlerische Epoche bricht sich gegen Ende des 19. Jahrhunderts überall in Europa Bahn. Mit wechselnden und sich überschneidenden Begrifflichkeiten wird sie als Décadence, Dandyismus, Symbolismus oder Fin de Siècle bezeichnet. Ihr Charakter lässt sich am deutlichsten im Vergleich zum Naturalismus fassen, den sie ablöst. Was beim Naturalismus noch Anlass zu sozialkritisch motivierter Empörung über die Ungerechtigkeiten der Klassengesellschaft war, führt hier zu Weltekel, Schmerz und zur Lust am Niedrigen. In den Unterwelten und nächtlichen Gegenwelten findet die Boheme ihren neuen Tummelplatz. Sezierend, mit morbid-melancholischer Hypersensibilität, aber ohne übermäßige Anteilnahme, konstatiert sie den Verfall und den Niedergang: Alles menschliche Streben ist vergeblich, der Tod unser aller Zukunft, krank die Menschheit als Ganzes.

In seinem Gedichtband *Les Fleurs du Mal* (Die Blumen des Bösen) hatte der Pariser Stadtflaneur Charles Baudelaire 1857 den Ton vorgegeben: Die angemessene Reaktion auf die Entfremdungsprobleme des modernen Menschen ist für ihn die betonte Künstlichkeit der modernen Existenz. Baudelaire prangert die scheinheilige Maskerade des Bürgertums an; hinter der Fassade der bürgerlichen Wohlanständigkeit denunziert er das Abgründige, die Ödnis und die Heuchelei. In seinen Gedichten zelebriert er eine radikale Individualität, die durch die Anonymität der Großstadt ermöglicht wird. Hier ist der oder die Einzelne der sozialen Kontrolle weitgehend entzogen, hier ist die Möglichkeit zu Ausschweifung und Exzess gegeben. Décadents wie Baudelaire feiern die Perspektivlosigkeit der eigenen Zeit ästhetisch.[50] In einer Buchillustration, die Edvard Munch für eine Ausgabe von Baudelaires *Les Fleurs du Mal* 1896 anfertigt, wird dies deutlich: In hochdramatischer Pose blickt ein Mann mit nacktem Oberkörper zu einer hochaufgeschossenen schwarzen Blume, als wäre sie eine giftige Sonne.

Eine derartige Weltanschauung konnte nur im Habitat einer Großstadt wie Paris, Wien oder Berlin gedeihen. Und die Entwicklung verlief rasant: Während zu Fontanes Zeiten die Berliner noch mit Kutschen über Felder von Charlottenburg nach Schöneberg fuhren, wurden in den folgenden Jahrzehnten die freien Flächen überbaut – aus einzelnen Städten und dörflichen Siedlungsteilen entwickelte sich eine Großstadt. Hatte die Einwohnerzahl Berlins 1871 noch 826 000 betragen, lag sie 1890 bereits bei 1,57 Millionen. Bis 1900 stieg sie mit den umliegenden Städten Charlottenburg, Schöneberg, Neukölln mitsamt den Vororten auf 2,4 Millionen. Das Spekulationsfieber griff mit der Geschwindigkeit einer Epidemie um sich; auf ehemals grünen Wiesen wurden Mietskasernen hochgezogen. Frühere Landwirte wurden durch Landverkauf über Nacht zu Millionären, zu «Millionenbauern». Auf sie folgten Glücksritter, die durch wilde Spekulationsgeschäfte auf Kreditbasis einen riesigen Gewinn erzielten. Ihre Geldgier und Rücksichtslosigkeit kannten oft kaum Grenzen.[51]

Bald konnte eine Stadt wie Berlin mit einigem Recht als «Moloch» bezeichnet werden. Während die wohlhabenden Bürger zwischen 1890 und 1914 in neu erbaute Jugendstilvillen mit großen Gärten zogen, mussten Arbeiterfamilien mit nahezu slumartigen Wohnverhältnissen vorliebnehmen. In den trostlosen Arbeitersiedlungen herrschte Massen-Elend und Massen-Hässlichkeit. Zahlreiche Menschen drängten sich in überbelegten Wohnungen. Manchmal gab es nicht einmal genügend Stühle für alle Bewohner, so dass sie auch tagsüber auf Matratzen herumlungerten. Alkoholismus, häusliche Gewalt und Kindesmissbrauch waren häufige Folgen dieser beengten Verhältnisse.

Der im Norden Berlins aufgewachsene Dichter Arno Holz beschreibt 1886 derlei Wohnbedingungen in einem Gedicht:

Fünf wurmzernagte Stiegen geht's hinauf
Ins letzte Stockwerk einer Miethskaserne;
Hier hält der Nordwind sich am liebsten auf
Und durch das Dachwerk schaun des Himmels Sterne.
Was sie erspähn, o, es ist grad genug,
Um mit dem Elend brüderlich zu weinen:
Ein Stückchen Schwarzbrod und ein Wasserkrug,
Ein Werktisch und ein Schemel mit drei Beinen.

Einfühlsam schildert er den Tod einer jungen Mutter, die fieberkrank auf ihrem strohgestopften Bett liegt:

> Drei kleine Kinder stehn um sie herum,
> Die stieren Blicks an ihren Zügen hangen,
> Vor vielem Weinen ward ihr Mündlein stumm
> Und keine Thräne mehr netzt ihre Wangen.[52]

Bewusst wendet sich Arno Holz den Schattenseiten der Gesellschaft zu, der trostlosen Armut, der Krankheit und dem Verfall. Die Menschen sind die Produkte ihrer Umstände, ihnen mangelt es an allem, so dass ihre humanistischen Regungen notgedrungen verkümmert sind. Gleichzeitig entdeckt Holz in diesen Verhältnissen aber auch eine «Poesie des Unpoetischen», das heißt eine eigene Schönheit und Anmut.

Nur waren diese Verhältnisse eben auch dazu angetan, einen bürgerlichen Voyeurismus zu befriedigen. Beklagt wurde ein Sittenverfall, und nicht trotz, sondern gerade deswegen fand eine ausufernde Menge an Literatur über das «sündige» Paris, Berlin oder Wien den Weg zur Leserschaft – reich bebilderte Sittengemälde, welche die Sensationslust des Publikums befriedigten. Einen dieser Bestseller verfasste der Wiener Gerichtsberichterstatter Emil Kläger, der unter anderem für das *Neue Wiener Journal* und die *Neue Freie Presse* tätig war. Er hatte sich das Vertrauen der *Griasler* erworben, also der Obdachlosen, die ihre Tage und Nächte in den Wärmestuben, den Nachtasylen, den Massenquartieren und den Männerheimen (wo später auch Adolf Hitler lebte) verbrachten. In mehreren Exkursionen erkundete er den Untergrund Wiens, besuchte die «Zwingburg» unter dem Schwarzenbergplatz oder die bewohnten Schächte zwischen der Stephanie- und Ferdinandbrücke. Was er da erlebte, beschreibt er so: «Wir öffneten die eiserne Türe zum Kanalschachte, deren zertrümmerte Fenster mit Papier und Werg verstopft waren, und Wellen furchtbarer Ausdünstungen schlugen uns

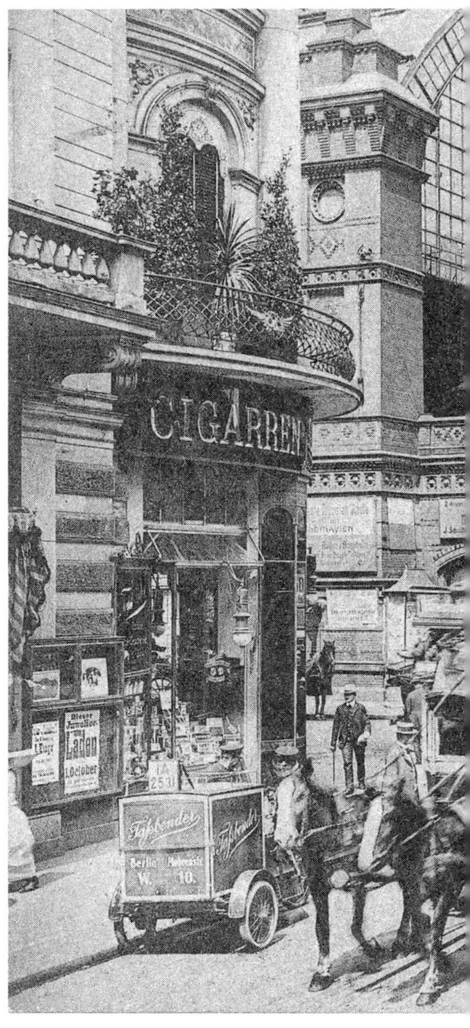

Das belebte Berlin, hier die Friedrichstraße mit Eisenbahnbrücke und Bahnhof, wächst im 19. Jahrhundert rasant. Das Spekulationsfieber greift mit der Geschwindigkeit einer Epidemie um sich; auf ehemals grünen Wiesen werden Mietskasernen hochgezogen.

ins Gesicht. In der Mitte des etwa zimmergroßen Raumes brannte ein qualmendes Holzfeuer, um das ein Dutzend meist junger Bursche herumsaßen oder lagen.»[53] In einem weiteren Quartier findet er rund zwanzig junge Männer, die förmlich ineinander vergraben sind, um sich gegenseitig zu wärmen. Für Kläger ist der Grund, weshalb die Obdachlosen sich im Untergrund verschanzen, «nicht

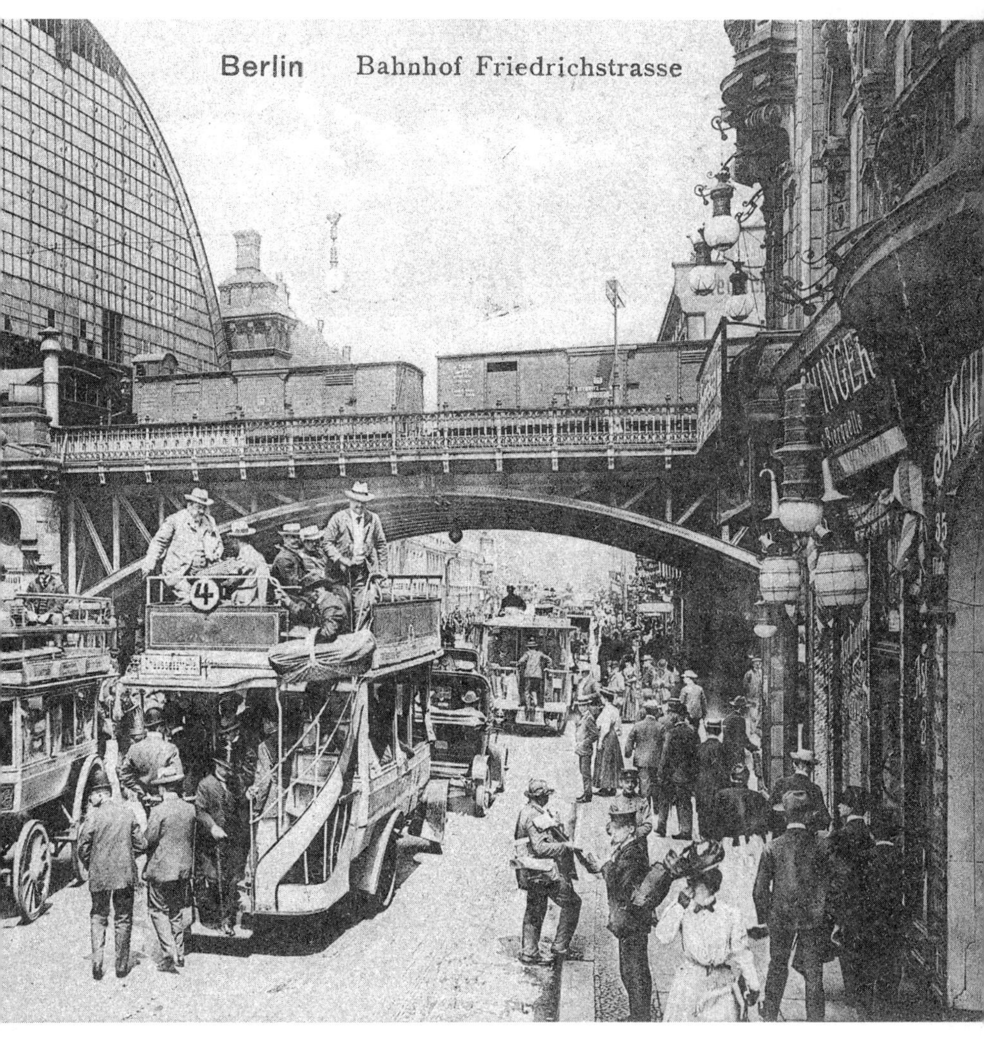

etwa darin zu suchen, dass die Leute die Einziehung wegen schwerer Verbrechen befürchten, denn es sind zumeist harmlose Burschen». Sie flüchten nur vor Polizeistreifen, welche wegen des «Vagabundenparagraphen» Jagd auf sie machen würden.[54] Sobald Kläger sich von der Kanalisation hinauf ins Freie begibt, ist er in einer ganz anderen Welt: «Draußen trabte eben ein eleganter Wagen auf Gummirädern langsam vorüber. Seine grellen elektrischen Lampen blickten scharf und hochnäsig in die ruhende Straße ...»[55]

Ähnlich wie Jehan-Rictus für den Argot des Montmartre interessiert sich Kläger für die «Griaslersprache», die Sprache der Wiener Obdachlosen. Im Anhang seines Buches *Durch die Wiener Quartiere des Elends und des Verbrechens* führt er ihre Begriffe samt ihrer hochdeutschen Entsprechung auf: Bett = Stranz'n; Detektiv = Kiberer; Gelegenheit = Heines; Pfarrer = Goloch; Geld = Gerst'n, Moos, Kies oder Schotter; Mageres Individuum = G'selchter oder Banener; Weib = Krätz'n, Rippe oder Würstl. Er notiert auch ganze Sätze: «Wann d'Kimm und d'Höh' nöt war'n, dös war a presst's Griasl'n, oba a so moch'n uns d'Bestigen dös Kräutl drein.» («Wenn die Läuse und die Polizei nicht bestünden, das wäre ein freies Leben. Aber so machen sie uns einen Strich durch die Rechnung.»)[56] Klägers Reportagen über den Untergrund Wiens stießen auf riesiges Interesse; sein Buch wurde in einer rasch ausverkauften Startauflage von 10 000 Exemplaren herausgebracht. Schätzungsweise 60 000 Personen besuchten seine 300 Lichtbildervorträge, die er zwischen 1904 und 1908 hielt.

Allerdings wurde das Mietskasernen-Elend nicht tatenlos hingenommen. Gesellschaftliche Initiativen, die der neu formierten Hygienebewegung zuzurechnen sind, versuchten dagegen vorzugehen. Einer der diesbezüglich einflussreichsten Beiträge kam vom Londoner Büroangestellten und Esperanto-Fan Ebenezer Howard. In seinem rasch in viele Sprachen übersetzten Buch *Die Gartenstädte von morgen* skizzierte er einen idealen dritten Ort zwischen Stadt und Land. Obschon Howard seine Vorstellungen mit (teilweise fast esoterisch anmutenden) Visualisierungen untermauerte, schwebte ihm viel mehr als eine rein architektonische Lösung vor. Er interessierte sich weniger für Bautypologien als für Eigentumsverhältnisse. Die Gartenstädte, wie er sie konzipierte, waren genossenschaftliche Zusammenschlüsse von Städterinnen, die gemeinsam Bauprojekte einer Siedlung auf der grünen Wiese vorantrieben.

In seiner antikapitalistischen Vision ist der Boden im Besitz der Allgemeinheit. Die Wohnungen sollen mit allem modernen Komfort ausgestattet und doch für alle erschwinglich sein. Ins Zentrum seiner idealen Stadt setzt er einen ringförmigen «Kristallpalast» als gemeinschaftlich zu nutzendes Gebäude. Howards Gartenstadt-Utopie gibt dem Anliegen eines antikapitalistischen und antiindustriellen Aufbruchs eine räumliche Form. Stadt und Land kommen in ihr zusammen, Konsumenten und Produzenten leben Seite an Seite in sozialem Frieden. 1903 schloss sich Howard einer Gruppe an, die die Gartenstadt Letchworth 60 km nördlich von London nach seinen Vorstellungen erbaute.[57]

Es dauerte nicht lange, bis Ebenezer Howards Konzept der Gartenstädte international aufgegriffen wurde. 1902 wurde die Deutsche Gartenstadtgesellschaft gegründet, 1904 in Frankreich die Association des cités-jardins. Bis zum Ersten Weltkrieg entstanden außerhalb Englands elf Gartenstadtgesellschaften, 1913 als Dachorganisation die International Garden Cities Association.[58] In diesen Jahren wurden auch die ersten Gartenstädte gebaut, etwa die Cité Bruno im nordfranzösischen Dourges (ab 1904), die von der Industriellenfamilie Krupp gestiftete Siedlung Margarethenhöhe bei Essen (ab 1906) oder die Siedlung Marghera vor den Toren Venedigs (ab 1917), ganz zu schweigen von Siedlungen in Kanada, Indien, Japan oder Brasilien. Sogar Fabrikanten, die sich paternalistisch um «ihre» Arbeiterschaft kümmerten, ließen sich von der Idee der Gartenstadt inspirieren, allerdings mit dem entscheidenden Unterschied, dass sie, anders als von Howard vorgesehen, die Eigentumsrechte nicht in die Hände der Bewohnerinnen und Bewohner legten.

Die 1907 gegründete Siedlung Gieschewald, am Rand der oberschlesischen Stadt Kattowitz gelegen, war als «modernes oberschlesisches Industriedorf» geplant und wurde in einfacher und zweckmäßiger Bauweise erstellt.[59] Jede Wohnung war komfortabel mit Stube, Kammer, Küche und Flur für gestiegene Ansprüche ausgestattet. Dazu kam für jedes Haus ein Flecken Garten für die Selbstversorgung. Dahinter standen implizite Vorstellungen über die bürgerliche Familie und ihre Geschlechterverhältnisse: Die Bestellung des Hausgartens und das Halten von Kleinvieh gehörte zu den Aufgaben der «arbeitssame[n] Bergmannsfrau». Zwar waren elektrische Leitungen in die Häuser verlegt worden, aber absichtlich keine Wasserleitungen. Damit sollten einerseits Installationskosten gespart werden; andererseits ging es auch darum, dass die Frauen die Wäsche gemeinsam erledigen sollten. Nur seien leider viele von ihnen durch «öde Mietskasernen verdorben», weswegen ihr «Sinn für Häuslichkeit» zu wenig ausgebildet sei. Die Erbauer solcher Mustersiedlungen verbanden mit ihrer Architektur die Hoffnung, die durch die Entwicklung der Großstädte entstandenen Probleme zu beheben oder zumindest zu mildern.[60]

Bald sollte sich herausstellen, dass das schillernde Konzept der Gartenstadt für ganz unterschiedliche Ideologien anschlussfähig war. Während Theodor Herzl den Judenstaat gartenstädtisch träumte, pflegten viele Mitglieder der Deutschen Gartenstadt Gesellschaft eine Nähe zu rassenhygienischen Vorstellungen und ließen sich für alldeutsche städtefeindliche Ideologien rechter Bewegungen einspannen.[61] Alfred Rosenberg schrieb in seinem Pamphlet *Mythus des 20. Jahrhunderts* (1930) vom Leichengeruch, der aus den Städten hervorgehe. In diesen Sündenbabeln der Moderne würden sich Juden und der «Abhub aller Völker» mischen; in den «Huren- und Nackttanzrevue[n] unter Niggerregie» regierten einzig Geld und Triebe.[62]

Und die Boheme um 1900, die diese Entwicklung so noch nicht abschätzen konnte? Das Bemerkenswerte ist, dass Bohemiens unter *beiden* Richtungen vertreten waren: sowohl unter den Décadents, die die morbiden Abgründe des Stadtkörpers feierten, als auch unter den Utopisten mit einer lichten Gartenstadt vor Augen. Manchmal sogar, etwa in den Dichtungen eines Arno Holz, waren beide Auffassungen wie zwei Seiten einer Medaille gleichzeitig präsent. Einzig die allzu geordneten, gepflegten und unscheinbar durchdachten Lösungsansätze, wie sie in der Siedlung Gieschewald und vergleichbaren Unternehmungen zum Ausdruck kamen, stießen auf Skepsis. Sobald etwas in den Ruf geriet, allzu kleingeistig oder zu stark von Nützlichkeitsüberlegungen getragen zu sein, erlahmte das Interesse. Ein Odem von Ausschweifung und Subversion, von schriller Dramatik und Überspanntheit musste ein Anliegen umwehen, damit sich die Boheme dafür begeisterte.

Aber für tatkräftigen Einsatz fehlte oft der Elan. Die Geschäftigkeit der Welt legte eher nahe, sich abseits zu halten und zu beobachten – genauso wie der im Dämmerlicht auf die Seine blickende Mann auf Munchs Gemälde *Nacht in Saint-Cloud.* Er scheint zu erschöpft, fast undenkbar, dass er sich zu einer Aktivität aufrafft. Ein typischer Mensch des Fin de Siècle. Viele hatten den Eindruck, in einer Spätzeit, in einer Welt ohne Ideale zu leben. Die großen Entscheidungen seien längst gefallen, und die oberflächliche Prosperität täusche einzig über den Verfall hinweg. Die Wiener Literaturkritikerin Marie Herzfeld sah die westliche Zivilisation mit all den unübersehbaren Fortschritten in der Wissenschaft und der Technik auf einem Plateau angekommen. Was also blieb nach einem «Jahrhundert der Revolution, das den Sturz des Absolutismus, den Sieg des Bürgertums und das Heranwachsen der Sozialdemokratie erlebte» überhaupt als erstrebenswertes Ziel für die Zeitgenossen übrig? Nicht viel, wie Herzfeld, in ihrer Formulierungskunst selbst schon erschlafft, schreibt: «es hat uns wirklich oft ein bisschen müde gemacht».[63]

Etwas anderes als eine Flucht in heile Vergangenheitswelten blieb nicht übrig, zumindest empfanden das viele in der Boheme so. Sie formulierten Kritik am Fortschrittsgedanken und berauschten sich an der Idee eines baldigen Untergangs. Wenn es schon keine ewigen Wahrheiten gab, dann konnte man sich zumindest sagen: «Lernen wir die Flüchtigkeit des Schönen als melancholischen Zauber schätzen.»[64] Insofern ist es folgerichtig, dass sich Jean Floressas des Esseintes, die Hauptperson in Joris-Karl Huysmans' Décadenceroman *À rebours* (Gegen den Strich), in ein Domizil nach Fontenay bei Paris zurückzieht. Mit scharfer Urteilskraft kritisiert er als Technokrat, der alles Natürliche aus seiner Weltanschauung ausgeschieden hat, die Paradoxien der modernen Gesellschaft. Huysmans selbst wendet sich bald dem Royalismus und Katholizismus zu – wie als radikalste Konsequenz einer auf die Spitze getriebenen antibürgerlichen Grundhaltung.

Die Dichtungen des Belgiers Maurice Maeterlinck lassen demgegenüber jede klare Linie vermissen. Wie Marie Herzberg schreibt, erscheinen sie Uneingeweihten als eine wirre Treibhauswildnis voll brütender Tollheit. Seine Dramen, die ohne Charaktere und ohne fortschreitende Handlung auskommen, transportieren ein Gefühl des Nichtverstehens der Welt. «Seine Personen sind erdrückt von einer kosmischen Angst, dem nervösen Gefühl, überschattet zu sein vom Ungreifbaren, das zum Schicksal wird, von der gestaltlosen Ewigkeit, die alles Leben gähnend aufzehrt.»[65] Mit anderen Worten: Décadence bedeutete, dem eigenen Untergang mit angespannten Sinnen beizuwohnen.[66]

Wie komplementär dazu entwickelten viele Décadents eine Faszination für Menschen der Revolte, für Vagabunden und Sträflinge, die sich bürgerlichen Moralvorstellungen entzogen. Im Verbrechen konnte eine Befreiung liegen, war ein extravaganter Protest gegen das Dasein an sich. «Lebe radikal und verglühe», diesem Slogan Arthur Rimbauds, der selbst aufgrund seines exzessiven Lebenswandels mit 37 Jahren starb, versuchten viele zumindest in ihrer Literatur zu folgen. Der Berliner Bohemien Erich Mühsam nannte die von ihm ab 1911 herausgegebene anarchistische Publikation *Kain* nach dem biblischen Brudermörder. Im Untertitel «Zeitschrift für Menschlichkeit» gab er demgegenüber seiner humanistischen Hoffnung Ausdruck. Doch es dauerte nicht lange, bis in der Münchner Boheme mit *Abel. Zeitschrift für Sklaverei* eine parodistische Antwort darauf gefunden war.

Die Feindschaft gegenüber der bürgerlichen Gesellschaft wurde in vielen Veröffentlichungen der Décadence auf die Spitze getrieben. Pamphletistisch, radikal, provokativ und hart, wie sie geschrieben waren, ließen sie jedes Augenmaß, jedes soziale Verantwortungsgefühl vermissen. Stattdessen wurden in ihnen die Amoralität und die Gewalt glorifiziert. Kaum einer tat sich hier mehr hervor als Friedrich Nietzsche, der als Quintessenz seiner Philosophie für die «Umwertung aller Werte» eintrat. Nach seiner Diagnose beginnt Europa nach «Missratnen, Kränklichen, Müden, Verlebten» zu stinken. Ihm ist diese schlechte Luft, die Einzug gehalten hat, gänzlich unerträglich, sie lässt ihn förmlich ersticken: «Denn so steht es: Die Verkleinerung und Ausgleichung des europäischen Menschen birgt unsere größte Gefahr, denn dieser Anblick macht müde ... Wir sehen heute nichts, das größer werden will, wir ahnen, dass es immer noch abwärts, abwärts geht, ins Dünnere, Gutmütigere, Klügere, Behaglichere, Mittelmäßigere, Gleichgültigere, Chinesischere, Christlichere – der Mensch eben wird immer ‹besser› ... Hier eben liegt das Verhängnis Europas –»[67] Nietzsche sieht überall nur Mittelmaß, aggressiv wütet er gegen den in seinen Augen moribunden Zustand der gleichmacherischen Gesellschaft.[68] In seinem Werk *Jenseits von Gut und Böse* polemisiert er gegen den «Nützlichkeits-Menschen» und die «Herdentier-Moral», die heute in Europa vorherrsche. Mit eingeschlossen in diese Radikalkritik ist eine Demokratieverachtung. Für Nietzsche ist die demokratische Bewegung, die dem «Unsinn der ‹größten Zahl›» anhängt, eine Verfallsform von politischer Organisation.[69]

Mit dieser Kritik steht Nietzsche keineswegs allein. Aber bei ihm schlägt sie so deutlich wie kaum bei einem anderen in einen aktivistischen Vitalismus um. Er propagiert eine neue Unerbittlichkeit und Mitleidlosigkeit – der Mensch müsse seine Raubtiernatur und seine Lust an der Grausamkeit akzeptieren. Es sei widersinnig von der Stärke zu verlangen, dass sie nicht die Stärke sei; vielmehr müsse die «wahnsinnige Bestie Mensch» sich von der christlichen Mitleidsmoral freimachen. Die modernen Menschen müssten die «Gewissens-Vivisektion und Selbst-Tierquälerei von Jahrtausenden» überwinden, endlich aus dem «Raffinement» und der «Geschmacks-Verwöhnung» – wer würde bei diesen Worten nicht an einen bürgerlichen Salon denken? – herausfinden und den Weg an die «scharfe hohe Luft» finden, also, wie Nietzsche sich ausdrückt, ins Gebirge, ins Abenteuer, in die Eroberung. Als geeignet für solche existenziellen Gebirgsexpeditionen erachtet Nietzsche Menschen, denen «der Schmerz sogar zum Bedürfnis geworden ist». Nur so könne die kranke Zeit überwunden werden. Es kann für Nietzsche keinen Zweifel geben: Ein neuer Mensch muss kommen, einer, der sich vom Nihilismus und vom «Willen zum Nichts» freigemacht hat.[70]

Damit ist eine gedankliche Linie vorgegeben, die noch unheilvolle Folgen zeitigen wird. Die Boheme-Kritik der bürgerlichen Gesellschaft schlägt in Nietzsches Lesart in ein aggressives Wüten gegen das Mittelmaß um. Statt Emil Klägers humanistisch grundiertem Mitfühlen mit den Benachteiligten und Deklassierten hat er nur noch ein dezidiertes Bekenntnis zugunsten der Starken zu bieten. In seinen philosophischen Hauptwerken stößt man kaum je auf konkrete Personen, wenn man von der Erwähnung anderer Philosophen oder halbmythischer Figuren wie Zarathustra absieht. Ersatzweise argumentiert er mit starken Bildern: «Dass die Lämmer den großen Raubvögeln gram sind, das befremdet nicht; nur liegt darin kein Grund, es den großen Raubvögeln zu verargen, dass sie sich kleine Lämmer holen.»[71] Nietzsche bleibt jedoch die Antwort schuldig, mit welchen Menschen er die Lämmer, die mitleidslos vom Raubvogel geholt werden, vergleichen möchte. Aber mit seiner nur auf den ersten Anschein harmlosen Analogie aus der Tierwelt werden Monstren geboren; in der Unbestimmtheit liegt ein zerstörerisches Potenzial.[72]

Längst nicht alle gingen so weit. Für viele bedeutete Fin de Siècle nichts anderes, als sich mit einem lustvollen Schauer der Todesverfallenheit hinzugeben. Nirgendwo sonst als in Venedig fand sich eine geeignetere Kulisse für das Spätzeitgefühl, das viele Literaten erfasst hatte. Sie pilgerten in die Lagunenstadt und ließen die zu Hause gebliebene Leserschaft an ihren Gedanken und Empfindungen teilhaben. Mit dem Untergang der venezianischen Republik 1797 war die Stadt in die politische Bedeutungslosigkeit gesunken. Die prachtvollen, auf Pfählen stehenden Palazzi am Canale Grande bröckelten und drohten unterzugehen. Doch gerade wegen dieses drohenden Verfalls gewann Venedig an poetischer Verführungskraft.

Nicht alle veröffentlichten Texte waren so kongenial auf den Ort bezogen wie Thomas Manns Novelle *Der Tod in Venedig* (1911). Vieles war auch schwülstig oder epigonal, die immer gleichen Venedig-Klischees variierend. Genau mit solchen Stereotypen fängt das lyrische Epigramm *Punta della Salute* von Richard Dehmel an:

> Hier möcht ich sterben, alt, wie Tizian starb,
> doch in verhängter Gondel und allein.
> Durch einen Spalt nur glühn im Abendschein
> verwitterte Paläste glorienfarb.

Décadence in Reinkultur. Einsam fühlt sich das Dichtersubjekt und sterben möchte es. Die verhängte Gondel würde über den Styx ins Totenreich fahren. Die verwitterten Paläste symbolisieren den Verfall. Niemals bei einem solchen Gedichtanfang würde die Morgensonne scheinen. Richard Dehmel hat sein Epigramm nach dem «Sestiere» im südlichen Teil der venezianischen Altstadt Dorsoduro benannt; dort steht die Votivkirche Santa Maria della Salute, die anfangs des 17. Jahrhunderts nach der Überwindung einer Pestepidemie errichtet worden war.

Im Frühling 1900 haben Dehmel und seine zukünftige Frau Ida Coblenz eine zweimonatige Reise durch Italien und Griechenland unternommen, die sie von München über Ravenna, Florenz, Rom, Neapel, Brindisi, Korfu, den Peloponnes mit Athen und Delphi zurück nach Venedig und Sirmione am Gardasee führte. Es ist alles

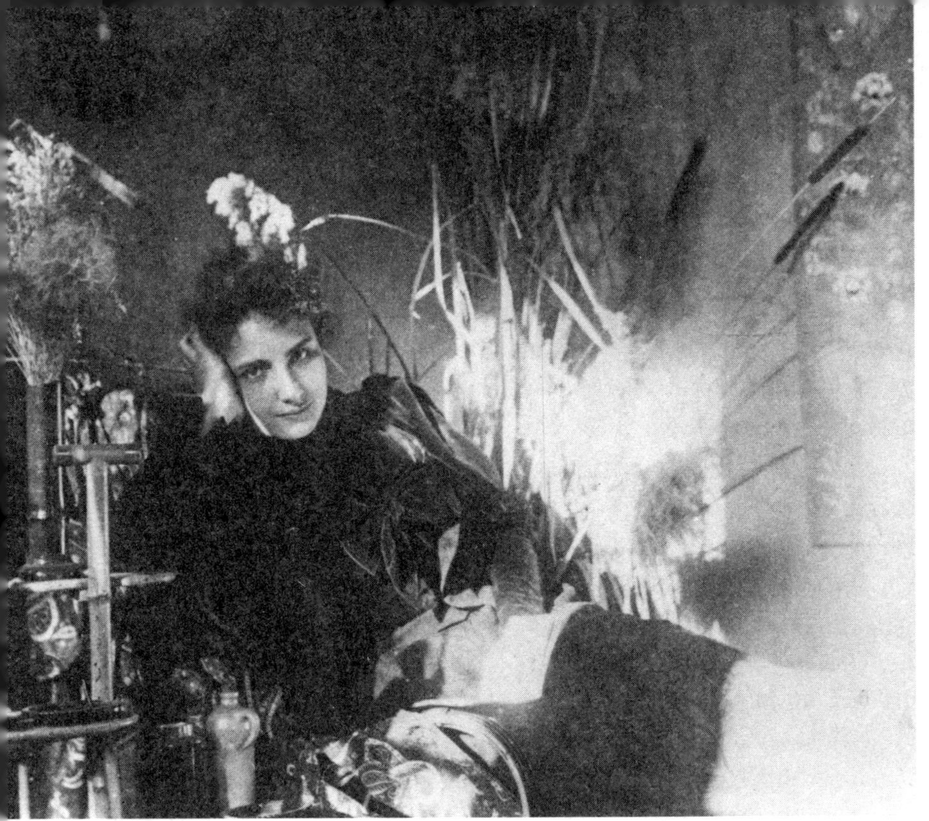

Im Frühling 1900 unternehmen Ida Coblenz und Richard Dehmel, die beide in nicht annullierten Ehen leben, eine zweimonatige Reise nach Italien und Griechenland. Erst ein Jahr später heiraten sie und beziehen bald darauf eine Villa in Hamburg-Blankenese.

andere als eine unbeschwerte Hochzeitsreise, was auch gar nicht möglich ist, da beide in einer nicht annullierten anderen Ehe leben. Erst kurz vorher hat Dehmel seine Ehefrau, mit der er drei Kinder hat, für Ida Coblenz verlassen, nachdem das Experiment der Ménage à trois gescheitert war. Immerhin hilft die Reise, Abstand zu gewinnen. Doch sie verläuft nicht komplikationsfrei: Zunächst erkrankt Ida Coblenz, später, als sie in Venedig angekommen sind, erfährt Richard Dehmel durch ein Telegramm, dass seine Frau Paula ebenfalls ernsthaft erkrankt ist. Überhastet müssen sie zurück nach Deutschland reisen.[73]

Den Bericht über seine Version einer Italienischen Reise, den Dehmel 1906 in der *Neuen Rundschau* veröffentlicht, nennt er *Eine Rundreise in Ansichtspostkarten.* «Das Telegramm ist das Ideal», hat August Strindberg geschrieben, und Dehmel macht es sich zu eigen. Er füllt daher nicht zwei dicke Bände mit Tagebuchaufzeichnungen für eine Frau von Stein, ihm reichen 55 lyrische Epigramme an eine unbekannte Empfängerin; anders als bei Goethe sind bei ihm sogar noch 17 Stationen in Griechenland inkludiert.

Die «Baedekerschönheit» Venedig lässt Dehmel in gereizter Stimmung zurück, was er sich in seinem Epigramm zunächst nicht anmerken lässt. Unauffällig reiht er Klischee an Klischee, in denen er die Schönheit des vom Untergang bedrohten Venedigs besingt.

Schlaftrunken schaut die Wasserfläche drein
und haucht mir eine Seelenruhe ein,
die niemals um ein ewiges Dasein warb.
So möcht ich sterben … aber leben: nein!

Und mit dieser letzten Zeile, die das ganze vorherige Epigramm ins Lächerliche zieht, verpufft die ganze düster-verhangene Pathetik des Fin de Siècle in einer leuchtenden Pointe: Dehmel entzieht sich der morbiden Ästhetik Venedigs, indem er sich mit einem Lächeln dem Leben zuwendet.

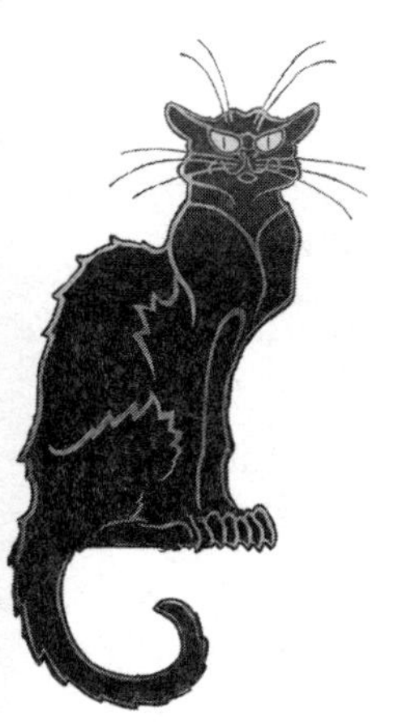

IV.
Ehekritik und freie erotische Kultur

Totentänze: Über die Aufweichung der Geschlechtergrenzen

Die silberne Hochzeit steht bevor. In abgegriffener Kapitänsuniform sitzt Edgar in seinem Festungsturm auf einer abgeschiedenen Insel. Er schaut müde und verdrossen aus. «Ich vertrage den starken Tabak nicht mehr so recht», sagt er zu seiner Ehefrau Alice. Diese entgegnet «fast freundlich», wie es in der Regieanweisung heißt: «Dann rauche schwächeren!»[1] Als das in der Nachbarschaft lebende Doktorehepaar auf der Insel ein Fest veranstaltet, gehen sie nicht hin, denn der Kapitän ist mit allen Inselbewohnern verfeindet; er findet sie alle unter seinem Niveau. Alice hingegen trauert ihrer Karriere als Schauspielerin nach, auf die sie wegen der Heirat mit Edgar verzichtet hatte. Ihr Ehemann ist eine einzige Enttäuschung für sie. Zwar gebe er den patriarchalischen Despoten, doch in Wirklichkeit sei er eine Sklavennatur, die sogar vor Dienstboten krieche. Ungehalten gibt er zurück: Sie sei es doch, die mit ihrem tyrannischen Verhalten alle Dienstmädchen vertrieben habe. Nie habe es eines in ihrem Haushalt länger ausgehalten. Auch in der Erziehung der Kinder habe sie komplett versagt. Allein ihre Schuld, dass die Tochter nichts mehr von ihnen als Eltern wissen wolle.

In kaum einem anderen Stück der Weltliteratur wird die bürgerliche Ehe stärker demaskiert als in August Strindbergs *Totentanz* (1901). Der Streit zwischen Edgar und Alice ist jahrelang eingeübt; die Gehässigkeiten, die sie sich gegenseitig an den Kopf werfen, wirken wie vorgestanzte Formeln. Selbst in den wenigen Momenten, in denen sie vordergründig aufmerksam und fürsorglich sind, schlummern die verletzenden Spitzen unter der nur scheinbar freundlichen Oberfläche. Die Konflikte spitzen sich zu, als Kurt, ein ehemaliger Jugendfreund der beiden, als neuer Quarantänemeister auf die Insel kommt. Als geschiedener Selfmademan, der den Sorgerechtsstreit um die Kinder gegen seine frühere Ehefrau verloren hat, verkörpert er ein anderes Lebensmodell als der in einer unglücklichen Ehe verharrende Edgar. Die Verhältnisse sind offenbar ins Rutschen geraten. Das autoritäre Verhalten, das Edgar an den Tag legt, kann nicht darüber hinwegtäuschen, dass er nicht der erfolgreiche Offizier und Schriftsteller ist, der er zu sein vorgibt. Seine Schießlehre, die er vor Jahren verfasst hat, ist bei den Soldaten längst außer Gebrauch. Er sagt, sie sei durch eine schlechtere ersetzt worden.

Anders als Gunnar Heiberg in seinem Stück *Balconen*, das um vergleichbare Fragen kreist, gibt der unerbittliche Strindberg dem Publikum nie Anlass zu einem mitfühlenden Gelächter, nicht einmal zu einer Atempause. Je weiter das Drama fortschreitet, umso beklemmender wird es. Der Kapitän und die ehemalige Schauspielerin sind durch einen unversöhnlichen Hass aneinandergekettet; nichts scheint sie mehr mit dem Menschen, mit dem sie die letzten 25 Jahre ihres Lebens verbracht haben, zu verbinden. Und doch kommen sie nicht voneinander los. Strindberg führt nicht einmal einen psychologisch triftigen Grund für den Hass zwischen Edgar und Alice auf. In seinem hermetischen Kammerspiel, dessen einziger Schauplatz ein Festungsturm auf einer Quarantäne-Insel ist, ist ihr grotesker Kampf von purem Vernichtungswillen geprägt. Mehr Isolationismus geht nicht. Für Strindberg sind die erstarrten bürgerlichen Formen zu einem Ende gekommen. Die Ehe ist ein Gefängnis – wer sie fortführt, belügt sich selbst.

Doch zur Entstehungszeit des Stücks war die auf Lebenszeit vor Gott und dem Staat geschlossene heterosexuelle Paarbeziehung, genannt Ehe, beinahe das einzige Rollenmodell, das sich für Erwachsene schickte. Eine standesgemäße Heirat also. Und wenn die rebellischen Söhne und Töchter dieses Ziel nicht für sich selbst anvisierten, dann sicherlich ihre Eltern. Wer unverheiratet blieb, ohne sein Leben als Priester oder Nonne in den Dienst Gottes zu stellen, hatte mit gesellschaftlichem Argwohn zu kämpfen. Auf der Ehe lastete ein immenser Erfolgsdruck. Sie durfte nicht scheitern, eine Scheidung sollte unter allen Umständen vermieden werden. Somit blieben auch Paare zusammen, die wie Edgar und Alice im Dauerstreit lebten.

Doch in nicht wenigen Fällen funktionierte die Ehe auf diese Weise ganz leidlich. Jedoch bekam dieses Modell um 1900 Risse; gerade an den Rändern der Gesellschaft und in der Boheme wurde es immer stärker in Frage gestellt. Ein wichtiger Grund dafür war, dass die Frauenerwerbsarbeit in diesen Jahren zunahm, wodurch immer mehr Frauen finanziell unabhängig wurden. Besonders die unverheirateten und kinderlosen Frauen begannen sich in zahlreichen Frauenvereinen zu organisieren. Dort galt Geschlecht nicht als fluide, sondern als eine fixe Kategorie. Frau und Mann standen einander gleichwertig, aber vollkommen unterschiedlich gegenüber. Die Frauenrechtlerin und Politikerin Gertrud Bäumer, von 1910 bis 1919 Vorsitzende des Bundes Deutscher Frauenvereine, war der Überzeugung, dass die Frau das reine Prinzip des Lebens vertrete im Gegensatz zum Intellektualismus der Männer. Ihre Zuwendung, die von einem Ethos des Dienens getragen werde – heute würden wir eher von Care-Arbeit sprechen –, erweitere das mechanistische Männerweltbild zum Guten. Nur beide Prinzipien zusammen könnten die Welt produktiv gestalten.[2]

In der radikalen Literatur dieser Zeit ist davon keine Rede mehr.

Die Ehe, wie sie uns in den Dramen Ibsens, Strindbergs und Heibergs entgegentritt, ist etwas zutiefst Verlogenes, ein Zustand des eingefrorenen Konflikts und des nicht eingestandenen Leidens. Ein Totentanz der Vergeblichkeit. Aber die Geschlechterstereotype geraten in der Boheme noch auf eine andere Weise ins Tanzen: Es wachsen Zweifel an der früheren Selbstverständlichkeit, «männliche» und «weibliche» Charaktereigenschaften strikt zu trennen. Der sexuell passiven und empfangenden Ehefrau wird die unersättliche Femme fatale gegenübergestellt, welche die Männer vampirhaft aussaugt und ins Verderben stürzt. Sogar die Geschlechtergrenzen selbst fangen an sich zu verwischen, wie der Dramatiker Max Halbe konstatiert. Der neue verweiblichte Typus von Intellektuellen, den er in dieser Zeit entstehen sieht, ist für ihn auf die Frauenemanzipation zurückzuführen: «Der buntseidenen Modeweste auf der männlichen Seite entsprach in einer bemerkenswerten Umkehrung der Geschlechtsmerkmale das schmucklose, puritanische Hängekleid auf der weiblichen. Hier Vermännlichung. Dort Verweiblichung.»[3]

Diese Konfliktlinien überkreuzen sich in exemplarischer Weise in der Ehe von August Strindberg mit Siri von Essen. 1877 heiraten die beiden. Als geschiedene Schauspielerin mit einem Kind aus erster Ehe haftete an Siri von Essen nach bürgerlichen Wertmaßstäben ein Makel. Die Tochter stirbt im Jahr ihrer erneuten Eheschließung mit vier Jahren. Gemeinsam haben die Strindbergs mit Karin (*1880), Greta (*1881) und Hans (*1884) drei Kinder. Schon bald zeigen sich Spannungen in der Ehe. Sein Verhalten ist in ihren Augen illoyal, während er sie bezichtigt, ihn mit ihren ständigen Forderungen zu sehr einzuschränken. Aber auch in weltanschaulichen Fragen gehen ihre Meinungen häufig auseinander. Siri von Essen ist Abonnentin der feministischen Zeitschrift *Der Sittlichkeitsfreund*, in der unter anderem die Abschaffung der Prostitution offensiv vertreten wird. Ihr Ehemann August Strindberg ist mit dieser Forderung überhaupt nicht einverstanden: Gemäß seiner

Auffassung bringen die Prostituierten ein natürliches Opfer, das für das Funktionieren der Gesellschaft unerlässlich ist.[4]

Ein letztes Mal raffen sich die beiden auf: Nachdem alle vorherigen Versuche gescheitert sind, Strindbergs Drama *Fräulein Julie* in einem bestehenden Theater aufzuführen, gründen sie nach dem Vorbild des Théâtre Libre von Paris eine eigene Bühne in Kopenhagen, das skandinavische Experimentier Theater. Emsig arbeiten sie daran, das Stück auf die Bühne zu bringen: Sie sprechen bei Gönnern vor, um eine Finanzierung zu suchen, und mieten Räumlichkeiten an. Siri von Essen wird Direktorin und Regisseurin in Personalunion. Die Aufführung wird zu einem Achtungserfolg, aber längst nicht zu dem Triumph, den Strindberg sich erhofft hat. Auch vermag die gemeinsame Tätigkeit am Theater den Ehefrieden nicht nachhaltig zu sichern. Danach nehmen die beiden die Streitigkeiten mit erhöhter Intensität wieder auf. August Strindberg deckt seine Ehefrau mit Vorwürfen ein, die er manchmal noch am gleichen Tag wieder zugunsten neuer Liebesbekenntnisse zurücknimmt. «Wechselnde Gemütsstimmungen zwischen Hass und Liebe sind kein Wahnsinn!», sieht er sich gezwungen zu betonen.[5]

Die Scheidung ist nicht aufzuhalten, und sie verläuft für beide Seiten ausgesprochen schmerzhaft. Von dem Richter, der sich ungebührlich stark auf die Seite Strindbergs schlägt, muss sich die bereits einmal geschiedene Siri von Essen Vorwürfe anhören. Im Gegensatz zu ihrem Noch-Ehemann wäre sie allerdings zu einer Versöhnung bereit; sogar den Seitensprung mit einem dänischen Dienstmädchen würde sie ihm verzeihen, wie sie ausführt. Aber er macht sie vor dem Gericht schlecht, betont ihre Untreue und ihr hysterisches und labiles Verhalten. Als sie einsieht, dass die Ehe nicht mehr zu retten ist, kämpft sie in erster Linie dafür, dass sie das Sorgerecht für die Kinder erhält. In diesem Punkt setzt sie sich durch: Strindberg ist frei – frei von allen familiären Verpflichtungen. Die Alimente, die er bezahlen muss, bleibt er häufig monatelang schuldig. Noch Jahrzehnte später hegt die Tochter Karin deswegen ein Ressentiment gegenüber ihrem Vater.

Diese dramatischen Ereignisse fließen nahezu ungefiltert in die literarischen Arbeiten Strindbergs ein. Was wir heute als Autofiktion bezeichnen würden, nannte er mit dem Vokabular Nietzsches «Vivisektion der Seele»: Wie mit dem Skalpell seziert er zwischenmenschliche Konflikte literarisch. Schonungslos hart mit sich selbst, aber ebenso mit seinen (früheren) Nächsten. Viele der ungefragt in die Öffentlichkeit Gezerrten empfanden diese tabulose Offenheit als Verletzung der Intimsphäre, ja als Übergriff. – Trotzdem: Manche seiner Ehedramen wirken aus heutiger Sicht überspitzt. Würden sich Edgar und Alice nicht viel besser umstandslos trennen, als sich im Hass aufeinander einzurichten? Das war schon damals möglich, wie der Autor selbst vormachte.[6] Doch so einfach ist es bei Strindberg gerade nicht. Ihm geht es darum darzustellen, was das religiöse Dogma «bis dass der Tod euch scheidet» konkret bedeutet; die Ehe ist ihm – zumindest in der Theorie – heilig, sogar dann noch, wenn sie sich für die Partner als nicht lebbar herausstellt. Mit dem Zerbrechen der Dreieinigkeit von Gatte, Gattin und Kind, betont er einmal übertreibend, komme «Unordnung ins Weltall, und die ganze Natur ruft: Wehe!» Daher ist Strindbergs Eifersucht nie nur Besitzanspruch, sondern die Verletzung dieser mystischen Einheit – wobei, und das ist ein weiteres Paradox an seiner Haltung, er sich selbst körperliche Untreue durchaus zugesteht.[7]

Unzweifelhaft, Strindbergs Egomanie, seine Maßlosigkeit, sein Selbstmitleid, das Schlechtmachen seiner Ehefrau vor Freunden und Bekannten, sein wenig fürsorgliches Verhalten den Kindern gegenüber, ganz zu schweigen von seinen frauenfeindlichen Äußerungen – all dies weist ihn nicht als sympathischen Zeitgenossen aus. Das heutige Verdikt wäre schnell zur Hand: toxische Männlichkeit. Sollten wir ihn deswegen canceln und unser Augenmerk lieber auf menschlich vorbildlichere Persönlichkeiten richten? Zwei Gründe sprechen dagegen: Erstens sind die Ambivalenzen und Abschattierungen ein Teil der Boheme. Sie sind auch, wie wir gleich am Beispiel Laura Marholms sehen werden, längst nicht nur auf die Männer beschränkt. Zweitens zeigt sich gerade bei Strindberg überaus deutlich, dass das Werk oft klüger ist als der Autor. Während seine privaten und tagespolitischen Äußerungen oft vor Häme und Frauenfeindschaft triefen, sind seine Stücke und Romane deutlich differenzierter. Seine männlichen Protagonisten sind häufig wie der Kapitän im *Totentanz* alles andere als starke Figuren. Nicht wenige werden in ihrer ganzen rabulistischen Machtlosigkeit vorgeführt und dadurch demaskiert.

Zusätzlich wird an Leben und Werk Strindbergs deutlich, wie fragil die Geschlechterrollen geworden sind. Seine Freunde rätseln darüber, weshalb er diesen manischen Frauenhass entwickelt hat. Spekulationen schießen ins Kraut. Nicht wenige führen ihn darauf zurück, dass er damit seine eigenen weiblichen Anteile bekämpfe. Stanisław Przybyszewski interpretiert: «Seine ganze, das Gift eines nachgerade grotesken Hasses verströmende Erbitterung gegen die Frau ist die sadistische Folterung der Frau in seinem Innern.»[8] Es sei nicht übertrieben, Strindberg sei zu 90 Prozent Frau. Das sei schon seinen zarten Ohrmuscheln anzusehen. Die seien «ganz wie bei einer Frau».[9]

Abgesehen von Ohrmuscheln und anderen Geschlechtsmerkmalen: Auf einmal entbrannte in progressiven Kreisen eine intensive Diskussion, welchen Rollenerwartungen moderne Frauen zu genügen haben. Sie seien eben nicht mehr, wie der Schriftsteller Eugen Wolff schreibt, Jungfrauen «voll blöder Unwissenheit über ihre Bestimmung». Gewissermaßen fliegend müssten sie einen Rollenwechsel vollziehen, indem sie von der «materiellen Arbeit zum Dienste des Schönen und Edlen» zurückkehrten. Das «vom modernen Geiste erfüllte Weib», das sich mit flatterndem Gewand und fliegendem Haar auf dem «Heimwege zu ihrem geliebten Kind» befinde, ist für ihn das neue Götterbild der Moderne.[10] Mit anderen

Worten: Wolff sieht die modernen Frauen als Göttinnen und Hausmütterchen zugleich.

Immer mehr Frauen begannen trotz aller Anfeindungen eigenständige Karrieren zu verfolgen. Eine davon war die Baltendeutsche Laura Mohr, die sich der skandinavischen Mode entsprechend Laura Marholm nannte. Ihr Leben und Werk kann als Fallstudie für die komplexe Geistesgeschichte des Fin de siècle gelesen werden. Auf dem Höhepunkt ihres Ruhms 1895 gehörte sie zu den bekanntesten und streitbarsten Publizistinnen deutscher Sprache. Ihre Thesen zur Frauenemanzipation, die sie mit polemischer Schärfe vortrug, polarisierten. Sie wurden längst nicht von allen gutgeheißen, aber gerade darin bestand die Geschäftsgrundlage der Provokateurin Marholm, die keinem Krawall aus dem Wege ging. Typisch weibliche Tugenden wie Bescheidenheit und Zurückhaltung gehörten hingegen nicht zu ihren hervorstechendsten Charaktereigenschaften.[11]

Die Schriftstellerkollegin Hulda Garborg fühlte sich in ihrer Anwesenheit immer wie taubstumm, so als wäre sie gar nicht da: «Sie war füllig und sehr elegant und sprach viel und laut und füllte unsere kleinen Zimmer so ziemlich aus», erinnerte sie sich. Während sie selbst zusammen mit den anderen Frauen in einer Ecke des Salons saß, setzte sich Laura Marholm wie selbstverständlich in die Männerrunde. Auch unter Berliner Literaten war sie keineswegs auf den Mund gefallen: «Frau Marholm nahm am Tisch viel Platz ein und gab in der Diskussion oft den Ton an. Hinter ihr saß Ola Hansson, klein und zart.»[12]

Ola Hansson, das war ihr Ehemann, auf den sie lange gewartet hatte. Bevor sie sich zum ersten Mal trafen, hatte Marholm eine Rezension seines Skandalromans *Sensitiva amorosa* veröffentlicht. Lobend hatte sie hervorgehoben, dass es Hansson wie kaum einem anderen gelungen sei, «für das geheimnisvolle Wesen der Liebe die schmiegsamen Worte zu finden».[13] Bald schon wurden die beiden einander im Haus des Literaturkritikers Georg Brandes vorgestellt.

Doch die Unterhaltung bei diesem ersten Zusammentreffen stockt immer wieder. Laura spricht nur ein paar Brocken Dänisch, nicht aber Schwedisch, und Hansson nur wenig Deutsch. Nach dem Essen ziehen sich die Männer und die Frauen in je ein getrenntes Zimmer zurück. Sie glaubt einen schlechten Eindruck bei ihm hinterlassen zu haben. Vielleicht hat er sie als allzu hässlich empfunden, fragt sie sich. Aber nach acht Tagen kommt ein Brief des gutaussehenden jungen Mannes. Sie freut sich und räsoniert, dass er keineswegs so schwächlich sei, wie sein Roman vermuten ließ …

Lange Jahre war Laura Marholm unfreiwillig alleinstehend gewesen. Längst hatte sie das Alter überschritten, in dem Frauen üblicherweise heirateten, nun drohte sie definitiv eine alte Jungfer zu werden. Doch ihre Flirts führten immer zu Enttäuschungen. Warum das wohl so sei, fragte sie sich, an ihr könne es doch nicht liegen: «Ich bin für leidenschaftliche und beherzte Kämpfe, für Hilfeleistung und das Gewinnen von Freunden geschaffen – und bin ganz allein.» In ihrer Verzweiflung fragte sie einen Bekannten brieflich an, ob er ihr einen Mann vermitteln könne. Einer, der sich nach einer starken Hand und einem starken Herzen sehne. Denn: «Meine Stärke verdoppelt sich, wenn ich einen anderen Menschen stützen und ermutigen kann – man ist eben eine Frau». Trotzdem war sie nicht geneigt, alle Ansprüche an ihren zukünftigen Ehemann fahren zu lassen: «Wer sich aber starken Frauen anschließt, gehört oft zu den elendesten Wichten, und ich bin als Krankenhaus noch zu gesund.»[14]

Bald nach ihrem ersten Treffen reisen Laura Marholm und Ola Hansson gemeinsam für drei Wochen auf die schwedische Schäreninsel Koster nördlich von Göteborg. Definitiv näher kommen sie sich auf ihrer Weiterreise nach Norwegen. Sie entschließen sich zu heiraten, ein später Triumph für Laura Marholm: Zum Zeitpunkt der Heirat ist sie 35 Jahre alt, ihr Ehemann, von ihr zärtlich «Olinka» genannt, 29. Einige Zeit später bringt sie einen kleinen Jungen zur Welt. Im November 1891 zieht die Kleinfamilie in ein gründerzeitliches Haus an der Lindenallee 20 in Friedrichshagen bei Berlin um. Sie sind in guter Gesellschaft. In der Nähe leben auch die Schriftsteller und Bohemiens Heinrich und Julius Hart, Erich Mühsam und, im nahe gelegenen Erkner, Gerhart Hauptmann. Auch dank der direkten Bahnverbindung nach Berlin entwickelte sich das idyllisch am Müggelsee gelegene Friedrichshagen in diesen Jahren zu einem bevorzugten Aussteigerort – zu einem «Klein-Weimar für moderne Geister», wie Julius Hart es unbescheiden nannte. Bis im April 1893, als sie Friedrichshagen wieder verlassen, empfangen Laura Marholm und Ola Hansson in ihrer Wohnung zahlreiche Gäste.

Denen fällt sofort auf, in welch einer ungewöhnlichen, jedoch nahezu symbiotischen Beziehung die beiden leben. Im Hause Marholm-Hansson scheinen die Geschlechterrollen umgedreht zu sein: Sie verkörpert das männliche Prinzip in der Ehe, er das weibliche. Sie ist laut, fordernd und körperlich füllig – der nie diplomatische Przybyszewski schreibt «hässlich» –, er ist ein sensitiver und nervöser Typ von «feiner, zarter, geistreicher Gestalt». Seine «Mädchenhaftigkeit» irritiert ebenso wie ihre «männliche Massivität», zu der ihre «derbe Beredsamkeit» kommt. Auch die Rollenverteilung im Haushalt entspricht nicht dem Standard. Zwar übernimmt sie viele praktische Aufgaben für den Ruhebedürftigen, nicht aber die Hausarbeit und das Kochen. Dafür lässt ihre publizistische Tätigkeit ihr keine Zeit. Ohne das Dienstmädchen kommt das Paar kaum zurecht.[15]

«Ola dichtete, Laura dachte – er war Gefühl, sie Kopf und Verstand», resümierte Julius Hart und fuhr fort: «Sie schrieb Essays, gelehrte Abhandlungen und kämpfte als streitbare Amazone für die neuen Rechte der neuen Frau, verwaltete mit klugen geschäftlichen Sinnen die gemeinsamen literarischen Familienangelegenheiten. Höchst ehrgeizig stand sie puffend und in die Rippen stoßend hinter dem Gatten und war wohl nach Friedrichshagen zur ‹Kolonie› gekommen, um uns alle zu verpflichten und in Eid und Dienst zu nehmen, dass wir die Ruhmesleiter zimmerten, auf der der Gatte endlich zu dem Himmel aufsteigen konnte, wo einstweilen noch Björnson, Ibsen thronten.»[16] Also bleibt selbst bei so einem unkonventionellen Paar wie bei Laura Marholm und Ola Hansson die Geschlechterhierarchie erhalten. Er ist der Dichter, und sie stellt sich vorbehaltlos in seinen Dienst. Sein Ruhm sei bloß eine Frage der Zeit, versichert sie ihrem zweifelnden Ehemann. Spätestens wenn er «von Alter bemoost» sei, werde sein Genie von der neu herangewachsenen Generation verstanden werden. Jetzt sei es noch zu früh, denn «das große und echte Talent ist immer ein Wildling, ein Einsamer, ein Missverstandener».[17]

Der 1860 in eine schonische Bauernfamilie geborene Ola Hansson war 1880 mit einem Gedichtband erstmals in Erscheinung getreten. Sein 1887 erschienener Décadence-Roman *Sensitiva amorosa* rief in der schwedischen Presse einen Sturm der Entrüstung hervor: *Aftonbladet* bezeichnete das «ekelhafte und freche Selbstbekenntnis» als «eines der schändlichsten Produkte einer entarteten Phantasie, das ein an Unsittlichkeit verdienender Verleger ans Tageslicht gebracht hat», *Göteborgs Posten* als «literarischen Schandfleck», und auch *Göteborgs Handels- och Sjöfartstidning* schloss sich der einmütigen Zurückweisung des Werks an: «Etwas vom gleichzeitig Krankhaftesten und Abstoßendsten, das eine schwedische Feder bisher geboten hat».[18]

Das schmale Bändchen, das die Gemüter so in Wallung gebracht hat, besticht nicht etwa durch die Beschreibung von Ausschweifungen oder wollüstigen Liebesszenen. Auf der Ebene des real Geschilderten gibt es wenig Explizites. Eher im Gegenteil, Ola Hanssons Figuren scheuen vor der Liebe und der Sexualität zurück. Nie lassen sie zu, dass Gefühle Macht über sie gewinnen. Ihr Leben ist von Ekel bestimmt. Obschon sie selbst unter ihrem distanzierten Verhalten leiden, bringen sie die Kraft nicht auf, sich ihren Mitmenschen teilnahmsvoll zuzuwenden: «Mir war sehr wohl bewusst, wie kalt meine Gefühle und Sinne dieser Liebe gegenüber waren, aber sie wusste in meiner Zärtlichkeit mehr zu finden, als es darin gab.»[19]

Hansson schreibt in der französischen Tradition der Décadence mit einer fast unheimlich anmutenden Kälte. Trostloser als in seiner Schilderung haben in der Literatur wohl noch nie zuvor ein Mann und eine Frau zusammengefunden: Wie zwei «läufige Katzen» streichen sie umeinander; der Erzähler kann nur Widerwillen empfinden «beim Anblick dieses schmutzigen und lächerlichen Spiels». Als dann, wie er ironisch schreibt, «das großartige Glück und die Erfüllung, die in dem erbärmlichen Paarungsakt liegen» erreicht sind, bleibt kaum etwas zurück. «In neunundneunzig von hundert Fällen sieht man sich, früher oder später, einem Geschöpf gegenüber, das man nie zuvor gesehen und nach dessen Bekanntschaft oder Besitz man sich weit weniger gesehnt hat.»[20]

Das vorherrschende Gefühl des Erzählers ist eine unhintergehbare Lebensangst, die ihn wie in «einem rauschenden Wasserwirbel» in den Abgrund zieht. Daher wird er selbst nie aktiv und genießt die Frauen am liebsten als Flaneur aus der Ferne. Tunlichst vermeidet er es mit ihnen zu sprechen, weil dann ihre Stupidität hervorstechen würde. Kaum je kann er sich zu einer Handlung durchringen, lieber bleibt er ein passiver Beobachter: Auf dem Oberdeck eines Schiffs auf dem Vierwaldstättersee – Hansson verwertet hier die Eindrücke, die er auf einer Schweizreise gewonnen hat – schaut er einem turtelnden jungen Paar zu. Er stellt sich vor, wie «abends, wenn sie zu Bett gegangen sind und es im Hotel still geworden ist» sie sich in «angstvollem Ekel» krümmt, «wartend auf den Augenblick, da sie sein kaltes, weiches Gesicht wie einen klebrigen Wurm auf ihrem spüren wird und seine tastende, zitternde Hand …». Der Erzähler malt sich aus, wie sich in wenigen Jahren schon zwei Kummerfalten um ihren jetzt noch lachenden Mund gebildet haben werden. In Vitznau geht das Paar vom Schiff, um mit der Zahnradbahn auf die Rigi zu fahren. Hier werden sie am nächsten Morgen gemeinsam den Sonnenaufgang ansehen.

Und er selbst kann, als er diesen Gedanken fasst, nur Grauen empfinden.[21]

Die «Sensitiva amorosa», schreibt Hansson, wachse als eigenartige Pflanze aus dem «überkultivierten Boden der modernen Gesellschaft»; ihre Blütenblätter seien mit morbiden Ölen gefüllt und ihr Duft von einer kränklichen Süße. Mit der Kälte und Genauigkeit eines Naturwissenschaftlers untersucht er auch ihre absonderlichsten Knospen und Blätter, mit anderen Worten: ihre Perversionen oder Widernatürlichkeiten. Eine davon ist die Homosexualität. Wie in einer Haftungsausschlusserklärung nennt er sie zunächst eine Abscheulichkeit, um sie in der Folge deutlich positiver zu bewerten. Das Gefühl der gleichgeschlechtlichen Liebe habe nichts mit einer «ordinären Sinnlichkeit» zu tun, vielmehr sei es «etwas ganz anderes und Tieferes als Freundschaft». Ganz ähnlich bewertet er eine Verliebtheit eines Mannes zu einem vierzehnjährigen Kind. Auch diese ist für ihn nicht einfach «roher oder unnatürlicher Geschlechtstrieb», sondern sei am ehesten mit dem «Gefühl der eifersüchtigen Zärtlichkeit» zu vergleichen.[22] Im repressiven Klima der wilhelminischen Gesellschaft waren solche Aussagen weit jenseits dessen, was dem Publikum vermittelbar war. Die entsprechenden Kapitel wurden daher für die Erstauflage des Buches in deutscher Sprache gestrichen.

Mehr noch als von der schlechten Aufnahme des Buches bei den Kritikern in Schweden fühlte sich Hansson davon betroffen, dass ihn seine Künstlerfreunde im Stich ließen. Kaum einer erhob die Stimme für ihn. Erst im Friedrichshagener Dichterkreis wurde er unter seinesgleichen aufgenommen und akzeptiert. Am meisten aber machte sich seine Ehefrau Laura Marholm um die Verbreitung seines Werks verdient. Sie übersetzte zwei seiner neuen Erzählungen und brachte sie um den Jahreswechsel 1889/90 in der deutschsprachigen *Petersburger Zeitung* unter. Nach dem Skandal von *Sensitiva amorosa* war an eine weitere Veröffentlichung in Schweden nicht zu denken. Daher erschien der folgende Erzählband *Parias* zuerst in

Deutschland. In ihm wendet sich Hansson wie andere Décadence-Autoren der universalen Frage zu, weswegen Menschen mit der sozialen Moral in Konflikt geraten und Verbrechen begehen. Sind es die Umstände oder ihre unzähmbaren triebhaften Anlagen? In mehreren eindringlichen Fallstudien schreibt Hansson, der dafür auch in Gerichtssälen recherchiert hatte, unter anderem über einen Brandstifter, einen Muttermörder, eine Kindsmörderin und eine «Geschlechtslose Venus». Als Letztere bezeichnet er eine Prostituierte, die als Kind vom Vater sexuell missbraucht worden war. Sie lässt den Geschlechtsverkehr wie beiläufig über sich ergehen, da sie dabei keine Empfindung mehr hat, also wie geschlechtslos geworden ist.[23]

Dass sich Laura Marholm so stark für das Werk ihres Ehemanns ins Zeug legte, hatte auch einen intellektuellen Hintergrund. Die von ihr postulierte Genialität Ola Hanssons untermauerte nämlich ihre These über die unterschiedlichen Fähigkeiten von Mann und Frau. In einem Artikel in der *Freien Bühne für modernes Leben* legt sie im März 1890 dar, dass im Zuge einer «unglücklichen socialen Entwicklung» in Skandinavien das Verhältnis der Geschlechter zueinander «asketisch verstümpert, ästhetisch verlogen und moralisch verbildet worden» sei. Frauen könnten allenfalls «beinahe» gute Schriftstellerinnen sein, aber trotzdem sei eine Tatsache nicht zu bestreiten: «Alle wirkliche Dichtung ist Männerdichtung; und das centrale Moment aller großen Dichtung ist das Weib.»[24] Ein paar Monate später legt sie noch polemischer nach (falls dies überhaupt möglich ist): «[Die Frauenbewegung] ist nicht von den Frauen ausgegangen, so wenig wie jemals eine erste Initiative. Sie ist aus Suggestionen entsprungen, die einige Männerköpfe den Frauen gegeben haben, denn das Weib im Ganzen formt sich immer nach den Intentionen des Mannes und empfängt alle seine Impulse vom Mann.»[25]

Diese Sätze, die wahrscheinlich durch ihre Neigung zu Zuspitzung und Krawall so scharf ausgefallen sind, sind Laura Marholm von da an immer wieder um die Ohren gehauen worden. Kein Wunder, möchte man sagen. Aber ganz offensichtlich hat sie einen Nerv getroffen. Denn ihre steilen Thesen haben ein lebhaftes Echo zur Folge; bei der *Freien Bühne für modernes Leben* gehen zahlreiche Zuschriften ein, auch konstruktive. Der sozialdemokratische Autor Paul Ernst vertritt in seinem Aufsatz «Frauenfrage und sociale Frage» eine Gegenposition. Für ihn ist der bürgerliche Emanzipationsgedanke unsinnig, aber nicht die Emanzipation überhaupt. Die sozialen Bedingungen müssten sich ändern, nimmt er einen Gedanken der aktuellen Genderbewegung vorweg: Denn die Natur sei ein Produkt von «Erziehung, Abrichtung und Verbildung» – änderten sich Letztere, ändere sich auch die Natur der Geschlechter: «Die Arbeiterin ist tatsächlich schon emancipiert, nicht durch Bücher, Theaterstücke und Zeitungen, sondern durch die Macht der Productionsverhältnisse.»[26] Josepha Krzyzanowska, die zu dieser Zeit in Zürich Philosophie studiert und drei Jahre später ihr Doktorat erlangen wird, gibt zu bedenken, dass sich Frauen und Männer nirgendwo sozial ungezwungen und ohne sexuelle Spannung treffen könnten. Marholms Verächtlichmachung der Frauenemanzipation tritt sie entschieden entgegen. Nach ihrer Rückkehr nach Polen 1901 wird sie sich, auch als Dozentin an der Freien Polnischen Universität, für die Frauenbildung und die Emanzipation einsetzen.

Wilde Bauernfeste

Von welcher Seite man sich auch dem lieblichen Schliersee nähert, überall ist der freundliche Eindruck dieses stillen friedlichen Thales derselbe», stand in einem Reiseführer. «In malerischen Gruppen formieren sich die grünen Berge um denselben, reizend liegt das Gebirgsdorf an den lachenden Ufern des niedlichen See's.»[27] Dahin ziehen Laura Marholm und Ola Hansson 1893 nach ihrem Aufenthalt in Friedrichshagen bei Berlin. Als freischaffendes Schriftstellerpaar erleben sie hier ihre produktivsten Jahre. Marholm veröffentlicht «Das Buch der Frauen», in dem sie sechs Schriftstellerinnen porträtiert, im Verlag Albert Langen in München. Als ihr erfolgreichstes Werk wird es in mehrere Sprachen übersetzt und macht ihren Namen bekannt.

Warum gerade Schliersee? Die idyllische Lage am See im bayerischen Oberland mag ebenso dafür gesprochen haben wie die Nähe zur aufstrebenden Haupt- und Residenzstadt München. Auch touristisch hat Schliersee einiges zu bieten: Um die Jahrhundertwende promenieren elegante Damen und Herren mit Hüten und Sonnenschirmen entlang des Seeufers. Im Hintergrund sind auf einer zeitgenössischen Postkarte Kirche, Jugendstilpavillon und bescheidene Hafenanlagen zu erkennen. Auf dem See schaukelt ein mit zwei Personen besetztes Ruderboot. Die Motive, sich nach Schliersee zu begeben, waren damals ganz ähnlich wie heute: Es lockte die Erholung in der Natur, die frische Luft, aber auch die Möglichkeit zu sportlicher Betätigung beim Rudern, Bergsteigen und Fahrradfahren. Hermann Bahr, der 1896 ein paar Tage in Schliersee verbringt, fährt an einem Tag nach Miesbach und zurück, eine Tour von knapp 20 km. Später wird er auf dem Rad über Kufstein, Norditalien, Klagenfurt bis nach Wien zurückfahren, wo er nach einem Monat ankommt.[28] Franziska zu Reventlow zieht es mit ihrem Freund Such (Bogdan von Suchocki) in die Berge; die beiden machen eine Wendelsteintour, ein wildromantisches Abenteuer, wie sie in ihrem Tagebuch festhält: «Bis Schliersee gefahrn, von dort Birkenstein, Waldwiese, Glühwürmer, tiefster Traum. Das Wotanzeichen zur Erinnerung in den Baum – dann der dunkle Waldweg, wo plötzlich direkt neben uns ein junges Pferd wiehert und auf den Berg. Rast in der Mitte, Schlaf – dann bei wildem Regen weiter. Kuhtränke und Theekochen an einem Stein. – Um 3 Uhr aber nah an höchster Spitze, am Abhang geschlafen eine kurze Weile. Sonnenaufgang. Wolken drüber wie ein schwerer dunkler Vorhang, der sich allmählich hob. Die wundervolle Morgenfrühe unter lauter greulichen Touristengesichtern Toilette in der Kapelle, wo man die Tür aufreisst und bei unsrem Anblick rasch wieder zumacht. – Frühstück beim ersten Sonnenschein im Wendelsteinhaus.»[29]

Nicht einmal auf Kultur müssen Touristen in Schliersee verzichten. 1896 wird im Schlierseer Bauerntheater *S'Liserl von Schliersee* gegeben, eine Aufführung, die sich Frida Strindberg und Hermann Bahr nicht entgehen lassen. Allerdings findet er ihre Begleitung bald lästig, wie er seinem Tagebuch anvertraut: «Die Strindberg wird ekelhaft und abgeschüttelt.»[30] Sie veröffentlicht später in der *Wiener Abendpost* eine wohlwollende Besprechung des Stücks, das erzählt, wie der Hauptdarsteller Michael Dengg als gebrochener Mann aus dem Zuchthaus wiederkehrt, um nach einigen Wirrungen mit seinem Liserl Hochzeit zu feiern. Anna Gassner spielt das Liserl – auch im wahren Leben sind die beiden ein Paar.[31]

Die Aufführungen des 1892 gegründeten Schlierseer Bauerntheaters sind ein Spektakel. Das halbe Dorf macht mit, und diejenigen, die nicht mitmachen, sitzen zwischen Sommerfrischlern auf der Tribüne. Alle Rollen werden mit «Burschen und Diandls» der Umgegend besetzt; «brave, ehrliche Menschen und gesunde, kernfrische Kinder des bayerischen Hochlands», wie es in einer zeitgenössischen Beschreibung heißt. Viele von ihnen könnten sich mit den besten Berufsschauspielern messen oder diese dank der Kraft und Wildheit ihrer Bewegung sogar übertreffen. Die Musikanten, die das Stück begleiten, tragen Schlierseer Tracht und spielen «Landler». Aufgeführt werden altbayerische Dorfkomödien mit künstlerischem Anspruch. Denn, so merkwürdig dies vielleicht heute klingen mag: Das Schlierseer Bauerntheater war zu einer Zeit, als selbst die Freie Bühne in Berlin noch in den Kinderschuhen steckte, ein Projekt der kulturellen Erneuerung, ja der Avantgarde. Hier, in der Provinz des bayerischen Hochlands wurden realistische Volksstücke aufgeführt, die «eindringlicher als die farb- und charakterlosen Stücke pseudo-idealistischen Gepräges» wirkten, welche die Spielpläne der städtischen Bühnen beherrschten. Die Schwabinger Boheme bemerkte dies sehr wohl und ließ sich bei ihren eigenen Aktivitäten davon inspirieren.[32]

Gegen Ende des 19. Jahrhunderts war München anders als Paris oder Berlin noch weit davon entfernt, eine Großstadt zu sein. Wer wie der Maler Dietrich Langko 1895 von der Dachauer Schlossterrasse in Richtung München blickte, sah kaum mehr als Wälder und von Hecken umsäumte Felder mit ein paar Einzelhöfen. Nur in der Ferne zeichnete sich vor dem Hintergrund der Alpen die Silhouette der Stadt München mit ihren Kirchtürmen und einigen Industrieschornsteinen ab.[33] Doch die Stadt entwickelte sich rasant: Noch 1852 lag zwischen der Stadt München und der Gemeinde Schwabing, in deren ursprünglichem Ortsteil bei der Ursulakirche 1852 die Mehrzahl der rund 1600 Einwohner lebte, teils kultivierte, teils unkultivierte landwirtschaftliche Fläche. In den folgenden Jahrzehnten wurde diese nahezu vollständig überbaut. Sogar die Industrialisierung machte nicht vor Schwabing Halt: 1874 verließ die tausendste Lokomotive die Maschinenfabrik Maffei, was mit einem rauschenden Fest gefeiert wurde. Ab 1877 konnte man mit einer Pferdetrambahn nach Schwabing gelangen, deren teure Fahrtpreise sich hauptsächlich die bessergestellten Schichten leisten konnten. Noch vor der Stadt München führte Schwabing die elektrische Straßenbeleuchtung ein. Spätestens mit der Eingemeindung Schwabings in die Stadt München 1890 war aus dem rückständigen Bauerndorf ein quirliges Stadtquartier geworden – und genau hier, an diesem Brennpunkt der Modernisierung, wo lange Häuserfluchten an den Kreuzungen rechtwinklig aufeinandertrafen, wo die nun elektrische Straßenbahn quietschte, machte sich die Boheme breit. Nicht unbedingt in den herrschaftlichen Wohnungen mit ihrem vergleichsweise hohen Ausbaustandard, sondern in den Mansarden unter den Dächern, in den Cafés und in den Kulturkellern.[34]

Doch die Erinnerung an das ursprüngliche Bauerndorf Schwabing, in dem Buben mit Stecken ungestört Gänse über die noch fast verkehrsfreien und ungepflasterten Straßen getrieben hatten, reißt in der Boheme nie ab. Ab 1895 wird jedes Jahr im Festsaal der Schwabinger Brauerei die vom Verein Deutscher Kunst-Studierender organisierte Schwabinger Bauernkirta gefeiert. Die Besuchenden in Lederhosen und Dirndl strömen in die lange Festhalle. Noch nüchtern posieren sie in Gruppen vor dem Fotografen – die Belichtungszeiten der Kameras sind lang. Sie setzen sich auf die hölzernen Bänke, lassen sich deftige Speisen servieren, trinken ein oder mehrere Maß Bier, zotige Sprüche fliegen hin und her, lautes Gelächter, die ersten Paare wagen sich auf die Tanzfläche. Immer mehr Bier wird getrunken, die anfänglich noch etwas verhaltene Kapelle steigert sich zu immer neuen Höhepunkten, die Stimmung wird immer ausgelassener, die Luft stickiger, die nun schon seit Stunden Anwesenden immer euphorisierter. «Und nun entwickelt sich im Saal / Das wohlbekannte Bacchanal», reimte der bayerische Bonvivant und Dichter Ludwig Thoma. Längst folgt der Tanz nicht mehr irgendwelchen vordefinierten Regeln: «Man jauchzt besessen, schreit und stampft, / Man lacht und brüllt und schwitzt und dampft.»[35]

Um zu ermessen, wie unbürgerlich-ekstatisch eine solche Karnevalfeier war, ist es hilfreich, sich als Kontrast eine Tanzveranstaltung für gut erzogene Töchter und Söhne vor Augen zu halten. Diese verlief deutlich steifer, wie wiederum Ludwig Thoma festhält: «Beim Walzer hält man sich manierlich, / Nie leidenschaftlich, immer zierlich.» Sinnenfreude hat auf so einer Pflichtveranstaltung nichts zu suchen, dafür ist der Anlass zu ernst. Alle wissen, dass es eigentlich um die weiterführenden Absichten, um die Zukunft selbst geht. Doch niemand lässt sich dies gegen außen anmerken:

Die Mädchen sind bloß «heimzuführen»
Und deshalb ausgestellt. Berühren
Darf sie der Käufer hinterdrein.
So ist 's reell und sittenrein.[36]

Die Bauernfeste hingegen sind ein derb-sinnliches Vergnügen. Der junge Landmann fasst einem Mädel, das ihm gefällt, schon mal an den Hintern: «Hier prüft man erst den Vorgeschmack / Und kauft die Katze nicht im Sack.» Diese lässt sich das gerne gefallen, was sie mit einem Lachen kundtut.

Auf den Festen der Schwabinger Boheme, fährt Thoma in seinem Gedicht fort, gehe es sehr ähnlich zu wie auf dem Bauernball, allerdings mit einem entscheidenden Unterschied: Das Künstlervolk denke «ehebundsbedürfnislos». Es gibt sie zwar auch, die weitergehenden Absichten, aber weiter als bis zum nächsten Morgen gehen sie nicht. Der Tanzpartner eines Malweibs im Reformkostüm bemerkt, als er mit ihr im wilden Walzer über das Parkett wirbelt: «Wie nett! / Das Mädel trägt ja kein Korsett!» Im Morgendämmer schleichen die beiden, die sich gefunden haben, durch Schwabing. Sie stehen erst vor dem Haus, und steigen dann hinauf in den vierten Stock ins Atelier – und in diesem finden sie «ein schmales Bett». Das Gedicht endet … mit einem Höhepunkt.

In der Münchner Festkultur lief es nicht immer, aber doch häufig auf ein sexuelles Abenteuer hinaus. Das kann man als Ausdruck rein privater Lustbefriedigung verstehen, die am frühen Morgen nach einer langen Nacht endlich Erlösung findet. Aber es ist mehr als das. Die private Entscheidung eines Paars ist eigentlich ein Akt des Widerstands. Die Widerständigkeit richtet sich gegen die Obrigkeit, gegen die Genormtheit des Lebens, gegen die Wirklichkeit an sich. Daher auch die Vorliebe für das Zwielichtige, Dubiose, Kriminelle. In der Kunstschule Phalanx wurde 1902 der Verbrecher-Ball mit Losungswort «Einbruch ist Kein-Bruch» gefeiert: «Neben den zahlreichen als Dirnen und Zuhältern verkleideten Gästen, gibt es auch, wie ein Journalist berichtet, einige literarische Schwerverbrecher, die nichts als ihre Gesammelten Werke verbrochen haben.»[37]

Beim Karneval haben alle die Freiheit, eine neue Identität anzunehmen: Bauernmädel, Göttin, Pierrot, Gaukler und Teufel. Sogar die Geschlechtergrenzen sind nicht fix: Männer werden Frauen,

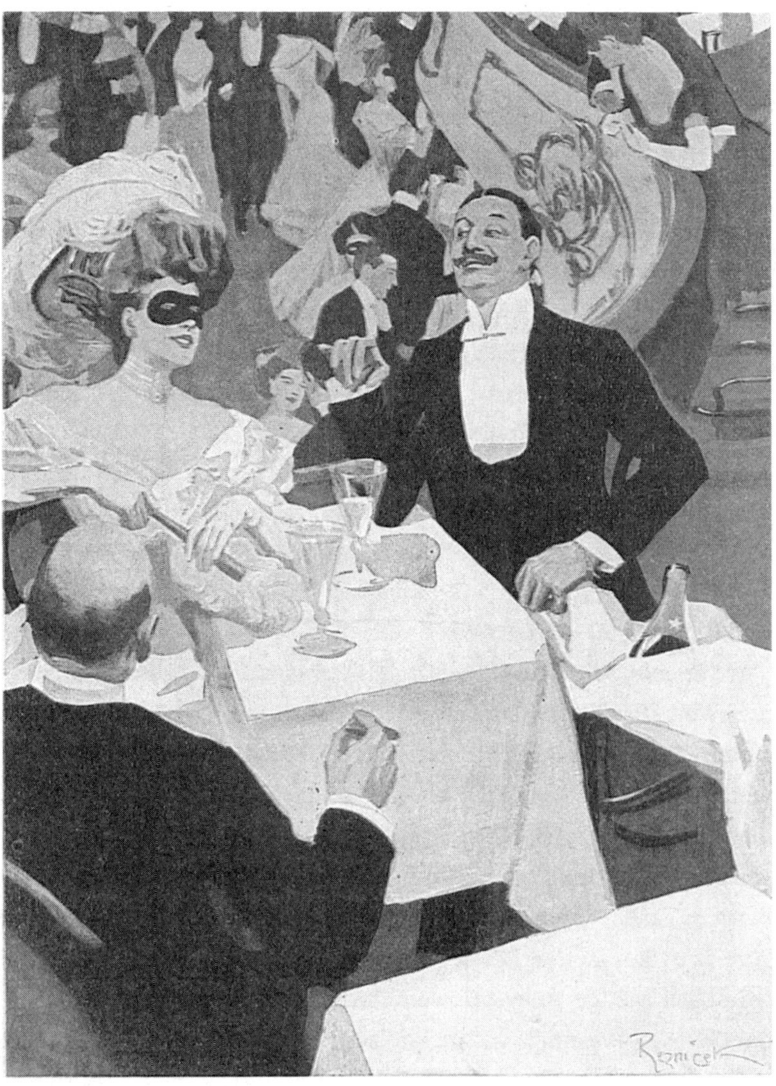

«Mildernde Umstände»: Der «Edelerotiker» des *Simplicissimus* Ferdinand von Reznicek bildet eine Münchner Ballszene ab.

Frauen werden Männer, und gemeinsam sind sie in wilder Lust aufeinander verbunden. Auf dem Plakat zum Gauklertag von 1907 wird dies deutlich: Ein rauchender Teufel in Legionärssandalen mit wilden Sporen, mit Bart und Helm, Rock und Schwanz, zieht eine barbusige Dame mit bis über die Ellbogen reichenden Handschuhen an einem Seil. Ihre eleganten Schuhe hat sie auf seine Wadenbeine gelegt und stößt in ein Waldhorn.[38] Doch diese erotische Anziehung konnte unter dem Einfluss des Alkohols auch fehlgeleitet werden, wie eine Karikatur von Ferdinand von Reznicek im *Simplicissimus* klarmacht. Auf ihr sitzen zwei Herren im Smoking mit einer Dame, die ein Kleid mit einem tiefen V-Ausschnitt trägt, an einem Tischchen. Vor sich haben sie aparte Champagnergläser stehen. Der eine sagt zum anderen: «Das letztemal war ich tatsächlich so besoffen, dass ich mit meiner eigenen Frau nach Hause gegangen bin.» Der Titel dieser süßlichen Genreszene: «Mildernde Umstände».[39] Nicht selten aber fanden die richtigen zwei zusammen. Im Januar 1909 notiert Franziska zu Reventlow kurz und bündig in ihr Tagebuch: «Gauklerball. Mosley mich heimbegleitet und bei mir gefrühstückt.»[40]

München, die freieste Stadt Deutschlands. Auch Frida Strindberg schließt sich dieser oft wiederholten Auffassung an. Nachdem sie ihren Ehemann in Paris verlassen hat, ist sie nach einem Abstecher nach Berlin in München gelandet. Sogleich stürzt sie sich in das Leben der Boheme. Als freischaffende Kulturjournalistin veröffentlicht sie Artikel zu den unterschiedlichsten Themen; sie besucht Theaterpremieren und Kunstausstellungen. In einem längeren Artikel in der *Wiener Rundschau* singt sie ein Loblied auf München, wo das «naivste, toleranteste und lebenslustigste Völklein der Welt» lebe. Anders als im «hölzernen Deutschland», das durch Wissen, Moral und Wollen unbeugsam sei, floriere in München das frohe künstlerische Schaffen. Sogar die jungen Frauen seien hier befreiter. Nie oder «wenigstens selten» sündigten sie wider ihre bessere Überzeugung. Leichtsinnig wie die Wienerinnen würden sie sich austoben, um danach «gute Mütter frischer, hübscher und gesunder Kinder» zu werden.[41] Doch am entscheidendsten ist für sie die Liberalität in der Lebensführung: «München hat stets nur eine

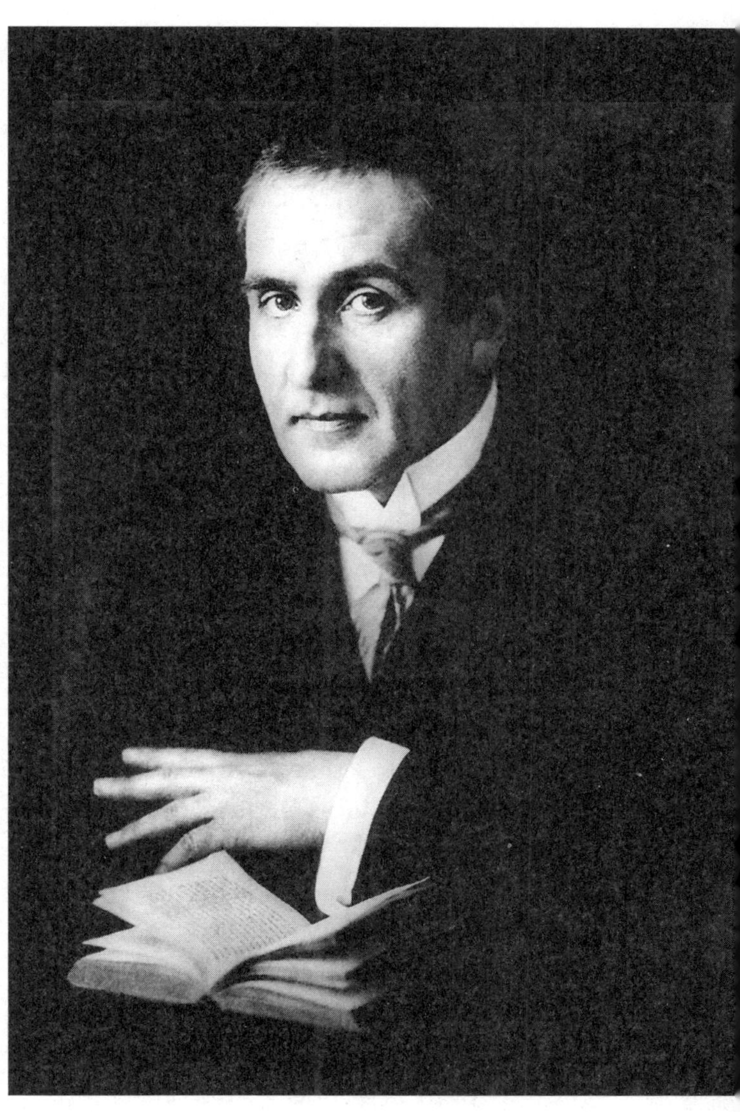

Der Dichter Frank Wedekind ist häufig in den Münchner Cafés anzutreffen. In seinen Gedichten geht es im Gestus der Distanziertheit, Mitleidlosigkeit und Kälte um eine Aufwertung des Amoralischen, das sich gegen alles Spießbürgerliche wendet.

Kunst besessen, die Kunst zu leben, sich auszuleben, frei und rückhaltlos nach jeder Richtung hin.»[42]

Frida Strindberg fühlt sich in München an Paris erinnert, in beiden Städten erkennt sie einen Hang zur leichten Muse und zum Varieté. Das neu erbaute Schwabing erscheint wie eine etwas behäbigere Kopie des Montmartre; das 1901 gegründete Kabarett «Die Elf Scharfrichter» ist dem Pariser Chat Noir nachempfunden. Als Entwicklungshelferin für das entstehende deutsche Kabarett agiert die Grande Dame des französischen Chansons Yvette Guilbert. Auf ihrer erfolgreichen Deutschlandtournee «Montmartre en Ballade» trägt sie das Dirnenlied *Rosa la Rouge* über vier Studenten, die alle das gleiche Mädchen lieben, mit deutschem Text vor.

Auch der extravagante Mann, den Frida Strindberg in München kennenlernt, weist einschlägige Paris-Erfahrung auf. Frank Wedekind, der von 1891 bis 1894 dort lebte, bewegte sich in den exzentrischen Kreisen der Boheme. Er liebt den Tingeltangel und die handfeste Erotik der Halbwelt. Unstetig, gehetzt, fasziniert von den unendlichen Möglichkeiten der Großstadt kostet er das Leben aus und besucht die einschlägigen Cabarets, Varietés und Revuen. Seine dortigen Erfahrungen inspirieren ihn zu eigenen Texten, so zum Jugenddrama *Frühlings Erwachen*, dessen deutsche Uraufführung aufgrund des skandalösen Inhalts noch Jahre auf sich warten lassen wird. Auch tritt Wedekind als Dichter erotischer Verse selbst auf die Bühne. Neben seinem verschwenderischen Lebensstil sind seine zahlreichen Geliebten aus dem Rotlichtmilieu ein Grund für seine ständigen finanziellen Engpässe. Ständig pumpt er mit leicht vorwurfsvollen Bettelbriefen seine Geschwister um Geld an. Sobald weitergehende Liebesgefühle seitens der gerade aktuellen jungen Frau die unbeschwerte Affäre belasten, erlahmt sein Interesse. Brüsk und verletzend wendet er sich dann ab – eine Erfahrung, die auch Frida Strindberg bald machen wird.

In München, wohin er nach enttäuschenden, weil erfolglosen Aufenthalten in Berlin und Zürich im Jahr 1896 gelangt, ist Wedekind mit seinen Lackschuhen, die er zu einer gelbkarierten Pepitahose und einem grauen Gehrock trägt, schnell als elegante snobistische Erscheinung stadtbekannt. Sein Kneifer hängt an einer Schnur. Wie schon in Paris verbringt Wedekind viel Zeit in den Kneipen; fast täglich ist er im Café Stefanie oder im Café Luitpold anzutreffen. Ohne Erfolg engagiert er sich für eine Bühne, auf der nach französischem Vorbild Couplets vorgetragen werden sollen.[43] Ein junger, etwas arroganter Dichter also, eine auffällige Erscheinung, der einen frischen Ton anschlägt, jedoch bislang ausschließlich Misserfolge produziert hat. Ihn ein hoffnungsvolles Talent zu nennen, wäre schon fast übertrieben. In dieser Situation bietet Frida Strindberg an, ihm zur Seite zu stehen. Er nimmt das Angebot dankbar an, aber letztlich ist es für ihn kaum mehr als eine weitere Affäre. Strindberg begleitet ihn nach Berlin, um eine Aufführung seiner Komödie *Die junge Welt* in die Wege zu leiten. Das gelingt nicht, der erneute Misserfolg zerrt an Wedekinds Nerven.

Als Frida Strindberg ihre Schwangerschaft bemerkt, ist ihre Beziehung mit dem werdenden Kindsvater längst zerrüttet. Wedekind kümmert sich kaum um die Schwangere. Seiner Mutter schreibt er: «Ich würde sie auch niemals heiraten, so wenig wie sie mich. Wir haben einander gründlich satt gekriegt. Sie hat mich schon geliebt, aber durch ihre ungeheure Dummheit nicht wenig zu den Missgeschicken beigetragen, die in Berlin meine dortigen Aussichten zu Wasser werden ließen.»[44] Wedekind hat zu diesem Zeitpunkt bereits eine andere Affäre am Laufen, pikanterweise mit der Ehefrau eines Theaterfreundes, die ihm sehnsüchtige Briefe schreibt. «Wie tief ich wieder in Weiberconflicten stecke», beklagt er sich bei einem Bekannten.[45]

Als am 8. August 1897 Fridas Sohn Max Friedrich Strindberg geboren wird, ist weder der leibliche Vater noch der Namensgeber mit dabei. Somit hat Frida Strindberg zwei Kinder von zwei aufsteigenden Autoren, die den Gipfel ihres Ruhms erst noch erreichen werden – und beide lassen sie weitgehend allein. Ihren Stolz verliert sie deswegen nicht. Ein Ausschnitt aus ihrer Theaterbesprechung zu Bjørnstjerne Bjørnsons *Johanna* könnte auf ihr eigenes Leben gemünzt sein: «Kein Mensch hat das Recht, sich selbst untreu zu werden, und einem anderen treu zu sein. Noch weniger aber hat er das Recht, diesem andern zur lähmenden Last zu werden, die ihn niederzieht in die Tiefe.»[46] Frida Strindberg will wirklich niemandem zur Last fallen – sie schlägt sich als Alleinerziehende durch. Immerhin kann sie auf die Hilfe ihrer Eltern und der Verwandtschaft zählen, um die Kinder durchzubringen. Dabei freundet sie sich mit Franziska zu Reventlow an, die in einer ähnlichen Situation steckt und für die, wie wir bald erfahren werden, die alleinerziehende Mutter sogar das Idealbild der Frau ist.

Frank Wedekind tritt unterdessen als Satiriker und als Bänkelsänger von Gnaden mit eigenen Texten auf. Anders als der naturalistische Aristide Bruant, den er im Montmartre auf der Bühne gesehen hat, interessiert sich Wedekind nicht für das soziale Drama; ihm geht es im Gestus der Distanziertheit, Mitleidlosigkeit und Kälte um eine intellektuelle Analyse – und um eine Aufwertung des Amoralischen, das sich gegen alles Spießbürgerliche wendet. Exemplarisch zeigt sich das an *Brigitte B.*, einer seiner bekanntesten Balladen, die er mit seiner schneidenden Stimme nach der Melodie eines alten Volkslieds vorträgt. Wie bei einer Verbrecherin ist der Nachname des titelgebenden Dienstmädchens mit B. abgekürzt – was schon seine Berechtigung hat, wie die Zuhörenden im Lauf der Ballade erfahren. Brigitte kommt in jungen Jahren nach Baden in einen bürgerlichen Haushalt; die Dame ist schon ein wenig älter, der Herr ein höherer Angestellter der königlichen Eisenbahn. Auf dem Weg zu einer Besorgung in der Stadt trifft das sexuell unerfahrene Mädchen ein «Individuum» und gibt sich ihm, wie es ohne weitere Erklärung heißt, unmittelbar aus Mitleid hin. Damit ist die Geschichte aber nicht beendet:

Und als die Herrschaft dann um Pfingsten
Ausflog mit dem Gesangverein,
Lud sie ihn ohne die geringsten
Bedenken abends zu sich ein.[47]

Das schamlose «Individuum» nutzt nicht nur die Gunst der Stunde, um mit dem ihm sexuell hörigen Dienstmädchen zu schlafen, sondern raubt auch gleich noch die Herrschaft aus. Der in weinerlicher, klagender Stimme vorgetragene Leierkasten-Refrain ist von schneidender Ironie; der Herzschmerz der Madame über den materiellen Verlust ist ebenso lächerlich wie Brigittes Tat. Ausschließlich das materiell orientierte Bürgertum kann darüber aufgebracht sein. Der Geldgier als Triebkraft des Bürgertums wird der Sexus als Triebkraft der niederen Schichten entgegengesetzt. Am Schluss des Chansons werden das Dienstmädchen Brigitte wie auch das «Individuum» gefangen, und, wie zu vermuten steht, ihrer gerechten Strafe zugeführt. Wir lachen, wo uns doch das Lachen im Halse stecken bleiben sollte.[48]

Noch viel deutlicher wird diese Ausrichtung in der Moritat vom Tantenmörder. Typisch für diese Art von Chanson steht ein Verbrecher vor seinem Richter, um sich zu erklären, zu rechtfertigen oder sich für seine begangene Tat zu entschuldigen. In der zynischen Version eines Wedekind ist der besagte Tantenmörder ausgesprochen brutal vorgegangen: «Ich stieß ihr den Dolch in die Därme, / Die Tante schnaufte nicht mehr.» In der Schlussstrophe rechnet der angeklagte Tantenmörder sein blühendes Leben mit demjenigen der alten, schwachen Tante auf:

Ich hab meine Tante geschlachtet,
Meine Tante war alt und schwach;
Ihr aber, o Richter, ihr trachtet
Meiner blühenden Jugend-Jugend nach.[49]

Und uns mitfühlendem Publikum tut es wirklich leid, dass dieser junge Mann für seine unbedachte Tat, die sich bestimmt aus seiner harten Kindheit erklärt, trotz seines aufrichtigen Bedauerns für lange Zeit hinter Gitter wandern muss – Ironie off, wir bedauern nicht. Denn der Täter zeigt nicht die geringsten Anzeichen von Reue. Mit einer Mischung von Kälte und Humor hat Wedekind diese brutale Tat zu einer antibürgerlichen wie auch antisozialen Groteske geformt.

Je nach Tat und Einstellung der Richter werden Delinquenten unterschiedlich hart bestraft. Nicht so im Kabarett «Die Elf Scharfrichter», das 1901 in München gegründet wird. Die Einheitsstrafe, die hier verhängt wird, ist die Exekution – und die auf der Bühne stehenden Scharfrichter in ihren blutverschmierten Kettenhemden und mit den schweren Henkersbeilen schreiten samt ihrer Henkersknechte höchstpersönlich zur Tat. Nicht umsonst tragen sie martialische Künstlernamen wie Dionysius Tod, Till Blut oder Kaspar Beil. Sie exekutieren die Heuchelei und Scheinmoral der bürgerlichen Gesellschaft. Um der Zensur zu entgehen, steht die als Club getarnte Kleinkunstbühne offiziell nur Mitgliedern offen. Im Gasthaus Zum Goldenen Hirschen haben sie dafür eine kleine Guckkastenbühne mit einem versenkbaren Orchester und einer Beleuchtungsanlage eingebaut. In der Mitte des Saals steht ein Schandpfahl, an dem Zensurbescheide angeheftet werden. Als Verzierung dient ein Philisterschädel mit Zopf und Richterperücke, in dem ein Beil steckt. «Erbauet ragt der schwarze Block / Wir richten scharf und herzlich / Blutrotes Herz, blutroter Rock / All unsre Lust ist schmerzlich», lautet das Motto der Elf Scharfrichter.[50]

Frank Wedekind steht den Elf Scharfrichtern anfänglich mit interessierter Ablehnung gegenüber. Obschon seine Moritaten hier bestens passen würden, mag er nicht dazugehören. Nach wie vor hat er die Absicht, sich als ernsthafter Dramatiker durchzusetzen. Als er sich wegen eines finanziellen Engpasses endlich doch zu einer Teilnahme bewegen lässt, bleibt ihm nur noch die Rolle eines

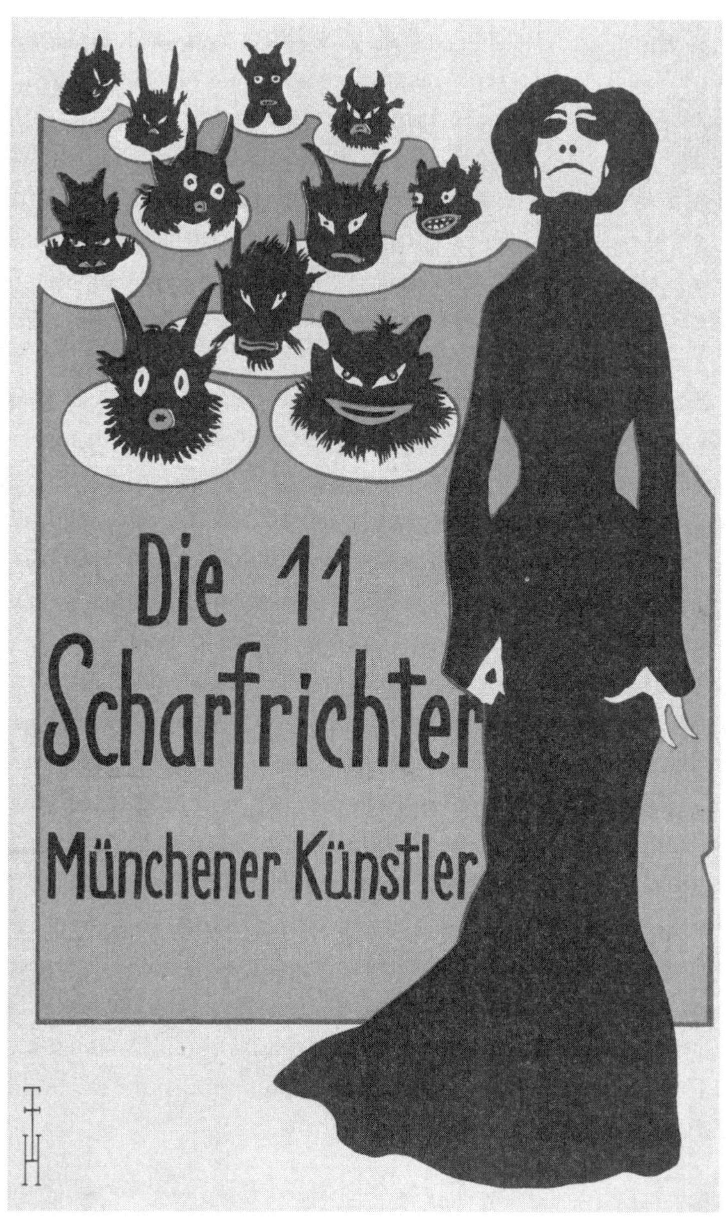

Als Star des Ensembles «Die Elf Scharfrichter» zelebriert Marya Delvard die Zerbrechlichkeit. Sie ist eine Femme fragile auf der Bühne, ein hinreißendes Opfer der Scharfrichter und ihrer Henkersknechte.

Henkerknechts – mehr als elf Scharfrichter darf es nämlich nicht geben. Und dieser Henkersknecht nennt sich «Frank Wedekind». Anders als alle anderen Ensemblemitglieder kann Wedekind dem ulkigen Scharfrichterspaß wenig abgewinnen. Dafür ist sein Vortragsstil schneidend wie ein Schwert, wie sich Heinrich Mann erinnert: «Die bebänderte Laute in schwerfälligen Händen, trat vor die schöne Welt jenes ästhetisierenden Zeitabschnitts, eine mit allen Wassern gewaschene Erscheinung von Gott weiß wo herbeigefahren in dieses bäurische Lokal.»[51]

Zum Star des Ensembles entwickelte sich die Sängerin Marya Delvard. Die dünne, groß gewachsene, rothaarige Frau, die in einem tiefvioletten, röhrenartigen Kleid auftritt, erinnert Max Halbe an die französische Diseuse Yvette Guilbert. «Auf einmal schwebte das kleine Theater in magischem Lilalicht, und wie aus ihrem Sarge aufgestiegen stand Marya Delvard vor dem fahlen Vorhang. Es wurde still wie in der Kirche, kein Teller klapperte mehr. So totenhaft wie auf den Abbildungen wirkte sie gerade nicht; immerhin hätte einem eine unverhoffte Begegnung mit ihr in der Einsamkeit ziemlichen Schrecken eingejagt. Sie war entsetzlich bleich; man dachte unwillkürlich an Sünde, vampirisch zehrende Grausamkeit und Tod.»[52] Mit ihrem tragisch-kapriziösen Vortragsstil zelebriert Marya Delvard die Zerbrechlichkeit – eine Femme fragile auf der Bühne, ein hinreißendes Opfer der Scharfrichter und ihrer Henkersknechte. Doch der Reiz ihrer morbiden Vorstellung liegt darin, dass sie die verruchtesten Texte singt. *Ilse* von Frank Wedekind, die Geschichte eines unschuldsvollen fünfzehnjährigen Mädchens, das die Freuden der körperlichen Liebe kennenlernt, ist ihr wie auf den Leib geschrieben:

Ich war ein Kind von fünfzehn Jahren,
Ein reines unschuldsvolles Kind,
Als ich zum erstenmal erfahren,
Wie süß der Liebe Freuden sind.

Er nahm mich um den Leib und lachte
Und flüsterte: O welch ein Glück!
Und dabei bog er sachte, sachte
Den Kopf mir auf das Pfühl zurück.

Seit jenem Tag lieb ich sie alle,
Des Lebens schönster Lenz ist mein;
Und wenn ich keinem mehr gefalle,
Dann will ich gern begraben sein.[53]

Im wahren Leben jedoch ist Marya Delvard längst nicht so verrucht wie die von ihr verkörperte Ilse. Sie lebt in ordentlicher Ehe mit dem gebürtigen Franzosen Marc Henry zusammen, der bereits im Pariser Chat Noir als Conférencier tätig war und bei den Elf Scharfrichtern unter dem Namen Balthasar Starr auftritt. Da sich dies aber für eine Kabarettsängerin nicht gehört, hält sie ihre Ehe vor der Öffentlichkeit geheim. Sie könnte ihrem Ruf schaden.

Unabhängige Frauen und Mutterrecht

Das entscheidende Problem der Ehe ist die Forderung nach der sexuellen Treue. Solche und ähnliche Sätze wurden in der Schwabinger Boheme oft formuliert, manchmal wie hingeworfen spielerisch, oft aber brachial-provokativ, mit Lust an der Übertretung. Personen wie Franziska zu Reventlow oder Erich Mühsam, die sie formulierten, probierten aus, wofür es zuvor weder Sprache noch Vorbilder gab. Sie erweiterten den Diskurs, nutzten das weite Experimentierfeld der Boheme, um andere Konzepte von Ehe, Mutterschaft und Kindererziehung zu entwickeln und nach ihnen zu leben. Indem sie ihr Privatleben nach eigenen Vorstellungen gestalteten, schufen sie sich eine eigene Identität in Opposition zur «verlogenen Gesellschaft», wie sich Franziska zu Reventlow ausdrückte.[54]

Trotzdem wäre es eine verkürzte Ansicht, dass sich einige wagemutige Personen drangemacht hätten, aus ihrer Nische heraus die gesellschaftliche Wirklichkeit zu ändern. Es war die Gesellschaft selbst, die nach Übertretung lechzte. Erotik und Sex waren überall präsent in den Köpfen, am meisten vielleicht in denjenigen der Sittenwächter. In einer Welt im Umbruch wurden exzentrische Persönlichkeiten wie Franziska zu Reventlow oder Oscar Wilde, die sich von gesellschaftlichen Konventionen frei gemacht hatten, an die Oberfläche der gesellschaftlichen Wahrnehmung gespült. Aufmerksam registriert von vielen, lebten sie aus, was andere sich nicht trauten. Doch damit sie ihre Rolle als öffentliche Projektionsfiguren in einer Zeit ausfüllen konnten, als es weder Talkshows noch Social Media gab, waren sie auf mediale Vermittlung angewiesen. Dafür sorgten neben der Tagespresse besonders illustrierte Zeitschriften, von denen 1896 in München mit der *Jugend* und dem *Simplicissimus* gleich zwei aus der Taufe gehoben wurden, die, in Konkurrenz zueinander stehend, den gesellschaftlichen Aufbruch doch gemeinsam verkörperten. Wöchentlich versorgten sie die Leserschaft mit spitzen Karikaturen, frechen Geschichten und freizügiger Poesie – immer an der Grenze des Erlaubten, und – wie die Verleger und Angestellten am eigenen Leib erfahren mussten – manchmal auch darüber hinaus. Skandale aber, diese Medienregel galt schon damals, erhöhen die Resonanz und steigern die Auflage.

Der *Simplicissimus* war vieles, aber ganz bestimmt nie ausgewogen und langweilig. Die zähnefletschende Bulldogge, die ihre Ketten gesprengt hatte, war ihr vom genialen Zeichner Thomas Theodor Heine geschaffenes Markenzeichen: Wehe, wenn sie losgelassen! In der aufwändig produzierten Zeitschrift wurde gegen den Obrigkeitsstaat, gegen die bürgerliche Selbstgefälligkeit, gegen jegliche Borniertheit angeschrieben und angezeichnet – mit Verve und Lust an der Provokation. Der Teufel höchstpersönlich führte hier die Feder: Auf einem weiteren Werbeplakat malt er mit seiner Schwanzspitze das letzte S von «Simplicissimus». Ein geschicktes

Selbstmarketing, das sogar fürs Merchandising taugte: Für 2 Mark pro Stück wurden die beiden Plakate – heute sind es sehr begehrte Sammlerstücke – auf den Anzeigenseiten der Hefte zum Verkauf annonciert.

Der passionierte Verleger Albert Langen hatte sein Handwerk autodidaktisch im Montmartre erlernt, wohin es den Spross einer reichen Kölner Familie, der wenig Lust auf eine bürgerliche Karriere verspürte, in jungen Jahren verschlagen hatte. Erste verlegerische Gehversuche machte er bereits da, doch seinen eigenen Verlag gründet er 1895 in München, wo eine geschäftige Aufbruchstimmung herrscht. Sein Ziel besteht darin, etwas Pariser Geist nach München zu tragen. Der *Simplicissimus* ist inspiriert von Pariser Zeitschriften wie *Gil Blas* und *Le Chat Noir*. Albert Langen bemüht sich sogar darum, den Zeichner Alexandre-Théophile Steinlen nach Schwabing zu lotsen; doch dieser mag seinen geliebten Montmartre nicht verlassen. Immerhin werden in den Anfangsjahren einige seiner Zeichnungen im *Simplicissimus* abgedruckt. Andere Zeichner wie Thomas Theodor Heine, der Edelerotiker Ferdinand von Reznicek (abgeworben vom Wiener *Kikeriki*), Eduard Thöny oder Olaf Gulbransson lassen sich hingegen schnell für die neue Illustrierte gewinnen, auch weil Langen dafür bekannt ist, hohe Honorare zu zahlen. Mit ihrem je eigenen Stil machen sie den *Simplicissimus* zu einer ebenso frechen wie hochwertigen Satirezeitschrift.

Mit viel Diplomatie kommt der Dandy-Verleger Langen auch mit übersensiblen Autoren wie Frank Wedekind zurecht. Dieser sieht sich, weil Zeichner grundsätzlich höhere Honorare erhalten als Autoren, häufig zurückgesetzt, was er in anklagenden und drohenden Briefen kundtut. Da er aber auf das Geld angewiesen ist und ihn Langen wortreich besänftigt, bewirken seine Drohungen wenig. Zähneknirschend schreibt er weiter für den *Simplicissimus*. Langen kann auch Richard Dehmel, der bei der Rückfahrt von seiner Italienreise in der Redaktion vorbeischaut, für eine Mitarbeit gewinnen. Schon im ersten Jahrgang der Zeitschrift wird dessen

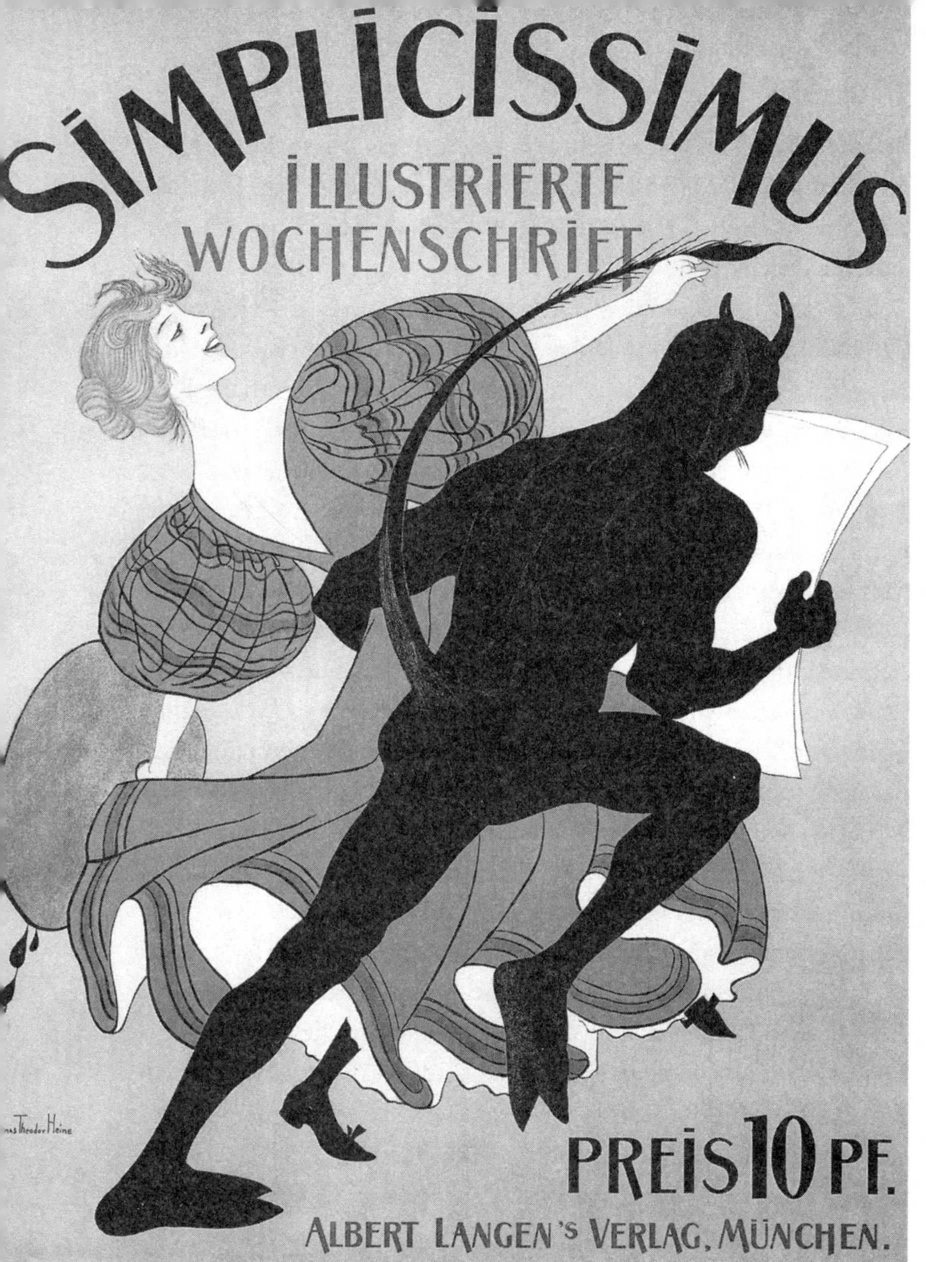

Der Teufel höchstpersönlich führt hier die Feder: Er malt im Werbeplakat von Thomas Theodor Heine das letzte S von «Simplicissimus».

Ballade *Der Arbeitsmann*, illustriert mit einer etwas rührseligen Zeichnung des schaffenden Paars mit Kleinkind, abgedruckt:

> Wir haben ein Bett, wir haben ein Kind,
> mein Weib!
> Wir haben auch Arbeit, und gar zu zweit,
> und haben die Sonne und Regen und Wind,
> und uns fehlt nur eine Kleinigkeit,
> um so frei zu sein, wie die Vögel sind:
> nur Zeit.[55]

Nicht zuletzt wegen seiner Heirat mit Dagny Bjørnson, der Tochter des norwegischen Autors Bjørnstjerne Bjørnson, ist Langen mit der skandinavischen Künstlerelite gut bekannt. Als erstes Werk in seinem eigenen Verlag veröffentlicht er *Mysterien* von Knut Hamsun – ein Buch, das dessen Hausverleger Samuel Fischer wegen vermuteter Unverkäuflichkeit abgelehnt hatte. Auch beim Verlag Albert Langen, dessen broschierte Bände sich dank der attraktiven Titelzeichnungen aus dem Sortiment hervorheben, entwickelt sich das Buch nicht zum Verkaufsschlager. Jedoch beweist der immer neu begeisterungsfähige Langen einen guten Riecher für angesagte Stoffe und Themen. Mit Émile Zola, Guy de Maupassant, Franziska zu Reventlow, Helene Böhlau und Ludwig Thoma sind nicht wenige darunter, die den intellektuellen Diskurs über die Themen der Boheme prägen.

Finanziell aber lebt der Verlag Albert Langen zu guten Teilen von der «pikanten Unterhaltung», insbesondere den Romanen des französischen Bestsellerautors Marcel Prévost. In seinen Büchern siegt am Schluss nach all den komplizierten Begehrlichkeiten, Liebesverwicklungen und Anzüglichkeiten stets die Moral. Der Spitzentitel hieß *Halbe Unschuld*, versehen mit einer galanten Umschlagszeichnung Thomas Theodor Heines. Der umsatzstärkste Verlagsautor aber war der schillernde Kunstsammler und Redakteur Eduard

Fuchs, der nicht nur in radikalen Streitschriften gegen den sozialdemokratischen Revisionismus anschrieb, sondern mit seiner dreibändigen *Geschichte der erotischen Kunst* (1908–1926) und seiner ebenfalls dreibändigen *Illustrierten Sittengeschichte vom Mittelalter bis in die Gegenwart* (1909–1912) mit einem massentauglichen Fokus in das elitäre Feld der Kunstkritik drängte. In seinen Texten verstecken sich manche Schlüpfrigkeiten im Gewand der historischen Gelehrsamkeit: «Der Mann auf der Höhe seiner Kraft liebt das Weib im Stadium seiner höchsten fraulichen Entfaltung, der Greis findet für seine verlebten Begierden den größten Reiz in der Unreife, ihn lockt der Busen, dessen Konturen sich erst leicht andeuten.»[56] Dies wird über die raffinierte Kultur des Absolutismus gesagt – gut vorstellbar, dass nicht wenige in einer Zeit der öffentlichen Prüderie den Text nach solchen «Stellen» durchsuchten, um sich davon erregen zu lassen.

Noch wichtiger aber waren die abgedruckten Bilder: In den Bänden wimmelt es von mehr oder weniger üppiger weiblicher Nacktheit; Frauen mit wogenden Busen und breiten Hintern – das in lasziver Pose auf einem Diwan *Ruhende Mädchen* von François Boucher sogar in Farbe! –, aber ebenso geifernde Alte, die sich über junge Mädchen hermachen. Die versammelten Pikanterien bedienen aus einer heterosexuellen Perspektive den Voyeurismus der (wohl eher männlichen) Leserschaft; sie zeugen von den erotischen Fantasien, die in der Gesellschaft schlummerten, aber nach der bürgerlichen Moral nicht offen ausgelebt werden durften.

Doch der jugendlich wirkende Langen, eine «Mischung von gallischer Flüssigkeit und Heiterkeit und deutschem Eigensinn», treibt es auch manchmal zu bunt.[57] Wegen eines drohenden Majestätsbeleidigungsverfahrens muss er 1898 unmittelbar nach der Premiere von Wedekinds *Erdgeist* im Münchner Schauspielhaus die Flucht ergreifen. Er lebt fortan in Paris, wo er, ungebeugt, wie er ist, es sich nicht nehmen lässt, eine französische Sondernummer des *Simplicissimus* auf den Markt zu werfen. Es stellt sich jedoch als schwierig heraus, den Verlag von Paris aus zu leiten – gemeinsame Redaktionskonferenzen im Hotel Baur au Lac in Zürich oder im Hotel Anker in Rorschach, die er organisiert, verlaufen ebenfalls unbefriedigend.

Fast unmerklich wächst Dagny Bjørnson in die Rolle als dynamische Verlegerin hinein. Ständig pendelt sie mit dem Fahrrad von ihrer Villa zum Verlagsgebäude und zurück. Bald hat sie sich einen Ruf als resolute und durchsetzungsfähige Chefin erarbeitet: Ihre manchmal harschen Urteile sind in der Redaktion des *Simplicissimus* geachtet und auch ein wenig gefürchtet. Ohnmächtig muss Albert Langen aus dem Ausland zuschauen, wie ihm der Einfluss langsam entgleitet. Im November 1898 schreibt er seiner Frau mitleidheischend: «Ich bin hier hilflos wie ein Vater mit gebundenen Händen, vor dessen Auge sein Kind ertrinkt, all dem gegenüber.» Viel mehr als Galgenhumor bleibt ihm nicht: «Ich habe das Gefühl, als verlangtest Du, dass ich Dir [meine Treue] in jedem Brief versichern müsste. Nicht wahr? Das ist aber unter meiner Würde, und ich mache Dir den Vorschlag, dass ich Dir jedesmal, wenn ich Dir nicht treu war, es Dir schreiben soll.»[58] Das Abseitsstehen empfindet Langen als fast schlimmer, als im Gefängnis zu sitzen – doch anders als seine ebenfalls angeklagten Mitarbeiter Frank Wedekind und Thomas Theodor Heine, die je mehrere Monate Festungshaft aufgebrummt erhalten, stellt er sich nicht freiwillig der Polizei.

Vier Jahre dauert sein Zwangsexil, bis ihm nach Bezahlung einer hohen Geldbuße erlaubt wird, nach München zurückzukehren. Doch viel Zeit wird dem ebenso umtriebigen wie legendären Verleger nicht bleiben: Mit nicht einmal vierzig Jahren stirbt er 1909 an einer Mittelohrentzündung, welche er sich holt, als er in seinem Wagen mit offenem Verdeck allzu lange einem Zeppelin-Luftschiff nachfährt.

Der Langen Verlag ist über den Tod des Verlegers hinaus ein Lebensquell der Schwabinger Boheme. Seine Honorare und Tantiemen ermöglichen vielen ein selbstbestimmtes Leben, so Franziska zu Reventlow, die zwischen 1897 und 1910 vierzig Bücher übersetzt – nicht pedantisch Satz um Satz, sondern schwungvoll kreativ mit mutigen Kürzungen und rasanten Über- oder Umschreibungen, wenn ihr, wie dies oft vorkam, die Formulierungen des Originaltexts verbesserungswürdig erscheinen. Keine andere Frau wird stärker mit der Schwabinger Boheme in Verbindung gebracht als die «tolle Gräfin»: In mindestens fünf Biografien und zwei Dokumentarfilmen ist ihr Leben bis ins kleinste Detail ausgeleuchtet worden. Dazu beigetragen hat sicherlich auch, dass Franziska zu Reventlow selbst die beste Chronistin ihres Lebens war; in ihren Tagebüchern und den Briefen hat sie ihre Amouresken mit einer bemerkenswerten Offenheit beschrieben. Zudem legen auch ihre Romane und die theoretischen Texte eine autobiografische Lesart nahe.

1893 kam die im norddeutschen Husum geborene Franziska zu Reventlow nach München, mit dem Ziel, Malerin zu werden. Mit dem Ortswechsel verband sie eine große Hoffnung: In München wollte sie ihre strenge aristokratische Kindheit und Jugend endgültig hinter sich lassen und ihre Sehnsucht nach einem gesteigerten Daseinsgefühl ausleben. Nach einem Zirkusbesuch notiert sie im Tagebuch: «In den Zirkus, komisch, ich habe doch jedesmal das Gefühl, das wäre eigentlich mein Beruf und mein Leben gewesen und zwar so stark, dass ich ganz von der Überzeugung durchdrungen bin.»[59] Als typische Bohemienne lebt sie zwischen Überfluss und Mangel; mit ihrem «Pumptalent» leiht sie sich ohne Mühe Geld, um es dann wegen leider andauernder Ebbe im Portemonnaie schuldig zu bleiben. Ihre Versuche, durch irgendwelche geschäftlichen Unternehmungen, die sie enthusiastisch angeht, zu Geld zu kommen, enden alle mit Misserfolgen. Niemand mag ihre Glasmalereien kaufen, die sie mit viel Geduld und Liebe zum Detail pinselt – ein Jammer bei dieser unübertrefflich guten Idee. Da lässt sie sich doch lieber von Männern einladen, denn hier kann sie sich über mangelnde Nachfrage nicht beklagen.

In ihrem Lebensstil überschreitet Franziska zu Reventlow be-

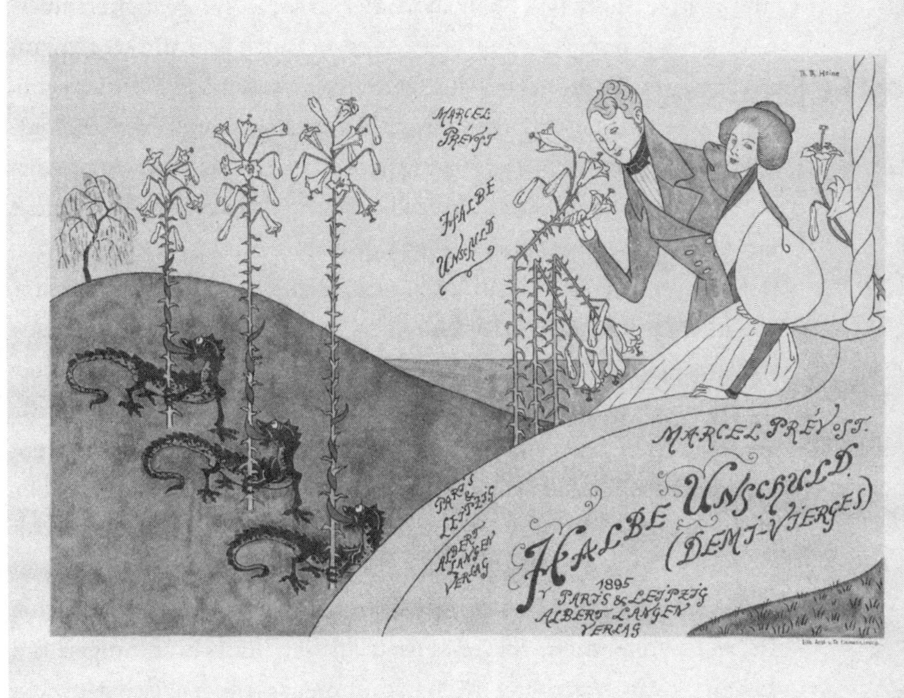

Finanziell lebt der Verlag Albert Langen zu guten Teilen von der «pikanten Unterhaltung», insbesondere den Romanen des französischen Bestsellerautors Marcel Prévost. In seinen Büchern siegt wie im Roman *Halbe Unschuld* am Schluss nach all den komplizierten Begehrlichkeiten, Liebesverwicklungen und Anzüglichkeiten stets die Moral. Hier die Umschlagabbildung von Thomas Theodor Heine.

wusst die Grenzen der Konvention. Zusammen mit Franz Hessel und Bogdan von Suchocki lebt sie in einer WG in einem heruntergekommenen Eckhaus an der Kaulbachstraße. Während Hessel ihre Nerven immer stärker strapaziert, verbindet sie mit Such eine tändelnde Liebesbeziehung. Sie wird schwanger von ihm, doch die Zwillinge, die sie gebärt, sind nicht lebensfähig. Erschüttert schreibt sie über eines der toten Mädchen ins Tagebuch: «Da lag es nun wie ein schwaches Flämmchen, das auslöschen wollte, die Stimme immer matter und das Köpfchen immer kälter.» Das Mädchen stirbt. «Am Abend dann noch all die entsetzlichen Leute um das Totenzeugnis und Begraben.»[60] Die bereits schwelenden Konflikte mit Such werden dadurch verstärkt. Als er ihr wegen einer anderen Liebschaft Vorwürfe macht, rechtfertigt sie sich im Tagebuch: «Aber zu Hause sagt mir Such bitterböse Sachen, daß niemals, niemals ein Mensch bei mir bleiben wird und kann, und ich bekomme wieder das versteinerte Gefühl. Ich weiß es ja, aber warum? Weil alle, die mich einmal haben, mich ganz für sich haben und auffressen wollen. Aber ich bin viel zu expansiv und geh' nach allen Seiten, möchte hier das und da das, aber gerade Such, hab' ich überhaupt an einen Menschen so viel Wärme, so viel Dauerndes, Fortwährendes gegeben? Und ich kann ihn so absolut nicht lassen, kann freilich auch den vielen Blödsinn pour tout le monde nicht lassen.»[61] Als «expansiv» also schätzt sich Franziska zu Reventlow selbst ein. Für sie bedeutet es, dass sie sich nicht damit begnügt, die ihr zugedachte Rolle einzunehmen. Sie reibt sich an den Einschränkungen des Lebens. «Das ‹lasterhafte› Weib hat oft mehr richtiges, ja sogar mehr Feingefühl auf dem Geschlechtsgebiet wie die Gattin und das keuscheste Gretchen», schreibt sie.[62] Unzweifelhaft sieht sie sich selbst als «lasterhaftes Weib» – für sie ein Ehrentitel, keine Beleidigung.

Doch mit ihren Positionen gerät Reventlow in Konflikt mit der Frauenbewegung. Ihr Erotizismus als Emanzipationsmodell der freien Liebe mit verantwortungsvoller Mutterschaft steht der Forderung nach Gleichberechtigung im ökonomisch-beruflichen Bereich entgegen. Für Reventlow ist die Frauenbewegung eine Feindin aller erotischen Kultur. Ihr Ziel sei es, die Frauen zu vermännlichen, indem die Lohnarbeit als Maß aller Dinge genommen werde. Die überarbeitete Berufsfrau, die nach der Arbeit mit schlechtem Gewissen nach Hause zu den Kindern eilt, um diese auch noch zu versorgen, ist für sie kein erstrebenswertes Ideal. Damit trifft Franziska zu Reventlow sogar einen Punkt der aktuellen feministischen Diskussion: Die französische Politologin und

Aktivistin Emilia Roig beispielsweise vertritt die Meinung, dass der Feminismus immer auch kapitalismuskritisch zu sein habe. Frauen sollten sich nicht unbesehen den (männlichen) Werten von Leistungsbereitschaft und Erfolg unterordnen.[63]

Reventlows Kritik an den bürgerlichen Frauen ist schneidend: In der Ehe seien sie nicht mehr als ein Dekorationsobjekt. Außer den Pflichten im christlichen Ehebett nach bestem Vermögen nachzukommen und die Kinder mit trostloser Lebenslangweile zu erziehen, bleibe ihnen wenig übrig. Reventlow selbst erzieht ihren Sohn Rolf bewusst feminin. Die wilhelminische Knabenerziehung, die Jungen zu Härte und Durchsetzungsfähigkeit abrichten soll, ist ihr ein Gräuel. Ihre Selbstverwirklichung und gleichzeitig Rebellion besteht darin, dass sie das Kind ohne Mann aufzieht. Anstelle des in der patriarchalischen Gesellschaft üblichen Vaterrechts – die Kinder tragen den Namen ihres Vaters, die Frauen übernehmen mit der Heirat den Namen ihres Mannes – ist bei Franziska zu Reventlow das Mutterrecht das anzustrebende Ideal.[64] Sie nahm damit eine Idee des Altertumsforschers und Mutterrechtlers Johann Jakob Bachofen auf, der in seiner 1861 veröffentlichten Abhandlung *Das Mutterrecht* – weitgehend spekulativ – einen ursprünglichen «Hetärismus» in der antiken Welt ausgemacht hatte. Erst später sei dieser durch das Patriarchat abgelöst worden. Seitdem wurde die Vorstellung eines möglicherweise zukünftig wiederherzustellenden Matriarchats in Intellektuellenkreisen breit diskutiert.

Für Reventlow ist die Mutterschaft die prägendste Erfahrung im Leben einer Frau. Werde eine Frau vom Vater ihres Kindes verlassen, so solle sie nicht hadern, empfiehlt sie, sondern den «Mann dafür segnen, daß ihr durch ihn das höchste Gut ihres Lebens zuteil geworden ist».[65] Dolce Vita wünscht Reventlow jeder Frau: Sie solle sich weder im Beruf noch in der Hausarbeit aufreiben, sondern die schönen Seiten des Lebens genießen: «Wir sind dazu da, es gut zu haben und uns nicht plagen zu müssen. Aber statt dessen sind tausende und abertausende von Frauen gezwungen, sich um das tägliche Brod zu schinden und abzurackern, sich Körper und Geist durch übermäßige Anstrengungen zu zerstören und auf ihren Reiz und ihre Funktion als Weib ganz oder teilweise zu verzichten.»[66] Um das zu erreichen, müssten die Frauen den Kampf gegen die zentralen Werte und Normen der Gesellschaft aufnehmen. Als Erstes sei dafür ein Mentalitätswandel nötig: «Eine Frau, die eine Vergangenheit und womöglich noch eine Gegenwart hat», damit spricht Franziska zu Reventlow unzweifelhaft von sich selbst, solle nicht länger auf eine Stufe gestellt werden mit einem Mann, der im Zuchthaus gesessen hat.[67]

Das Mutterrecht wird zu einer heiß diskutierten Frage in der Schwabinger Boheme. Der Lübecker Apothekersohn Erich Mühsam, der später mehrfach im Zuchthaus sitzen wird, macht es zu einer zentralen Kategorie seines Denkens. Er, der als Bänkelsänger durch die Cafés Schwabings zieht, ist ein Anhänger der freien Ehe. Seiner Auffassung nach soll sie aber nicht nahezu das Gleiche sein wie eine konventionelle Ehe, mit dem einzigen Unterschied, dass das Paar auf den Trauschein verzichtet. Bereits dies war damals eine revolutionäre Forderung, bekämpft von Staat und Kirche – aber Mühsam ist radikaler: Freie Ehe bedeutet für ihn, dass die Ehepartner sich die vollständige sexuelle Freiheit lassen. Das gilt explizit auch für Frauen, denn auch sie seien polygam veranlagt. Ein Mann versklave seine Frau mit seinen Besitzgelüsten, wenn er ihr nicht andere Beziehungen erlaube: «Unsittlich kann nur sein, was die Sozietät gefährdet, niemals was zwei Menschen miteinander treiben.»[68]

Das Ziel der Frauenemanzipationsbewegung müsse daher nicht die Erkämpfung des Wahlrechts sein – das ist für den Anarchisten Mühsam sowieso unerheblich –, sondern die Frauen müssten das Verfügungsrecht über ihren Körper erhalten. Die zukünftige Revolution werde nicht auf der Barrikade, sondern im Bett stattfinden.[69] Allerdings schwingt in der Gedankenwelt Mühsams, dessen Gedichte nicht frei von abwertenden Urteilen über Frauen sind, noch etwas anderes mit: Der Libertinage, wie er sie anstrebt, liegen Vorstellungen einer freien Verfügbarkeit der Frauen zugrunde; eher als weibliche Selbstbestimmung fordert er heterosexuelle Promiskuität. Damit besteht ein patriarchalischer Zug in seinem Denken fort, der die Frauen, um es drastisch auszudrücken, zu «Zubehör» der Boheme-Gesellschaft macht.[70]

Für den anarchistischen Bohemien Gustav Landauer war dies eine unerträgliche Vorstellung. Er verteidigt die wahre Ehe gegenüber seinem Kollegen Mühsam; die Verbindung von Ehe und Elternschaft müsste in die kommende sozialistische Zukunft hinübergerettet werden. Eine Scheidung sei allenfalls gerechtfertigt, wenn die Ehe von unreifen Menschen geschlossen worden wäre – in diesem Fall müsse man von unerheblicher «Vorehe» sprechen. Auch gegen vorehelichen Geschlechtsverkehr hat er nichts einzuwenden. Gleichwohl sei die Ehe als heilig zu betrachten. Landauer mag da auch an sich selbst gedacht haben: Nachdem er eine zweite Ehe mit der Schriftstellerin Hedwig Lachmann (welche die Avancen Richard Dehmels vorher zurückgewiesen hatte) eingegangen ist, verliebt er sich 1908 in die zwölf Jahre jüngere attraktive Gewerkschaftssekretärin Margarethe Hardegger. Ein Feu sacré, das jedoch außer zu einigen Schwärmereien, Zärtlichkeiten und gemeinsamen Bergwanderungen im Berner Oberland zu wenig führt. 1913 bricht Landauer die Beziehung zu Margarete Hardegger ab, nachdem sie sich schon vorher versachlicht hatte.[71]

Gegen die Infragestellung der Familie ging auch der 1913 gegründete Deutsche Bund zur Bekämpfung der Frauenemanzipation vor, dem sich auch Franziska zu Reventlows Bruder Ernst anschloss. Wie seine Schwester hatte er eine hohe Meinung von der Mutterschaft, anders als sie war er aber ein Befürworter der traditionellen Familie. Ein Volk werde zugrunde gehen, wenn «dessen Frauen aufhören mit ganzer Seele Mutter zu sein».[72] Die Gleichmacherei von Mann und Frau sei aufzuhalten. Daher ging der Bund gegen die Politisierung der Frauen und die Förderung der

Frauenbildung vor. Männerberufe sollten Männern vorbehalten bleiben; der Staat dürfe hier Vorbild sein und etwa keine Beamtinnen einstellen: «Dass die verheiratete Beamtin zur Lockerung und Zerstörung der Ehe und Familie führen muss, bedarf kaum eines Beweises. Die Kinderzahl würde beschränkt, die Pflege des Gatten und der Kinder zurückgestellt oder Fremden überlassen, das traute Familienleben vernichtet werden.»[73]

Obschon Franziska zu Reventlow mit der Apologie der Mutterrolle und der Kritik an der Frauenerwerbsarbeit durchaus ähnliche Ansichten wie ihr Bruder Ernst vertritt, lehnt sie dessen rückwärtsgewandte Weltsicht ab. Im Gegenteil, ihr Eintreten für eine schrankenlose weibliche Erotik ist für sie ein Akt der Sittlichkeit. Die «Viragines», wie sie die Frauen der Emanzipationsbewegung abwertend nennt, würden einen falschen Kampf ausfechten; sie könnten den «gesund-erotischen Geist des neuen Heidentums, dessen Sieg wir vom nächsten Jahrhundert erhoffen», nicht verhindern.[74]

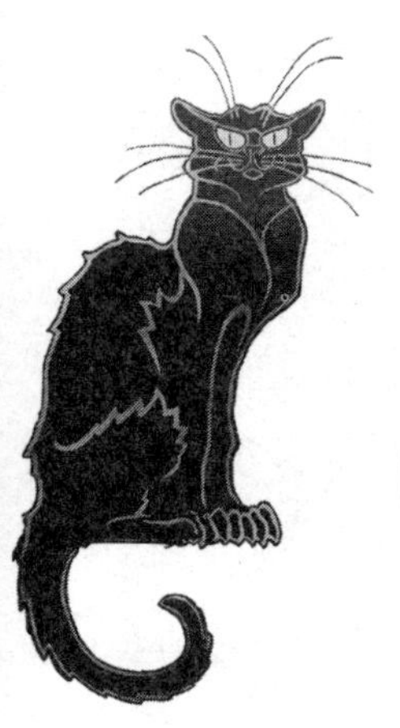

V.
Politische Übergangsmenschen

Gnade dir Gott, du buntes Leben: Probleme mit Marx

Zwei Arbeiter trotten nach Hause, müde und ausgelaugt nach einer Zehn- oder Zwölfstundenschicht. Die Szenerie könnte kaum trostloser sein als in dem Gedicht *Vorstadt* von Korfiz Holm:

> Verloschen sind hier im Schmutz der Chaussee
> Der Großstadt bunte Lichter.
> Hier jauchzt kein Glück, hier schluchzt kein Weh,
> Hier trotzen stille Gesichter.[1]

Auf der Zeichnung von Théophile-Alexandre Steinlen wirkt die nächtliche Rue Caulaincourt im Montmartre mit den längslaufenden Bleistiftstrichen wie eine abschüssige Ebene – doch die beiden Arbeiter gehen mühsam und gebeugt, als ob sie sich gegen den Wind des Fortschritts stemmen müssten, der ihnen entgegenbläst. Proletarier sind sie doch – und sollte es nach der marxistischen Geschichtstheorie, wie sie Karl Marx und Friedrich Engels im *Kom-*

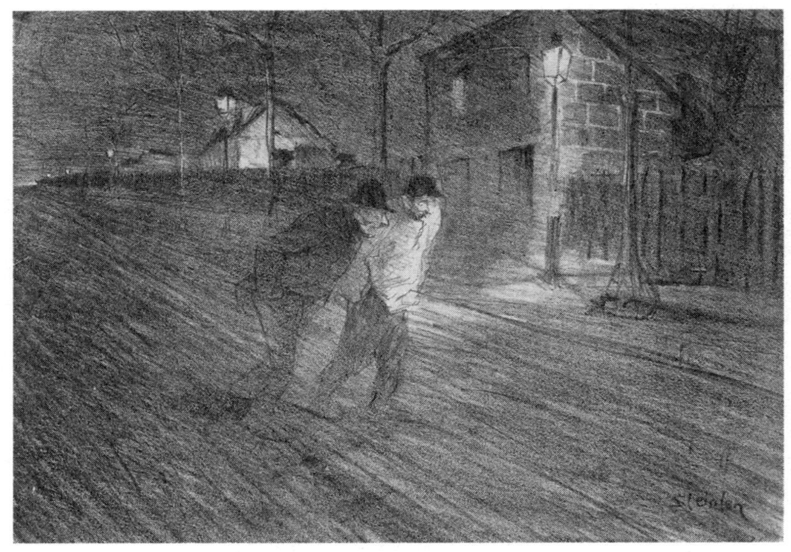

Die Arbeiter gehen in Théophile-Alexandre Steinlens Lithographie *Rue Caulaincourt* gebeugt, dabei sind doch sie es, die nach marxistischer Theorie die Tür zum Kommunismus aufstoßen sollten.

munistischen Manifest in einprägsame Worte gefasst haben, nicht die Klasse der Proletarier sein, die die Tür zur klassenlosen Gesellschaft, zum Kommunismus als utopischem Fernziel, aufstößt? Verkörpern sie nicht den Fortschritt? Aber an diesem Abend, den Steinlen in seiner großartigen Zeichnung einfängt, ist von dieser glänzenden Zukunft nichts zu spüren: Wenn die beiden Arbeiter in wenigen Minuten die Tür zu ihrer Wohnung aufstoßen, werden sie von ihren Ehefrauen erwartet, die ihnen die warmgehaltene Mahlzeit auf den Tisch stellen. Die Kinder schlafen vielleicht schon.

In vielen naturalistischen Kunstwerken aus der Zeit, nicht nur in diesem 1897 im *Simplicissimus* abgedruckten illustrierten Gedicht, wird das Schicksal der ausgebeuteten Arbeiterschaft eindringlich dargestellt. Viele sozial engagierte Künstler sympathisierten mit gewerkschaftlichen und sozialdemokratischen Positionen. Mit den Sozialistengesetzen, die 1879 in Kraft getreten waren,

waren die sozialdemokratische Partei und die Gewerkschaften verboten worden; untersagt waren alle öffentlichen Äußerungen, worunter Parteiversammlungen und Vorträge ebenso wie Publikationen fielen. Damit wurde die Arbeiterbewegung in den Untergrund getrieben.

Doch spätestens mit der Aufhebung der Sozialistengesetze im Jahr 1890, als die sozialdemokratische Partei wieder zugelassen wurde, begann die Boheme von ihr abzurücken. Auch wenn sie sich emotional von der sozialen Frage bewegen ließ, konnte sie sich in der trockenen, theoriegeleiteten Analyse der Sozialdemokraten nicht wiedererkennen. Zudem waren viele Bohemiens beunruhigt, dass die sozialdemokratischen Parteiführer nach wie vor mit großer Ernsthaftigkeit den revolutionären Umsturz forderten, der auch ihr Leben in Frage stellte. Noch einmal Korfiz Holm:

> Und wenn die Glocke geschlagen hat,
> Dann wird die Vorstadt sich erheben.
> Dann gnade dir Gott, du helle Stadt
> Und dir, du buntes Leben.

Eine erfolgreiche sozialistische Revolution, auf die ein kommunistisches Gesellschaftssystem folgt – ein erstrebenswertes Ziel? Nicht wirklich. Vielen Künstlerinnen und Künstlern waren ihre individualistischen Freiheitsrechte viel zu wichtig, als dass sie sich diese – auch im Dienst an der guten Sache – beschneiden lassen wollten. Eine zukünftige Uniformierung des Lebens erfüllte sie stärker mit Sorge als mit Hoffnung. Daher schwingt in der Schlussstrophe von Holms Gedicht neben einem antirevolutionären Skeptizismus auch eine elitäre Verachtung der Arbeitermassen mit. Denn was wäre, so fragt sich Holm, wenn die Arbeiterklasse wirklich die Macht im Staat erlangen würde? Nichts könnte ihn weniger begeistern als diese Aussicht:

Dann wird auch der ärmste, elende Tropf
Die Fahne des Sieges schwenken,
Und uns wird keiner für unseren Kopf
Nur einen Groschen schenken.

Dass die Sorge Holms bei einem kommunistischen Umsturz nicht aus der Luft gegriffen war, zeigt die nachfolgende historische Erfahrung. Unmittelbar nach der Russischen Oktoberrevolution von 1917, als die bolschewistische Partei als einzige zugelassene Partei die Alleinherrschaft im Staat übernahm, wurden alle individuellen Freiheitsrechte von Künstlern und Intellektuellen, die es ablehnten, sich linientreu in den Dienst der kommunistischen Sache zu stellen, beschnitten. Sie wurden verfolgt, in Haft gesteckt oder ins Exil getrieben. In den 1890er-Jahren aber waren in allen westeuropäischen Ländern die sozialdemokratischen Parteien noch weit davon entfernt, Mehrheiten zu erlangen und die Politik aus einer Position der Stärke zu prägen.

Doch die gegenseitigen Entfremdungserscheinungen zwischen der sozialistischen Bewegung und der Boheme waren nicht neu. Karl Marx, dessen Lebensumstände denjenigen eines echten Bohemiens entsprachen, ist in seinem negativen Urteil über die Boheme dezidiert. Diese mehr «vom Zufall als von ihrer Tätigkeit abhängige[n] Existenz[en]», die ein regelloses Leben in den Kneipen führten, sind für ihn «entweder Arbeiter, die ihre Arbeit aufgegeben haben und dadurch labil geworden sind, oder Subjekte, die aus dem Lumpenproletariat hervorgehn und alle charakterschwachen Gewohnheiten dieser Klasse in ihre neue Existenz übertragen».[2] Da der Lumpenproletarier keine geregelte Lohnarbeit verrichte, habe er auch kein Klassenbewusstsein entwickeln können, weswegen er sich häufig «zu reaktionären Umtrieben erkaufen» lasse, wie es im Kommunistischen Manifest heißt. Der Bohemien gehört für Marx eher zum überkommenen Rest einer vergangenen Gesellschaft als zur zukünftigen; ihm mangle es sowohl an einer politischen Idee wie an einer geschichtlichen Tendenz. Die «schnapslustigen Lumpenproletarier» seien nicht mehr als «Auswurf, Abfall, Abhub aller Klassen», schimpft der Analytiker des kapitalistischen Mehrwerts, aus ihnen spreche der «Geist des Verrats». Eigentlich handlungsunfähig, seien sie allenfalls bereit, ziellose Gewalt wie Plünderungen zu verüben oder, schlimmer noch, sich mit reaktionären Kräften zusammenzutun. Diese Einschätzung sah Marx in seiner Analyse des antidemokratischen Staatsstreichs von Louis Bonaparte 1851 bestätigt: Der spätere Napoleon III., der «Chef des Lumpenproletariats», wie Marx ihn abwertend titulierte, konnte sich dabei auf die massenhafte und bewaffnete Unterstützung der Pariser Unterschichten verlassen, deren Loyalität er sich erkauft hatte.[3] Diese Verachtung des Lumpenproletariats wurde in der deutschen Sozialdemokratie übernommen.

Demgegenüber empfanden die oppositionellen Künstler den Siegeszug des Materialismus, der sich in den Marx'schen Analysen der kapitalistischen Produktionsverhältnisse ausdrückte, als Verlusterfahrung: als möglicherweise unvermeidliche, jedoch beklagenswerte Entsinnlichung der Welt. Wie der Religionsphilosoph Eugen Erich Schmitt 1897 in einem Brief an Leo Tolstoi schreibt, betrachten die materialistischen Sozialdemokraten «den Menschen als blosses elendes Atom der Gesellschaft und der Natur, so wie ihn die Theologen als blosse elende Kreatur betrachten». Daher sind seiner Auffassung nach Materialismus wie Theologie gleichermaßen Weltanschauungen der Entwürdigung und der Knechtung: «Wenn die Menschen wirklich im letzten Grunde so elende Wesen, Bestien sind, so folgt daraus, dass sie wie Tiere mit dem eisernen Stabe der Gewaltherrschaft in Ordnung gehalten werden müssen»; aus diesem Grunde wollten die Sozialdemokraten alles verstaatlichen und den Staat allmächtig machen.[4] Der Glauben an diese Art von Fortschritt erhielt Risse – die Boheme argwöhnte, dass Marx den Geist nur noch als eine Funktion der gesellschaftlichen Arbeit sehen konnte. Eine ameisengleiche Betriebsamkeit aber führe nicht notgedrungen zu geistigen Höhenflügen.[5]

Diese Abwehr gegenüber den nivellierenden Auswirkungen einer Massengesellschaft, sogar wenn sie sozialdemokratisch ist, findet sich auch bei August Strindberg. Im Vorwort seiner Novellensammlung *Die Utopie in der Wirklichkeit* (1903 auf Deutsch unter dem Titel *Schweizer Novellen* erschienen) stellt er die rhetorische Frage, ob die kommende sozialistische Gesellschaft noch fähig sein werde, einen Petersdom zu bauen. Seine Antwort ist niederschmetternd: Wohl nie mehr werde ein genialer Künstler wie Michelangelo ein derart vollendetes Werk schaffen können. Es ist nicht zu verkennen: Der sozialistische Zukunftsstaat, so er denn Realität werden würde, genügt Strindbergs ästhetischen Anforderungen nicht.[6]

In der Novelle *Rückfall* lässt Strindberg den russischen Emigranten Paul Petrowitsch, der in Ouchy am Genfersee eine Rosenzucht betreibt, diesen inneren Gewissenskonflikt erleben. Ein «Übergangsmensch» ist er, einer, der sich von altem Glauben losgesagt hat, unter Schmerzen zwar, denn er vermisst mit Blick auf den Genfersee die Weite Russlands, er hat Sehnsucht nach den Birken und den wilden Rosen. «Er glaubte nicht mehr an Kirchenglocken und dergleichen, aber er vermisste sie jetzt!» Früher hat er viel getrunken, doch nun entsagt er dem Alkohol und predigt anderen die Nüchternheit. Mit seiner Frau Anna ist er eine Gewissensehe eingegangen; er arbeitet zu gleichen Teilen wie sie im Haushalt mit, scheuert wie sie den Boden, und auch die Mahlzeiten kochen sie zusammen. Selbstredend verzichten sie auf Dienstboten.

Paul Petrowitsch ist auf dem Weg zum «neuen Menschen» – er lehnt alle Exzesse ab: «Und wenn er jetzt den Frieden des Körpers, die Ruhe des Gemüts, die Harmonie der Kräfte fühlte, da konnte er nicht genug das Sinnlose im Gebrauch von Mitteln verurteilen, die den Menschen verrückt, unzurechnungsfähig, unzuverlässig machten, und bessere Verhältnisse der Zukunft ohne nüchterne Menschen sah er für unmöglich an. Und diese Dichter, die diese Menge Lügen gedichtet hatten, was waren sie anders als Deliranten, die Hallucinationen hatten und darum nicht die Wirklichkeit sehen konnten, wie sie war.»[7] Doch der melancholische Rosenzüchter, den Strindberg als sein Alter Ego entwirft, stimmt seinen eigenen Tiraden zwar mit dem Verstand, nicht aber mit dem Herzen zu. Denn sein Gewächshaus ist ein Rausch für die Sinne: Er liebt seine Rosen, pflegt und beschattet sie, als wären sie Kranke, und gießt sie mit größtmöglicher Sorgfalt, die gelbe Teerose ebenso wie die selbst gepfropfte Céline Forestier, und auch all die anderen Rosen, die wunderbar duften und verführerische Namen tragen wie Madame Pittet, La France oder Jules Margottin. Sie sind sein ungewolltes Zugeständnis an die alten Verhältnisse, Paul Petrowitsch ist eben nur ein Übergangsmensch und noch kein vollendeter Zukunftsmensch. Ihm ist bewusst: Seine Liebe zu den Rosen wie die zu jeder sinnlosen Kunst ist falsch, ist hinderlich für den Aufbau der zukünftigen Gesellschaft – er selbst vergleicht sie mit einem Schuss einer Rakete in die Luft, wo sie unter dem Applaus vieler in einem «schön gefärbten Feuerregen» explodiert, ohne die geringste produktive Wirkung zu erzielen. Doch so sehr Paul Petrowitsch sich auch gegen seinen «Rückfall in die wildeste Romantik» wehrt – es gelingt ihm nicht, von seiner Liebe zu den Rosen abzulassen.

Als neoromantischer Gegenbewegung zum unerbittlichen Takt der geschäftigen Moderne war der Boheme – gerade als reflexiver Teil derselben Moderne! – eine gewisse Rückwärtsgewandtheit nicht abzusprechen: Nicht immer musste das, was das angeblich Überlebte ersetzte, eine Verbesserung sein. Der rasante Modernisierungsprozess rief ein unspezifisches Unbehagen hervor; für viele waren die gesellschaftlichen Umbrüche, die mit der Industrialisierung und Verstädterung einhergingen, existenzbedrohend. Die Abgehängten mussten ohnmächtig zusehen, wie die Gesellschaft gnadenlos über sie hinwegging. In seinem bekanntesten Roman *Meister Timpe* schildert Max Kretzer den aussichtslosen Kampf eines fleißigen Drechslermeisters, der sich hartnäckig gegen die fabriksmäßig hergestellte Massenproduktion zur Wehr setzt. Er bleibt erfolglos: Fabriken fressen das Handwerk auf – der früher stolze Handwerker Timpe wird bald Teil des «Basket of deplorables» (so Hillary Clinton auf ihrer Wahlkampftour 2016) sein, während die vorwärtsgerichtete Welt ihn mit Ratschlägen versorgt, was er alles ändern müsse, um mit ihr mitzuhalten. Die alte festgefügte Gesellschaft stirbt, und die neue ist ein apokalyptisches Grauen, wie es Timpe, auf seinem Grundstück auf einem Baum sitzend, mit Blick auf die angrenzende Fabrik festhält: «Tausend Arme streckten sich ihm entgegen, riesige Hämmer wurden über seinem Kopf geschwungen, und aus unzähligen Kehlen hallten die fürchterlichen Worte: ‹Meister, wir schlagen dich tot, du bist uns im Wege.› Er wehrte sich mit Riesenkräften; aber allmählich hagelten die Schläge so dicht auf ihn hernieder, dass er schwächer und schwächer wurde und mit einem Schrei der Verzweiflung, dem ein langer Seufzer folgte, zu Boden sank.»[8] Anders als sein Geselle, der ihn für die Sozialdemokratie einnehmen will, kann sich Timpe nicht zu diesem Schritt überwinden; er bleibt monarchisch, konservativ, mit einer Wut im Bauch, die ihn – hier liegt Marx mit seiner Analyse durchaus richtig – in die Arme von ressentimentgeladenen und potenziell antisemitischen Rechtsparteien treiben wird. Denn mit seinem ökonomischen Abstieg nehmen auch seine Empörung und sein Hass zu. Nach dem Ersten Weltkrieg ist der Autor Max Kretzer diesen Weg selbst gegangen.

Das war jedoch bloß eine Möglichkeit, mit dem Unbehagen umzugehen. In der Boheme, die sich der Gesellschaftsdiagnose der Sozialdemokratie in viel stärkerem Maß anschloss als deren Remedur, kursierten daneben zahlreiche andere Ideen. Eine Strategie bestand gerade darin, das von Karl Marx abgewertete Lumpenproletariat als Ehrentitel zu nobilitieren. Sie, die aktivistischen Künstler, waren doch stolz darauf, in den Worten von Karl Marx, «Vagabunden, entlassene Soldaten, entlassene Zuchthaussträflinge, entlaufene Galeerensklaven, Gauner, Gaukler, Lazzaroni, Taschendiebe, Taschenspieler, Spieler, Maquereaus, Bordellhalter, Lastträger, Literaten, Orgeldreher, Lumpensammler, Scherenschleifer, Kesselflicker, Bettler»[9] zu sein! Walter Benjamin analysierte luzid: «Aber von den Literaten bis zum Berufsverschwörer konnte jeder, der zur Boheme gehörte, im Lumpensammler ein Stück von sich wiederfinden. Jeder stand, in mehr oder minder dumpfem Aufbegehren gegen die Gesellschaft, vor einem mehr oder minder prekären Morgen. Er konnte zu seiner Stunde mit denen fühlen, die an den Grundfesten dieser Gesellschaft rüttelten. Der Lumpensammler ist in seinem Traum nicht allein.»[10]

Das Zauberwort, das in der Boheme eine enorme Wirkung entfaltet, heißt «Anarchismus». Sein Vorteil besteht darin, dass der Begriff sich in einer sonst immer eindeutiger werdenden Sprachwelt einer klaren Definition entzieht; unter Anarchismus können die unterschiedlichsten Vorstellungen und Inhalte verstanden werden. Definitiv aber sind theatralische Protestformen, die sich gegen den Staat und die bestehende Ordnung richten, damit verbunden. Denn nach Julius Bab akzeptiert ein Bohemien die behördlichen Paragraphen nur nach Lust und Laune. Da er nicht in Hierarchien denkt, lässt er sich nur ungern für gesamtgesellschaftliche Ziele vereinnahmen. Seine Unangepasstheit geht sogar noch weiter. Er erstrebt «nicht nur die Lockerung des staatlichen, sondern jedes sozialen Bandes» – und der Anarchismus ist seine Abrissbirne.[11]

Zu einem der wichtigsten Ideengeber für die anarchistische Boheme avancierte der philosophische Extremindividualist Max Stirner – mit bürgerlichem Namen Johann Caspar Schmidt und von Beruf Lehrer an der Lehr- und Erziehungsanstalt für höhere Töchter in Berlin und später erfolgloser freier Schriftsteller in ärmlichen Verhältnissen. Seine Börsenspekulationen, die er mit dem Geld seiner zweiten Ehefrau finanzierte, stellten sich nicht als der erhoffte finanzielle Befreiungsschlag heraus. Wegen nicht bezahlter Schulden wanderte er ins Gefängnis; 1856 starb er verarmt und nahezu vergessen. Doch in den 1890er-Jahren setzte eine regelrechte Stirner-Renaissance ein: Sein Hauptwerk *Der Einzige und sein Eigentum* von 1844 wurde erneut aufgelegt und intensiv diskutiert.[12]

Für Stirner ist der Egoismus die Haupttriebfeder allen menschlichen Handelns; nur der eigene Wille zählt. Zwischen dem Staat und ihm ist kein Ausgleich möglich, sie sind Todfeinde: «Der Staat hat immer nur den Zweck, den Einzelnen zu beschränken, zu bändigen, zu subordinieren, ihn irgend einem Allgemeinen untertan zu machen.»[13] In seinem unbegrenzten Antietatismus spricht Stirner dem Staat jede Daseinsberechtigung ab, aber nicht nur das, auch gegen alle dem Individuum übergeordneten Mächte richtet sich sein Furor: In der fiktiven «Gleichheit» der Bürger löst sich jede Individualität auf. Stirner bekämpft die Allgemeinverbindlichkeit moralischer Werte und Normen; Moral ist ihm nichts anderes als ein Mittel zur Unterdrückung des Einzelnen. Sogar gegen die Familie als kleinster Einheit im Staat macht er mobil; selbstredend lehnt er die Ehe radikal ab – mit Blick auf seine eigenen zwei Ehen eine etwas krude Missbilligung.

Stirners Empörung ist allumfassend und destruktiv im Wortsinn: Er möchte alle Werte, die traditionell mit der Familie, dem Staat, dem Recht und der Moral verbunden sind, niederreißen, um – ja, um was genau dagegenzusetzen? Seine positiven Ansätze sind deutlich weniger klar umrissen als seine unerbittlichen Kritiken. Ein Gegenmittel gegenüber dem übermächtigen Staat sieht er im Lachen, im Tanz und in der Ausschweifung. Die vorwärtstreibende Kraft in der Gesellschaft ist der Rausch. Doch der Kampf gegen den übermächtigen Staat muss sich nicht darin erschöpfen: Stirner schließt explizit auch Gewalt als Mittel des Einzelnen nicht aus.[14]

Allein schon die Form der hochfahrenden, fast dichterischen Fundamentalkritik begeisterte viele Bohemiens. Mochten die vorgeschlagenen Maßnahmen, wie sich der Einzelne gegenüber dem Staat und der Gesellschaft zur Wehr setzen konnte, einigermaßen unkonkret sein oder sich auf Symbolpolitik beschränken, der Gestus war der richtige: Jäh, kompromisslos, hart – so musste vorgegangen werden. Nicht wenige verabscheuten es, sich in kleinkrämerischen Kompromissen zu verlieren, sich am Staatsaufbau in kleinen Schritten zu beteiligen – viel attraktiver war da die dröhnende Ermächtigung zur Tat, die Stirner mit seinem Werk legitimierte und möglicherweise animierte. Auch Nietzsches «Übermensch» ist von diesem Gedanken durchdrungen (wobei sich Nietzsche nie so weit in die Karten schauen ließ, Stirner als Inspirationsquelle zu erwähnen).

Hans Jæger, der sich nach seiner unglücklich verlaufenen Liebe zur verheirateten Oda Krohg zum Anarchisten wandelte, griff in seinem 1908 veröffentlichten Werk *Die Bibel der Anarchie* den Stirner'schen Impuls der Befreiung der Menschen aus den einengenden staatlichen Beschränkungen auf. Ein nahezu unlesbares Buch, um ehrlich zu sein, aber vielleicht sollte es genau das sein. Mit tausendfachen Wiederholungen, beglaubigt durch beinahe unendliche Zahlenreihen, werden den Lesenden Schlüsselsätze von geringer Variation entgegengeworfen, wobei sich im Wust der Textmassen doch einige gewiefte Beobachtungen und Formulierungen verstecken, etwa diese: «Massen dieser genial ausgestatteten Individuen wurden ja arm in die Geldfalle hineingeboren und haben sich niemals weiter entwickelt, als sich für die Ernährung abzuplacken, von frühmorgens bis spät am Abend das liebe Leben lang. Niemals hatten sie Zeit, auf die Stimme zu lauschen, die aus der Tiefe ihrer Seele drang; wieviel weniger konnten sie diesem Ruf folgen. Die Geldpeitsche sauste ja unaufhörlich auf ihre Rücken nieder, rund und immer rund herum in dem gleichen elenden kleinen törichten Kreis: Arbeit, Geld, Essen – Arbeit, Geld, Essen.»[15]

Deutlich zugänglicher sind die Schriften und Romane des als «Salon-Anarchisten» titulierten John Henry Mackay, einer der «Entdecker» Stirners, der dessen Werk in kommentierten Neueditionen bekannt machte. Der im Saarland aufgewachsene Sohn eines früh verstorbenen schottischen Vaters polemisierte ebenso gegen den bürgerlichen Staat wie den normativen Parteiengeist. Hinter Mackays Feindschaft gegenüber dem Staat und dem «gleichmacherischen» Kommunismus steckt eine Haltung, die in Teilen an heutige rechtslibertäre Positionen erinnert. Carrard Auban, der Held von Mackays Roman *Die Anarchisten* wandelt sich vom Sozialisten zum Anarchisten. Er ruft aus: «Ich mißtraue überhaupt einem Jeden, der sich anmaaßt, Andere vertreten, für Andere sorgen und die Verantwortung für Anderer Angelegenheiten auf seine eigenen Schultern nehmen zu wollen. Kümmere Dich um Deine eigenen Angelegenheiten und laß mich für die meinen sorgen – das ist ein gutes Wort. Und wirklich Anarchismus.»[16] Auban strebt ein Laissez-faire im Staat an. Auf den Einwand, mit seinem Eintreten für den Anarchismus verteidige er die «Entfesselung aller schmutzigen Leidenschaften des Menschen», welche das aktuelle Elend geschaffen hätten, entgegnet er polemisch, dass der aktuelle Staat nicht vom Kommunismus zu unterscheiden sei: «Heute, wo wir im kompliziertesten und brutalsten Kommunismus stecken, wie nie vorher? Heute, wo der Einzelne von seiner Geburt an bis zu seinem Tode vom Staat, von der Gemeinschaft mit Beschlag belegt wird?»[17]

Das Ideal von John Henry Mackay, der später auch Bücher über die Gleichstellung von Homosexuellen veröffentlichte, lag in der Leichtsinnigkeit, in der Bejahung der Kunst ebenso wie in der Ablehnung der (geregelten) Arbeit; als wandelnde Provokation stolzierte der «unerträgliche Snob», wie er von Stanisław Przybyszewski tituliert wurde, durch die Cafés und provozierte mit seinen Thesen. Diese wurden viel diskutiert, verfehlten aber ihre Wirkung in der Breite der Gesellschaft. Den Konservativen waren sie zu progressiv, den Sozialisten zu künstlerisch-verschroben. Friedrich Engels spottete, dass Anarchisten vornehmlich deshalb als «Einzige» aufträten, weil keine zwei von ihnen sich vertragen könnten.[18]

Viele von denen, die den Anarchismus als valable Alternative erachteten, konnten ihre Politikverachtung nur schlecht verbergen. Vor allem die regelbasierte institutionelle Politik kam bei ihnen schlecht weg – wie wollte man mit Anträgen und Gegenanträgen in irgendwelchen Gremien, mit kleinteiliger Arbeit in der Fraktion und im Parlament eine neue Welt schaffen? Eine immer größere Gruppe von Boheme-Künstlern liebäugelte zu Anfang des 20. Jahrhunderts mit der Zerstörung, mit dem großen Knall, der die Verhältnisse umwälzen würde. Strindberg, der sich als «Sozialist, Nihilist, Republikaner, alles was den Reaktionären entgegengesetzt werden kann» bezeichnete, war längst nicht der Einzige, der so dachte. Er schrieb, «dass nichts ausgerichtet werden kann, wenn nicht alles verbrannt und gesprengt wird, um dann etwas Neues zu schaffen».[19] In letzter Konsequenz sahen viele den Einzelnen – so wie ihn Stirner eingeführt hatte – als denjenigen an, der sich den anonymen Verhältnissen widersetzen und die anderen mitreißen würde. Der «neue Mensch» ging der «neuen Gesellschaft» voraus – eine subtile Vorbereitung auf das Führerprinzip, das im 20. Jahrhundert so viel Unheil anrichten würde.

Auch der Anarchist Gustav Landauer wehrt sich gegen ein vulgärmarxistisch-deterministisches Geschichtsverständnis. Ihm schwebt eine Aussöhnung zwischen Sozialismus (Vergesellschaftung) und Anarchismus (Individualität) vor: Der Grund und Boden sowie die Arbeitsmittel werden seiner Idealvorstellung nach von der Allgemeinheit gehalten und stehen allen frei zur Verfügung. Doch allen Einzelnen würde die Möglichkeit gegeben, sich frei zu entfalten. Er erläutert diese Konzeption mit einem Regenschirm-Gleichnis: Im Anarchismus steht den Menschen (anders als im Kapitalismus) ein sozialer Regenschirm zur Verfügung. Der Einzelne soll aber (anders als im Sozialismus) nicht unter den Schirm gezwungen werden, das Prinzip der Selbstverantwortung bleibt bestehen; «wer nass werden will, den zwingen wir nicht zur Trockenheit».[20] Die von ihm gefundene Formel «Freiheit des Einzelmenschen auf dem Grunde der wirtschaftlichen Solidarität» fasst seine Idealvorstellung wohl am besten zusammen.

Anders als die weltumspannenden Vorstellungen des Marxismus zieht Gustav Landauer lokale und dezentrale Lösungsmöglichkeiten vor: «Um unsre Angelegenheit vernünftig und gerecht zu ordnen, werden wir nur selten die ganze Menschheit bemühen müssen, wir bedürfen keines Menschenparlaments und keiner Weltbehörde.»[21] Er singt das Loblied der direkten und unmittelbaren Demokratie des isländischen «Thing»: «So traten die Dorfgemeinden und die Stadtgemeinden zusammen, so gaben die Beauftragten Rechenschaft, so wurden neue Beauftragte ernannt, so gab es heiße Köpfe und Streit und Wut und Einigkeit und Beschluß. Und das war eine freie, öffentliche Sache, und jeder stand seinen Mann und stand bieder und ehrenfest in seinen Stiefeln und dachte und wirkte fürs gemeine Ganze.» Und Landauer vergleicht dies mit den Teilnahmemöglichkeiten einer repräsentativen Demokratie: «Heute! heute geht ihr, alle fünf Jahre einmal, zur Wahl! Nichts wird euch vorgelegt, kein Gesetz, kein Entwurf, gar nichts. Ihr geht mit einem amtlichen Wahlkuvert ins Klosett, steckt behutsam einen Zettel mit vorgedrucktem Namen hinein, klebt zu, daß keiner sehe, was ihr denkt und beschließt, und werft das Briefchen in einen verschlossenen Topf.»[22] Und er fragt, ob es denn «wirklich noch Einfältigeres, noch Öderes, noch Plebejischeres» gebe, «als das, was sie Wahl nennen»? Der romantische Revolutionär, der Landauer unzweifelhaft ist, verzweifelt an den realpolitischen Alternativen. Die parlamentarische Demokratie kommt ihm defizitär vor, durchritualisiert und entsinnlicht, eine graue, klebrige Masse, wo doch das befreite Leben ein Fest voller Farben sein sollte. Wie anders könnte es in der Anarchie sein, ruft er pathetisch aus. Denn: «Die Anarchie ist kein fertiges und totes Gedankensystem; die Anarchie ist das Leben der Menschen, die dem Joche entronnen sind.»[23]

Mit seiner Weltanschauung protestiert Landauer gegen die Verkürzung des bürgerlichen Lebens. Politik ist seinem Verständnis nach weniger ein auf Moderierung von Interessensgegensätzen ausgerichteter formaler Prozess, sondern ein spontaneistischer, mitreißender Aktionismus, der die Möglichkeit der Selbstverwirklichung bietet. Bis heute ist Landauers Kritik über die Abstraktheit der politischen Prozesse fast unverändert zu vernehmen: Eine Ursache der allgemeinen Politikverdrossenheit sei darin zu suchen, dass sich Staatsbürgerinnen und Staatsbürger kaum mehr einbringen könnten. Nur ist Landauers anarchistischer Lösungsansatz viel weniger genuin politisch als ästhetisch fundiert; die Umwälzung der Verhältnisse solle von der Kunst ausgehen. «Denn alles künstlerische Schaffen entspricht der Sehnsucht nach Befreiung von Zwang und ist im Wesen frei von Autorität und äußerlichem Gesetz», formulierte Erich Mühsam diesen Gedanken.[24] Damit aber kommt der Kunst eine neue, so vorher nicht dagewesene Bedeutung zu. Das galt insbesondere für das Theater, das eine für heutige Verhältnisse atemberaubend große gesellschaftliche Relevanz hatte. In der befreienden Form, die das Sprechen auf einer Bühne eröffnet, konnten in der Gesellschaft brodelnde Konflikte in einer bis dahin nicht dagewesenen Schärfe und Radikalität verhandelt werden. Der zunehmend unüberbrückbare Graben zwischen Sozialdemokratie und Boheme war auch das Ergebnis eines Richtungsstreits, der in der Frage nach der Rolle des Theaters bei der gesellschaftlichen Umwälzung ausgetragen wurde.

Arbeiterinnen in Orchestersesseln: Theater und Politik

Isidor Kastan, früher Gynäkologe und Badearzt, jetzt Theaterkritiker und Schriftsteller, hat sich am 20. Oktober 1889 etwas vorgenommen, als er sich auf den Weg ins stattliche Berliner Lessing-Theater macht. Das Stück, das gleich zur Aufführung kommen wird, hat er gelesen und sich eine Meinung gebildet. Ihm fällt auf, dass in den vollbesetzten Reihen deutlich mehr junge Leute als üblicherweise im Theater sitzen. Hatten die wirklich alle ihren Mitgliedsbeitrag entrichtet? Anhänger des Naturalismus offenbar, in gespannter Erwartung dessen, was kommt, sobald sich der Vorhang öffnet. Das Stück nimmt also seinen Lauf, von Akt zu Akt in erregterer Atmosphäre: Stampfen, Zischlaute, Buhrufe, Pfiffe, Szenenbeifall, Gejohle ertönt aus dem Publikum, eine hin- und herwogende Stimmung; Ablehnung und Zuspruch scheinen sich die Waage zu halten. Das Lachen klingt manchmal höhnisch, manchmal mitfühlend. Im fünften Akt endlich ist der Augenblick gekommen, auf den sich Isidor Kastan vorbereitet hat. Zwei als Aufpasser abdelegierte Vorstandsmitglieder können nichts mehr ausrichten. Kastan steht auf und schwingt, begleitet vom Ausruf «Sind wir denn hier in einem Bordell?», die mitgebrachte Geburtszange. Aufruhr, Tumult im Saal. Merkwürdig nur, dass das Wimmern und die Schreie der gebärenden jungen Mutter, wogegen Kastan hatte protestieren wollen, gar nicht zu hören waren (geschweige denn die Gebärende zu sehen) – Otto Brahm, Intendant der Freien Bühne, hatte sich wegen anonymer Briefe, die ihn im Vorfeld dieser denkwürdigen Uraufführung erreicht hatten, bereits zuvor entschlossen, das Stück von einigen Derbheiten zu säubern.

Bei der revolutionären Aufführung handelte es sich um das Erstlingswerk von Gerhart Hauptmann. *Vor Sonnenaufgang* spielt im Milieu schlesischer Bauern. Im Mittelpunkt des Dramas steht die Familie Krause, die durch den Verkauf ihres kohlehaltigen Landes reich geworden ist. Ihr neuer Wohlstand aber hat nur ihre schlechtesten Charaktereigenschaften hervortreten lassen. Roh und ordinär gehen die Familienmitglieder miteinander um, sie prassen mit ihrem Geld und trinken zu viel Alkohol. Einzig Tochter Helene aus erster Ehe des alten Bauern Krause, deren Mutter gestorben ist, will mit ihrer Bescheidenheit nicht recht zur Familie passen. Das Drama nimmt seinen Lauf, als der Sozialreformer Alfred Loth, der das Ziel verfolgt, eine volkswirtschaftliche Studie über das schlesische Kohlerevier zu schreiben, seinen Fuß über die Schwelle des Bauernhauses setzt. Sogleich preist ihm Bäuerin Krause ein Getränk an: «De Flasche kust uns fufza Mark, Sie kinn' a dreiste trink'n. Direct vu Rheims iis a, mir satz'n Ihn gewiß nischt Schlechtes vier, mir mieja salber nischt Schlechtes.» Aber Loth lehnt ab. Er trinkt nicht, er trinkt – eingeschworener Antialkoholiker, der er ist – niemals. Er wendet sich der schlichten Helene zu, und fast sieht es nach einem Happy End aus. Doch ohne Begründung ihr gegenüber zieht er sich zurück. Er kann nicht ertragen, dass Helene, wie ihm der Arzt im Vertrauen eröffnet, aus einer Alkoholikerfamilie stammt. Daraufhin nimmt sich Helene das Leben.

Das unerhört Neue, das in diesem Drama zum Ausdruck kommt, besteht in Hauptmanns Gabe der prägnanten Milieuschilderung mit dem Ziel absoluter Authentizität. Er geht der Veränderung der Sozialstruktur im schlesischen Kohlerevier auf den Grund. Unterschiedliche Sprachwelten treffen aufeinander: Der schlesische Dialekt der Bauernfamilie kontrastiert mit dem bemüht-moralischen Duktus des Sozialreformers Loth. Hauptmann schildert Ehebruch, Genusssucht, Alkoholismus, Prasserei sowie die beginnende Selbstbefreiung der Frau stimmig bis ins kleinste Detail – sogar die Regieanweisungen sind so detailliert ausgearbeitet, dass bei den Lesenden ein genaues Bild entsteht. Hauptmanns Sympathien liegen unzweifelhaft auf der Seite der Bescheidenen, der Gedemütigten und Zukurzgekommenen, besonders bei Helene, deren Opfertod am Schluss des Stücks die patriarchalische Welt, in der sie leben musste, gleichzeitig in Frage stellt und in ihrer Dominanz bestätigt. Aber, und das ist das Entscheidende im beginnenden Naturalismus, die Momentaufnahmen des menschlichen Lebens, dargestellt mit einer rücksichtslosen Kühnheit und derben Deutlichkeit, kommen ohne moralischen Zeigefinger aus – auch der Sozialreformer Loth wird nicht als Vorbild, sondern als ambivalente Figur dargestellt.[25]

Auf die Aufführung von *Vor Sonnenaufgang* folgt ein einigermaßen skurriler Gerichtsprozess. Geklagt hat der geburtszangenschwingende Empörer Isidor Kastan. Er ist nicht einverstanden damit, dass ihm die Mitgliedschaft bei der Freien Bühne vom Vorstand aufgrund der Vorfälle im Saal des Lessing-Theaters entzogen wird. Das Gericht nimmt eine ausgesprochen sorgfältige Abwägung vor, wie dem in der Zeitschrift *Freie Bühne* abgedruckten Urteil zu entnehmen ist. In ihm wird festgehalten, dass der Kläger als Mitglied des Vereins Freie Bühne zu Unrecht geltend machte, die Vereinssatzungen seien für ihn nicht bindend. Mit dem Schwingen der Geburtszange habe er das, «worüber auf der Bühne nur geredet wurde», zur «thatsächlichen Anschauung» gebracht und damit erst «die Anstößigkeit mitten in den Zuschauerraum hinein» verpflanzt. Darin liege «eine Handlung, die dem Zwecke des Vereins zuwiderläuft, weil diese Anderen gekommen waren, sich das Stück anzusehen, nicht aber die Zange des Beklagten». Entgegen dieser Argumentation gibt das Gericht Kastan trotzdem Recht: Er habe die Geburtszange bekanntlich nur ein einziges Mal geschwenkt, stellt es sachlich richtig fest, das Gesetz verlange aber ein beharrliches Zuwiderhandeln gegen das Vereinsinteresse als Begründung für einen Ausschluss. Ergo: Der Vereinsausschluss war nicht rechtens.[26] Kastan darf Mitglied bei der Freien Bühne bleiben – ob er sich über spätere Aufführungen erneut empört hat, darüber schweigen die Quellen, und auch in seinen Erinnerungen geht er über die Freie Bühne ungnädig kurz hinweg, «aus Gründen, die für jeden Kundigen auf der Hand liegen».[27]

Bei der Freien Bühne handelte es sich um ein Mitgliedertheater, das 1889 nach dem Vorbild des Pariser Théâtre libre ohne festes Haus und Ensemble gegründet worden war. Die Form des geschlossenen Vereins wurde gewählt, um die preußische Zensur zu umgehen. Der Leiter des Vorstands Otto Brahm formulierte das Credo: «Im Mittelpunkt unserer Bestrebungen soll die Kunst stehen; die neue Kunst, die die Wirklichkeit anschaut und das gegenwärtige Dasein.» Die Gründung war auch als Protest dagegen zu verstehen, dass naturalistische Dramen auf Berliner Bühnen mit starkem Gegenwind zu kämpfen hatten: «Nicht das Alte, welches lebt, nicht die großen Führer der Menschheit sind uns die Feinde; aber das todte Alte, die erstarrte Regel und die abgelebte Kritik, die mit angelernter Buchstabenweisheit dem Werdenden sich entgegenstemmt – sie sind es, denen unser Kampfruf gilt.»[28]

Ein ganzes Netzwerk von Personen engagierte sich für die Freie Bühne. Zur Zentralfigur als Präsident des Vorstands entwickelte sich indes Otto Brahm, der 1881–1885 als Theaterkritiker für die *Vossische Zeitung* tätig gewesen war. Der unter dem Namen Otto Abrahamson in ein liberales jüdisches Elternhaus in Hamburg geborene Brahm führte die Freie Bühne mit seiner Eloquenz und Durchsetzungskraft auf strategische Weise; er war es, der über die Inszenierungen entschied. Brahm sah sich als denjenigen an, der Gerhart Hauptmann für das große Publikum entdeckt habe – ein Anspruch, den auch andere erhoben, unter anderem sein früherer Redaktionskollege bei der *Vossischen Zeitung* Theodor Fontane.

Aber schon bald regt sich, sogar aus dem eigenen Vorstand, Widerstand gegen Brahm und dessen, wie gesagt wurde, verengte Auffassung über den Naturalismus. Heinrich Hart nennt ihn einen guten «Geschäftsmann», nur sei von ihm «im Sinne einer feineren Idealität, einer grossen Geistes- und Ideenkunst» nichts zu hoffen. Das Urteil seines Bruders Julius ist keineswegs positiver: «Gerade kein Anreger, kein Begeisterer, kein Entdecker und Pionier, kein Weiser neuer Wege und nicht schöpferisch», aber möglicherweise sei Brahm gerade deswegen der rechte Mann.[29] Besonders musste sich Brahm gegen den Vorwurf der «traurigen Ausländerei» verteidigen. Er habe abgesehen von Hauptmann keinen einzigen deutschen Newcomer auf die Bühne gebracht, dafür mit Ibsen, Strindberg, Bjørnson und Tolstoi zahlreiche bewährte Autoren ausländischer Herkunft.

Aber die lebendige Theaterstadt Berlin bot noch weitere Möglichkeiten: Nahezu gleichzeitig mit der Freien Bühne wurde die nicht mit ihr zu verwechselnde Freie Volksbühne gegründet. Diese unterschiedlichen Organisationen mit personellen Überschneidungen trugen der komplexen Gemengelage zwischen künstlerischem Aufbruch und politischen Erfordernissen Rechnung. Denn anders als die Freie Bühne war die Freie Volksbühne parteipolitisch verortet; sie sah sich, zumindest in den ersten Jahren nach der Gründung, als den verlängerten kulturellen Arm der sozialdemokratischen Partei.

Als sie 1890 gegründet wurde, bestand ihr Ziel darin, mit billigen Anrechtsvorstellungen für Arbeiterinnen und Arbeiter «beste und vom Geist der Arbeiterbewegung getragene Kunst» zu bieten. Der Chronist Julius Bab konstatierte: «Es war wohl das erste Mal seit den Tagen der alten Griechen, daß eine Theatergründung auf dem wahrhaft natürlichen Wege geschah, d. h. mit der Organisation des Publikums begann.»[30] Im Gründungsaufruf war zu lesen: «Das Theater soll eine Quelle hohen Kunstgenusses, sittlicher Erhebung und kräftiger Anregung zum Nachdenken über die großen Zeitfragen sein. Es ist aber größtenteils erniedrigt auf den Standpunkt der faden Salongeisterei und Unterhaltungsliteratur, des Kolportageromans, des Zirkus, des Witzblättchens. Die Bühne ist eben dem Kapitalismus unterworfen, und der Geschmack der Masse ist in allen Gesellschaftsklassen vorwiegend durch gewisse wirtschaftliche Zustände korrumpiert worden.»[31] Der Mitgliederbeitrag betrug erschwingliche 50 Pfenning im Winter, 25 Pfenning im Sommer. Die Freie Volksbühne mietete sich, bis 1914 ihr eigenes Theater am damaligen Bülowplatz fertiggestellt war, in andere Häuser ein, etwa im Lessing-Theater oder im Ostend-Theater. Mit Henrik Ibsens Stück *Die Stützen der Gesellschaft* wurde das Theater noch im Oktober 1890 aus der Taufe gehoben.

Die Freie Volksbühne stieß in eine Lücke: Innerhalb eines Jahres hatte sich die Zahl der Mitglieder auf 4000 erhöht. 1895 – damals waren bereits viele Gründungsmitglieder im Streit ausgeschieden – waren es bereits 7000. Friedrich Engels zeigte sich begeistert vom Aufbruch: «Die Plätze werden von den Abonnenten wie in der Lotterie gezogen, und man sieht Arbeiter und Arbeiterinnen in den Orchestersesseln und Logen, während die Bourgeois auf den Olymp verbannt sind. Das Publikum ist von einer Aufmerksamkeit, einer

Hingabe, ich möchte sagen, von einer Begeisterung sans égal. Kein Applaus, bevor der Vorhang fällt – dann aber ein wahrer Orkan. Und in pathetischen Szenen Ströme von Tränen.»[32]

Dennoch waren in der Leitung der Freien Volksbühne – Motto: «Die Kunst dem Volke» – zu keiner Zeit Arbeiter vertreten, und auch bei der Spielplangestaltung hatten sie nicht mitzureden. Auch dieser Verein wurde von bürgerlichen Intellektuellen, ausschließlich Männern, geprägt, allen voran der illustre Freigeist Bruno Wille als treibende Kraft. Der 1860 in Magdeburg geborene Wille war 1883 nach Berlin gekommen, wo er ein Philosophiestudium aufnahm, ohne es abzuschließen. Danach war er als Hauslehrer in Bukarest tätig, um 1888 mit seiner Dissertation mit dem Titel *Der Phänomenalismus des Thomas Hobbes* doch noch einen akademischen Grad zu erlangen. Er trat mit naturalistischen Schriftstellern in Kontakt und gehörte Vereinen wie dem Ethischen Club an. Ohne selbst Mitglied zu sein, zählte er zu den Sympathisanten der sozialdemokratischen Partei.

Doch kaum war Bruno Wille zum Leiter der Freien Volksbühne ernannt worden, trat die Entfremdung zur Sozialdemokratie offen zutage. Als Teil einer Gruppe von Jungen kritisierte er die Partei. Die sozialdemokratischen Reichstagsabgeordneten hätten durch ihre parlamentarische Arbeit zwar an Selbstbewusstsein gewonnen und 15 Mark Diäten pro Tag einkassiert. Aber das Ziel der Sozialdemokratie bestehe nicht darin, eine «Züchtungsanstalt für Berufsparlamentarier» zu sein, die sich, eingelullt durch die Privilegien als Mandatsträger, unweigerlich von der Basis entfernen würden. Eine echte Opposition zur parlamentarischen Politik sei gefragt, nicht diese lavierende Haltung, die sich zwischen (das System legitimierender) Partizipation und Verweigerung nicht entscheiden könne. Die Reichstagsfraktion habe eine zu große Macht in ihren Reihen akkumuliert. Die Kritikpunkte der Jungen umfassten 14 Punkte, darunter: «Die ganze Bewegung ist verflacht und zur puren Reformpartei kleinbürgerlicher Richtung herabgesunken.» Ganz offensichtlich störten sich die Jungen bereits damals am sich abzeichnenden Wandel einer revolutionären Klassenpartei zu einer reformorientierten Volkspartei.[33]

Ein Artikel von Bruno Wille in der *Sächsischen Arbeiterstimme* führte zum Zerwürfnis zwischen der Parteiführung und August Bebel auf der einen und den Jungen auf der anderen Seite. Wille wandte sich gegen die autoritären Strukturen in der Partei, in der «persönlicher Ehrgeiz und private Interessen» der Mandatsträger Oberhand über das Wohl aller Parteimitglieder gewonnen hätten. Diese Kritik ließ die sozialdemokratische Parteiführung nicht unwidersprochen auf sich sitzen. Sie setzte durch, dass die oppositionellen Jungen ihre Veröffentlichungen nicht mehr in Parteibuchhandlungen vertreiben durften mit der Begründung, dass die Partei nicht nur eine vage Ideengemeinschaft sei. Bebel machte sich auf eine Tour durch verschiedene Städte, um Überzeugungsarbeit zu leisten und Zweifelnde auf die Seite der Parteileitung zu ziehen.

Die Fronten sind klar abgesteckt, als es am 25. August 1890 zum Showdown zwischen der jungen und der alten Sozialdemokratie in der Brauerei Friedrichshain kommt. Schon nachmittags um drei Uhr pilgern die ersten Arbeiter zu der Brauerei, obschon das Versammlungslokal erst um halb sechs öffnet. Die Pferdebahnwagen, die zur Brauerei Friedrichshain fahren, werden förmlich gestürmt. Sobald die Türen geöffnet werden, ergießt sich die Menge in den Saal. Bald wird es zu eng, Tische und Stühle werden von den Anwesenden hinausgetragen, um mehr Platz zu schaffen. Einige gelangen noch durch die Fenster ins Innere, doch eine Menge von rund 10 000 Personen wird von Konstablern am Einlass gehindert.

«Kopf an Kopf» steht die Menge und ist längst aufgeheizt, als August Bebel um acht Uhr mit der Droschke vorfährt. Unter «minutenlanger Ovation» schreitet er durch die Menge hinauf zur Orchesterbühne. Das Streitgespräch mit Bruno Wille, das er gleich zu bestehen haben wird, ist der Höhepunkt des Abends. Es findet, begleitet von Zwischenrufen, Buhrufen, Pfiffen, höhnischem Gelächter, in einer nahezu tumultuösen Atmosphäre statt; und schnell wird klar, wer an diesem Abend die Gunst des Publikums erringt, wer als Sieger aus dem Lokal gehen wird. Es ist der alte Fuchs August Bebel, der gewiefte Parteistratege und geschickte Rhetoriker, der schon Jahre zuvor das Eisenacher Programm von 1869 geprägt hatte und auch dieses Mal mit seinen überlegenen Voten die Gunst der Anwesenden auf seine Seite zieht. Als Bruno Wille gegen Gejohle und Gezische endlich zu seiner Rede kommt, bemerkt er, der Streit habe sich auf der persönlichen Ebene zwischen ihm und Bebel zugespitzt. Weiter aber kommt er nicht im ungeheuren Tumult, der ausbricht. Ein Genosse tritt auf die Tribüne und schreit «Handelt ihr sozialdemokratisch?», worauf viele der Anwesenden «Nein» skandieren. Endlich kommt Wille dazu, unter dem Unmut des Publikums seine Argumente vorzubringen, er spricht von Korruption und davon, dass durch den Parlamentarismus «unserem Parteileben eine schwere Gefahr» drohe. Aber als bürgerlicher Intellektueller hat er in diesem Milieu der Arbeitenden mit schwieligen Händen und harten Gesichtern einen schweren Stand. Allzu schwer wiegen die Vorurteile gegen ihn und andere weltfremde Schöngeister, die angeblich mit unausgegorenen Ideen die Einheit und damit die Schlagkraft der Sozialdemokratie aufs Spiel setzen wollen. Gegen Mitternacht, sechs Stunden nach Beginn der denkwürdigen Versammlung, wird sie geschlossen. Die Menge, oder was von ihr übrig geblieben ist, strömt an die frische Nachtluft. Nicht wenige Arbeiter haben aber schon zuvor «todtmüde und erschöpft den Saal verlassen».[34]

Auch wenn der formelle Ausschluss der oppositionellen Jungen erst am Erfurter Parteitag 1891 vollzogen wird, ist nach diesem Abend die Trennung faktisch besiegelt. Die Abtrünnigen gründen den Verein unabhängiger Sozialisten (USPD) als Gegenpartei. Deren Programm nimmt sich mit der Betonung einer dezentralen und spontaneistischen Ausrichtung, mit der Befürwortung wilder Streiks und der Agitation bei unzufriedenen Arbeitern auf dem Papier recht überzeugend aus, es hat aber ein großes, nicht zu überwindendes Manko: Die Partei wird von Menschen gegründet, die Parteien und dem Parlamentarismus kritisch gegenüberstehen. Es folgen drei Jahre Aufbauarbeit, in denen es nicht gelingt, der USPD eine solide Basis zu verschaffen, 1894 wird sie wieder aufgelöst. Einige frühere Abtrünnige kehren in den Schoß der Sozialdemokratie zurück, andere, unter ihnen Bruno Wille, wenden sich definitiv von der parlamentarischen Demokratie ab.

Der Konflikt zwischen der anarchistischen Volkspädagogik und der Sozialdemokratie macht auch vor der Freien Volksbühne nicht Halt. Nach dem Zerwürfnis kann sich Bruno Wille nicht mehr lange als Vorsitzender halten. Mit Franz Mehring übernimmt 1892 ein linientreuer Sozialdemokrat die Leitung. Er positioniert sich klar gegen die bisherige Richtung: Die naturalistische «Fäkalkunst» ist ihm zuwider; er möchte kein Theater, das «ewig um den Kehricht des Kapitalismus grinst» und den «arbeitenden und kämpfenden Proletarier nicht kennen will», dafür aber den «verkommenen Lumpenproletarier».[35] Damit ist das Bündnis zwischen bohemischer Literatur und sozialdemokratischer Partei gescheitert.

Die unterlegenen Literaten verleihen ihrer Enttäuschung und Wut über das Vorgefallene unverblümt Ausdruck. Julius Hart beklagt sich über die Ignoranz der Sozialdemokratie, welche in ihrer rohen «Nützlichkeitsnüchternheit» die neuen Strömungen des «jüngsten Deutschlands» nicht zur Kenntnis nähme. Viele ältere Herren der Sozialdemokratie würden nur Nationalökonomie, Naturwissenschaft und das Militär kennen. «Bücher, die keine statistischen Tafeln und Berechnungen aufweisen, sind für sie nicht vorhanden.» Ihre politischen Ansichten mögen «noch so revolutionär sein, aber in ihren ästhetischen Glaubensbekenntnissen gehören sie zur konservativen Partei».[36] Der Dichter Otto Julius Bierbaum ruft den Sozialdemokraten mit ihren «parteiverkalkten Herzen» zu: «Ihr seid die Knechtung» nicht minder «als Pfaffen, Junker, Kapitalisten.» Nur die modernen Künstler seien frei, denn «unsere Sehnsucht […]

ist der neue Mensch, und wir ahnen ihn voraus in einer neuen Poesie».[37] Die abtrünnigen modernen Künstler gründen daraufhin ihr eigenes Theater, das sie Neue Freie Volksbühne nennen. Erst 1913 werden sich die beiden Vorläuferinstitutionen der heutigen Volksbühne wieder vereinigen und ein Jahr später das neu erbaute Theatergebäude beziehen.

Nach dieser ernüchternden Erfahrung mit der Sozialdemokratie wächst bei den avantgardistischen Künstlern die Neigung, sich vollkommen aus den bestehenden Verhältnissen und der Realpolitik zu lösen. Immer mehr werden die Starrheiten des Systems empfunden, der Untertanengeist in der Bevölkerung, die als einengend empfundene Parteidisziplin, die Begrenztheit des Lebens an sich. Der Individualismus setzt sich durch. Mit dem zunehmenden Unbehagen wächst die Bereitschaft, sich neue geistige Ordnungen zu erschließen, und zwar solche, die dem eigenen Anspruch auf Harmonie und Schönheit genügen. Der Kunst und der Literatur kommt immer häufiger eine neue Rolle zu: Sie wird zu einem Korrektiv einer entfremdeten Welt, die aus den Fugen geraten ist.[38] Ein Mystizismus hält Einzug, eine Naturschwärmerei, ein religiöser Erweckungsglaube. Nicht wenige aus der Boheme inszenieren sich als Seherinnen und Heilige: Sie schauen dem Leben eher zu, als dass sie an ihm teilhaben. Entrückt vom Alltagsdasein verbindet sie nichts mehr mit der übrigen Bevölkerung; sie lösen sich aus früheren Zusammenhängen, werden frei und ungebunden. Einsam wie Zarathustra sind sie, angewidert von der Vulgarität der geschäftigen Profanwelt. Sehnsucht und Traurigkeit bestimmen ihr Dasein, ebenso der resignierte Stolz der Unverstandenen. Endlich machen sie sich auf die Reise. Wohin? Sie können es selbst nicht immer sagen. Das eigene Innere könnte das Ziel sein. Oder exotische Welten. Manche gründen einen Bund, eine Neue Gemeinschaft der Erwählten.[39]

Ich will in das Grenzenlose

Hat ein Baum eine Seele wie ein Mensch? Kann ein Baum träumen? In der Boheme, die um 1900 von der institutionellen Politik abrückt, gewinnen solche Fragen zunehmend eine Bedeutung. Der Weg, den viele nun gehen, führt ins Offene, ins Licht, ins Weite – man hebt den Blick, wendet sich dem Erhabenen, den Ewigkeitsproblemen zu, losgelöst von den Niederungen des Alltags und dem «öden Materialismus» der Sozialdemokratie. «Man hatte sie satt, übersatt, die graue Nüchternheit der Elendsliteratur, die engbrüstige Moral der Massenprediger, den herrschenden Rationalismus und die herrschende Politisiererei», schreibt der Berliner Dichter Heinrich Hart.[40] Vielen aus der Boheme geht es ähnlich wie ihm: Die Gesellschaft wird als defizitär wahrgenommen, als «entzaubert», wie es der Soziologe Max Weber später ausgedrückt hat. Die naturwissenschaftliche «Zergliederung» der Welt, die mit zahlreichen technologischen Fortschritten einhergegangen war, hinterließ ein Sinndefizit. Dieses versuchen nun einige aus der Boheme zu beheben, indem sie gedanklich in andere Sphären vorstoßen und sich für eine spirituelle Erneuerung öffnen.

Mit den Gedanken wandelt sich die Sprache: Die sozialkritisch empörte Anklage wird durch den schwärmerischen Hymnus abgelöst, mit dem die All-Einheit eines neuen Zeitalters beschworen wird. Das klingt wissenschaftsfeindlicher, ja esoterischer, als es die neuen Schwärmer verstanden haben. Denn Intellektuellen wie den Brüdern Hart oder Gustav Landauer geht es genau darum, die naturwissenschaftlichen Fortschritte, die sie durchaus reflektieren, in eine neue Erzählung zu betten. Die bahnbrechenden Erkenntnisse Darwins, der die naturgeschichtliche Entwicklung der Arten als einen evolutionären Prozess dargestellt hatte, übertragen sie auf den kulturgeschichtlichen Weg der Menschheit. Damit lösen sie sich von christlichen Dogmen und begreifen die Menschheitsentwicklung im sozialdarwinistischen Sinn als ein beständiges Streben zum Höheren. Ein «neues Weltempfinden, heller, sonniger, weitherziger als das alte» entwickle sich[41] – und sie, die Künstlerinnen und Künstler, werden zu Kündern dieser neuen Weltharmonie. Entrückte Prophetengestalten, die sich absondern, und genau durch diese Absonderung, wie Gustav Landauer schreibt, mit ihrem vitalistischen Gegenzauber zu einer neuen Gemeinschaft finden: «Unsere Erkenntnis ist: wir dürfen nicht zu den Massen hinuntergehen, wir müssen ihnen vorangehen, und das sieht zunächst so aus, als ob wir von ihnen weggingen. Die Gemeinschaft, nach der wir uns sehnen, die wir bedürfen, finden wir nur, wenn wir Zusammengehörige, wir neue Generation, uns von den alten Gemeinschaften absondern.»[42]

Merkwürdige Entwicklung, die dennoch aus heutiger Sicht – Stichwort: Querdenker – nicht vollkommen überrascht: Nervöse Kaffeehausliteraten werden zu Naturenthusiasten, Individualisten suchen die Gemeinschaft, Großstadtmenschen gründen Orden und ziehen sich aufs Land zurück. Die distanzierte Ironie weicht dem Pathos, die Skepsis einer neuen Überzeugung, ja Gläubigkeit. Längst nicht alle aus der Berliner Boheme gehen diesen Weg, aber doch ein nicht zu unterschätzender Teil. Bruno Wille, der abgesetzte Vorsitzende der Freien Volksbühne, gehört zu ihnen. Bereits im Titel seines Gedichtbands *Einsiedler und Genosse* von 1890 klingt der Widerspruch an, um den in Zukunft sein Denken kreisen wird. In seiner «Philosophie der Befreiung durch das reine Mittel» präsentiert er einen Weg zur Emanzipation der Menschen von jeglichen institutionellen Zwängen. Sie bildet die Basis zu seinen 1901 veröffentlichten *Offenbarungen des Wacholderbaums*, einer Mischung aus philosophischer Betrachtung und wissenschaftlicher Erörterung, die als «Bibel des Pantheismus» mit emphatischen Naturbeschreibungen und Stimmungsbildern durchsetzt ist.

Mit seinen naturmystischen Gedichtbänden, die Bruno Wille in der Folge veröffentlicht, gewinnt er nie Anerkennung über sein engeres Umfeld hinaus. Nicht ohne Grund. Sie sind häufig mit rhythmischen Schwächen allzu durchsichtig auf eine vorhersehbare und sich ständig wiederholende Quintessenz hin verfasst – nämlich diejenige, dass die beseelte Natur von Schönheit und Harmonie durchdrungen sei. Das Vokabular, das er verwendet, stammt aus dem Schatz der Romantik; anders aber als beispielsweise Heinrich Heine gewinnt er ihm kaum je ein überraschendes Bild oder gar eine Pointe ab. Ein typisches Gedicht trägt den Titel *Einsamer Baum:*

Zersplissen ist mein Haupt
Vom schwarzen Wolkenwetter
Herbstwind und Regen
Raubt die letzten toten Blätter
So rag ich ganz allein
Aus ödem Heidekraut
Und träume von dem Hain
Der weit verloren blaut.[43]

Wer mag, wird im «einsamen Baum» ein Selbstporträt Bruno Willes erkennen, des bärtigen Mannes mit dem «mächtigen Haupt des Pan», wie ihn der Theaterkritiker Friedrich Luft beschrieben hat: Wie dem Baum haben ihm die Unbilden des Lebens Wunden geschlagen; und auch er träumt sich in eine lichte Zukunft, so illusorisch (weit verloren) sie auch ist. Bereits Zeitgenossen haben bemerkt, dass diese Pose ins Lächerliche zu kippen droht. Der Spötter Franz Blei vergleicht Wille in einem Artikel mit einem deutschen Schulmeister, der, anstatt Skat zu spielen und populäre Bücher zu lesen, vor dem Schlafengehen allein ans offene Fenster tritt «und – dunkler Gefühle voll – ‹Natur! Natur!› in die Nacht hinaus ruft».[44]

Mag auch ein Revival der Dichtungen Bruno Willes weiterhin auf sich warten lassen, so ist es doch aus heutiger Sicht ausgesprochen aufschlussreich, sich den Wandel seiner gesellschaftspolitischen und religiösen Vorstellungen vor Augen zu führen. In den 1880er-

Jahren tritt der abgebrochene Theologiestudent aus der evangelischen Landeskirche aus und schließt sich der Berliner Freireligiösen Gemeinde an. Diese hat sich vollständig vom christlichen Glauben gelöst und vertritt einen ethischen Monismus. Vereinfacht ausgedrückt handelt es sich um eine neureligiöse Weltanschauung, die den Menschen als Teil des evolutionären Prozesses begreift. In diesem metaphysischen Naturalismus werden, wie sich der monistische Theoretiker Ernst Haeckel ausgedrückt hat, «alle überhaupt vorhandenen Gebilde und Prozesse aus den Kräften der Natur ab[ge]leitet». Alles Sein und Werden ist den Naturgesetzen unterworfen; nach der monistischen Weltanschauung existiert keine Dualität von Geist und Materie und folglich – anders als in der christlichen Vorstellung – auch kein übergeordneter Gott. Die Menschen müssten ihr Geschick in eigene Hände nehmen, was in den Worten Bruno Willes so klingt: «Unsere Aufgabe aber ist es, mit diesem Licht [der naturwissenschaftlichen Erkenntnis] in die Welt zu leuchten und die brüderliche Gemeinschaft denjenigen Menschen, in denen das Himmelslicht des universellen, des göttlichen Selbstbewusstseins aufgegangen ist, zu organisieren.»[45]

Bruno Wille verfasst ein dreibändiges Lehrbuch zum Unterricht an den freireligiösen Gemeinden, in dem auch Verballhornungen christlicher Lieder zu finden sind. Auch in Broschüren mit Titeln wie *Der Tod* (1888) oder *Atheistische Sittlichkeit* (1892) verleiht er seinen antichristlichen Überzeugungen Ausdruck. In der Erzählung *Hoch über dem engen Tale* gesteht ein Pastor auf dem Totenbett einem Freireligiösen den geistigen Bankrott seines Lebens. Er habe sich ständig selbst belogen: «Und was Sie Gott nennen, ist nur ein Abbild des inneren Gottes.»[46] Die Reaktion des preußischen Kultusministeriums auf diese Provokationen lässt nicht lange auf sich warten. Es verbietet den Jugendunterricht in der freireligiösen Gemeinde, weil in ihm «das Dasein Gottes» geleugnet werde. Das schreckt die Verantwortlichen jedoch nicht. Mit Hinweis auf die verfassungsmäßig verankerte Religions- und Gewissensfreiheit halten sie ihre Sonntagsversammlungen weiterhin ab; Bruno Wille tritt als Redner auf. Weil er zusätzlich verbotenen Jugendunterricht erteilt habe, stellt ihn die Schulbehörde vor die Wahl: Entweder er zahle pro Vortrag 100 Mark Strafe oder er werde 10 Tage inhaftiert. Mit dem Ziel, die «öffentliche Meinung als Richterin und Helferin anzurufen» und einen riesigen Pressewirbel zu veranstalten, entscheidet sich Wille für die Haft. Er verbüßt sie in einer Zelle der Polizeistation Friedrichshagen.

In seiner nachträglich veröffentlichten Broschüre *Das Gefängnis zum Preußischen Adler* wird er der Haft mit den tollpatschigen Gefängniswärtern, die ihn zu bewachen hatten, eine humoristische Note abgewinnen. Doch als die Eindrücke noch frischer sind, klingt sein Bericht *Sibirien in Preußen* – er muss ihn im außerhalb von Preußen gelegenen Stuttgart drucken lassen – deutlich bitterer. Wille kritisiert die Unterdrückungsmaßnahmen der Obrigkeit in aller Schärfe. Sogar die Zeit der Fürstenherrschaft im 18. Jahrhundert sei liberaler gewesen; vieles durfte damals ausgesprochen werden, das nun bestraft werde. Auf der Bühne würde die Polizeizensur alle Stücke verbieten, die «die brennenden Fragen der Gegenwart in einem oppositionellen Sinne zu behandeln oder zu streifen scheinen»; auf dem Gebiet der Religion seien ähnliche Cancel-Bestrebungen im Gang. Es sei sogar noch schlimmer: Alle, die nicht ins Schema passten, würden mundtot gemacht. «Wer sich Behörden oder Gerichten unbequem macht, läuft Gefahr ins Irrenhaus zu kommen.» Dagegen besteht Bruno Wille auf rechtsstaatlichen Prinzipien und unabhängigen Gerichten. Er kämpfe gegen das System, betont er, nicht gegen einzelne Personen in der Schulbehörde im Kultusministerium. Denn allzu oft werde Verantwortung delegiert und verantwortungsloses Handeln mit Verweis auf den Befehl von oben legitimiert.[47]

Wille und mit ihm viele andere Freidenkende stellen sich um die Jahrhundertwende in immer radikalere Opposition zu allen staatlichen Institutionen und Parteien. Ihnen schwebt eine auf «Vernunftsfreiheit» basierende «Kampfgemeinschaft gegen das Dunkelmännertum» vor. Das schließt, wie Wille unmissverständlich anfügt, die grundsätzliche Ablehnung aller «Fürsten» und «Autokraten» mit ein.[48] Sie fühlen sich diesem Staat und dem System immer weniger zugehörig, als Künstler an den Rand gedrängt und verketzert. Was liegt da näher, als in der Geschichte nach anderen Ketzern Ausschau zu halten?

Einer, der sich anbietet, ist Giordano Bruno. Genau im Jahr 1600 war der frühere Dominikanermönch wegen seiner häretischen pantheistischen Auffassungen von einem kirchlichen Gericht zum Tod auf dem Scheiterhaufen verurteilt worden. Wie bereits Kopernikus hatte Giordano Bruno in Abrede gestellt, dass die Sonne sich um die Erde drehe und diese der Mittelpunkt aller über ihr liegenden himmlischen Sphären sei. Im Lichte der wissenschaftlichen Entdeckungen könne nicht mehr davon ausgegangen werden, dass die Erde der Mittelpunkt des Weltalls sei. Letzteres müsse man sich als von einer unendlichen Größe vorstellen. Und weiter: Niemand habe beweisen können, dass Jesus Gottes Sohn sei – stecke Gott nicht genauso in jedem Pflänzchen und sogar in jedem Stein? Also wurde Giordano Bruno auf dem Campo de' Fiori in Rom an einen Pfahl gebunden und, unter dem Beifall der zahlreichen Schaulustigen, der Scheiterhaufen unter ihm angezündet. Da die Folterknechte ihm mit einem *Mordacchia* genannten Dorn die Zunge durchbohrt hatten, hatten sie ihm – anders als Jesus am Kreuz – sogar die Möglichkeit des Schreiens genommen.[49]

In der zweiten Hälfte des 19. Jahrhunderts hatte Giordano Bruno eine bemerkenswerte posthume Karriere gemacht: Seine Werke erlebten eine Renaissance und wurden in zahlreichen Sprachen und Editionen neu aufgelegt; in Romanen und Theaterstücken wurden die zentralen Konflikte seines Lebens ausgebreitet. Sein Gedankengut passte offensichtlich ganz hervorragend in die Zeit. Der Märtyrer avancierte zu einer Symbolfigur des aufklärerisch-freiheitlichen Denkens, das sich gegen die dogmatische Arroganz der Kirche und aller anderen überkommenen Autoritäten wandte. Mit unverhohlener Genugtuung zitierten die Anhänger Giordano Brunos den Satz, den dieser gemäß einem Augenzeugen seinen Peinigern entgegengeschleudert haben soll: «Mit größerer Furcht verkündet ihr vielleicht ein Urteil gegen mich, als ich es entgegennehme!» Wie in anderen Städten bildet sich auch in Berlin im Jahr 1900, als sich der grausame Tod Brunos zum 300. Mal jährt, ein Giordano-Bruno-Bund – Bruno Wille wird zum Vorsitzenden gewählt.[50]

Bereits 1889 war ein erster Höhepunkt erreicht worden: Eine internationale Bewegung, sozusagen die Speerspitze des Fortschritts, hatte durchsetzen können, dass auf dem Campo de' Fiori in Rom, also genau dort, wo Giordano Bruno verbrannt worden war, ein Denkmal zu Ehren des Ketzers errichtet wurde. Die Enthüllungsfeier kam einer politischen Demonstration gleich. Ein glänzender Festzug mit 2000 Fahnen und 100 Musikchören bewegte sich durch die ewige Stadt. Zur Abschlusszeremonie versammelten sich die Feiernden rund um das Denkmal. Das Ehrenkomitee setzte sich aus den bekanntesten freidenkerischen Intellektuellen zusammen, die mit ihrem Renommee dem Anliegen der Initianten öffentliches Gewicht gaben, so die französischen Schriftsteller Victor Hugo und Ernest Renan, der russische Anarchist Michail Bakunin und der Philosoph der Evolutionstheorie Herbert Spencer. Aus Deutschland angereist waren der norwegische Dramatiker Henrik Ibsen und der Zoologe Ernst Haeckel. In einem Pressebericht war zu lesen: «Als nun unter langanhaltendem Beifall die Hülle des Bruno-Monuments fiel – der Schleier vom Bilde der Wahrheit –, da erbebte die päpstliche Zwingburg des Aberglaubens in ihren Grundfesten.»[51] Die Provokation war gelungen, und schon bald wurde das Denkmal, auf dem Giordano Bruno in einer Dominikanerkutte steht, etwas übertreibend in eine Reihe mit dem Pariser Eiffelturm und der New Yorker Freiheitsstatue gestellt, die nahezu gleichzeitig errichtet worden waren: Die drei Bauwerke stehen symbolisch für das moderne, liberale, vorurteilsfreie Denken, dessen weltweiter Siegeszug nicht aufzuhalten sei.

Sogar der sozialdemokratische *Vorwärts* mahnte im Vorfeld des Gedenktages für Giordano Bruno, dass Berlin nicht zurückstehen dürfe, «wenn es sich um eine Kundgebung des freien Geistes handelt – unter den heutigen Verhältnissen weniger denn je».[52] Zum 300. Todestag im Februar 1900 fand eine erste feierliche Veranstaltung für den «Märtyrer des freien Gedankens» statt, im Mai, nach der Gründung des Giordano-Bruno-Bunds, eine zweite, über die ein Berichterstatter schrieb: «Der kleine Saal war mit tiefsinnigen Ideenbildern von Fidus ausgestattet. Zwischen Lorbeerbüschen stand auf einem altarähnlich drapierten Tische das mächtig wirkende Giordano-Bruno-Bild von Fidus. Davor lagen blühende Fliederzweige. Dahinter auf ragendem Sockel Brunos Büste, flankiert von den Büsten Goethes und Spinozas.»[53] Nach einem musikalischen Auftakt wurde in gravitätischen Reden und Gedichtlesungen an den Märtyrer erinnert – Feiern für Ketzer sind offensichtlich eine ernste Sache. Selbstrelativierungen und Humor hätten sich wie Frevel ausgenommen: «Hier gibt es nicht viel zu lachen, zu kichern schon gar nicht.» Die zelebrierte Daseinsfreude suchte immer stärker nach (bürgerlich codierten) Würdeformen.[54]

Das Bildnis des Gestalters Fidus (wörtlich: der Treue, Hugo Höppener mit bürgerlichem Namen), das in der zentralen Blickachse des Saales platziert und später auch als Postkarte vertrieben wurde, verstärkt diesen Eindruck. Auf ihm wirkt Giordano Bruno mit seinem stechenden Blick, seinen ausgesprochen männlichen Gesichtszügen mit markantem Kinn und Nase eher wie ein germanischer Held als wie ein in sich gekehrter Dominikanermönch. Die hinter ihm züngelnden Flammen sind grafisch nur angedeutet, die leuchtend hellen Sterne stehen für die von ihm propagierte Weltanschauung. Bruno erscheint als Künder einer neuen, besseren Zeit. So erklärt sich auch die Rückenansicht der nackten jungen Frau, die sich mit ausgebreiteten Armen anstelle des christlichen Kreuzes um ihn gehängt hat. Sie symbolisiert das Archaisch-Naturhafte, für das Bruno mit seiner pantheistischen Religionskonzeption steht.

Als Parallelaktion zum Giordano-Bruno-Bund, der durch die Organisation von Vorträgen, Konzerten und Weihespielen in Erscheinung tritt, gründen die Brüder Heinrich und Julius Hart die Neue Gemeinschaft. 1901 gelingt es ihnen, in Schlachtensee im Südwesten von Berlin ein früheres Sanatorium mit 30 Zimmern anzumieten. Die Eingangshalle schmücken sie mit Bildern von Fidus, einer Nietzsche-Büste sowie einer Kopie von Böcklins *Toteninsel*. Die in violetter und grüner Farbe bemalten Räume repräsentieren den Positivismus und die Metaphysik und sind mit Sinnsprüchen versehen. Auf der Bühne im nahen Waldtheater werden Stücke aufgeführt und Lesungen veranstaltet.

Ihrem Anspruch nach ist die Neue Gemeinschaft ein Hort der Freiheit: In der zukunftsgläubigen Erwartung des Siegs der Wissenschaften soll in ihr im Zeichen geistiger Offenheit der Fortschritt eine Heimstätte finden.[55] Immer mehr beginnen die Feiern mit ihren szenischen und musikalischen Darbietungen kultischen Handlungen zu ähneln; in einer Mitteilung der Neuen Gemeinschaft werden die damit verbundenen Ziele erläutert: «Aus unserem dumpfen Hinvegetieren, aus den engen und verworrenen Auffassungen, den Sorgen und Fürchten des alltäglichen Lebens wollen sie uns zu den ewigen Höhen des Geistes emporheben, wo wir mit gesammelter Seele die Welt rein anschauen und unseres unzerstörbaren Allseins in allen Dingen und durch alle Dinge gewahr werden. Sie wollen dem modernen Menschen ein Ersatz sein für alte religiöse Feiern, die mit dem Verfall der alten Religionen und Kulturen für ihn an Inhalt und Bedeutung verloren haben.»[56] Auch für die Dichterin Else Lasker-Schüler ist die Neue Gemeinschaft ein geistiger Zufluchtsort. Sie nimmt an einer «Kahnfahrt ins Elysium» teil und trägt an mehreren Veranstaltungen Gedichte vor. Doch auf Dauer kommen ihr die Gemeinschaftsregeln zu einengend vor. Sie zieht sich mit folgender Begründung zurück: «Euch, meinen lieben Gleichfließenden die Kunde, dass ich, Euer Jünger, wieder in Berlin bin. Eden war zu klein für mich und nicht das wahre Paradies.»[57]

Eine schicksalshafte Begegnung hat sie aber der Neuen Gemeinschaft zu verdanken, nämlich diejenige mit dem Dichter, Aphoristiker und echten Bohemien Peter Hille. Ein unsteteres Leben als dieser moderne Vagabund führt kaum jemand sonst. Er lebt buchstäblich auf der Straße, übernachtet auf Parkbänken, oder, wenn ihm jemand Geld leiht, in Herbergen oder Hotels. Häufig schläft er bis mittags. Essen ist ihm nicht wichtig, aber einem «guten Trunk» ist er nicht abgeneigt. Als er einmal im Hotel Bremer-Hof in Berlin von der Polizei aufgegriffen wird, schreibt diese in einer Aktennotiz: «Derselbe macht den Eindruck eines heruntergekommenen Menschen und dürfte, soweit es die beigefügten schriftlichen Aufzeichnungen desselben bestätigen, geisteskrank sein.»[58]

Das sehen nicht alle so – in der avantgardistischen Künstlerschaft erfährt Peter Hille für seine ahnungsvollen und häufig kryptischen Notizen und Aphorismen viel Bewunderung – für längere Texte, gar Romane sind seine Lebensumstände nicht geschaffen. Er kritzelt seine literarischen Texte auf jedes Stück Papier, dessen er habhaft werden kann, auf Speisekarten, Tüten und Briefumschläge. Sogar als Herausgeber einer Zeitschrift versucht er sich. Doch nach zwei Nummern muss er das Erscheinen des *Kritischen Schneidemühl*, der nur Beiträge von ihm selbst aufnimmt, wieder einstellen –mit dem befreundeten Autor Detlev von Liliencron hatte er nur einen einzigen Abonnenten gewinnen können. Die Erfolglosigkeit und das Außenseitertum dieses literarischen Wanderpredigers sind Teil seiner Fama. Als er 1904 überraschend stirbt, wird sich die Wertschätzung, die seinem Wirken entgegengebracht wurde, erst richtig zeigen. Freunde von ihm geben das Gedenkbuch *Blätter vom fünfzigjährigen Baum* mit seinen schönsten Gedichten heraus, darunter das Gedicht *An Gott* – eine ahnungsvolle

Anrufung eines Gottes, der so ganz anders ist als der christliche Gott, von dem die Pfarrer von ihren Kanzeln herab predigen.

Deine Himmel sind mir viel zu süß:
Gib mir, mit freier Brust zu ragen,
Mit dir die Welten zu ertragen,
Wo du bist![59]

Für Frau Dr. Lasker übt dieser seltsame Mensch Peter Hille mit seinem merkwürdigen, etwas enigmatischen Werk eine ungeheure Faszination aus – wohl auch, weil er sich eine Kindlichkeit und Mystik bewahrt hat, die sie an ihrem wohlgeordneten Dasein vermisst. Das Leben als Hausfrau langweilt sie. Seit 1894 lebt sie mit ihrem Ehemann, dem jüdischen Arzt Berthold Lasker, im bürgerlichen Hansaviertel in Berlin. Die Ehe ist unglücklich; die Interessen der beiden gehen diametral auseinander: Während sie sich für avantgardistische Dichtung und Mystik begeistert, spielt er lieber jeden Abend Schach. Später wird Else Lasker-Schüler ihrem verehrten Dichterfreund Richard Dehmel aufatmend mitteilen, wie froh sie sei, sich von diesem «Plepejerzigeuner», der «Tag und Nacht in verräucherten Cafés gespielt hat», befreit zu haben.[60] Als Else Lasker-Schüler schwanger wird, kann sie nur eines ausschließen: dass das Kind von ihrem Ehemann ist. Den Vater ihres Sohnes Paul wird sie bis an ihr Lebensende geheim halten. Ihre dichterischen Werke, die sie bald im eigenen Atelier zu schreiben beginnt, sind stark von Peter Hille beeinflusst; er schreibt ein schönes Porträt über die «schwarze Sappho Israels», die kindlich strahle, aber urfinster sei.

Else Lasker-Schüler gibt sich nach außen als antibürgerliche Kunstfigur. Sie trägt bunte Röcke zu weiten Obergewändern, viel auffälligen unechten Schmuck, Ketten, Ohrringe und Fingerringe, auf dem Kopf ein türkischer Fez.

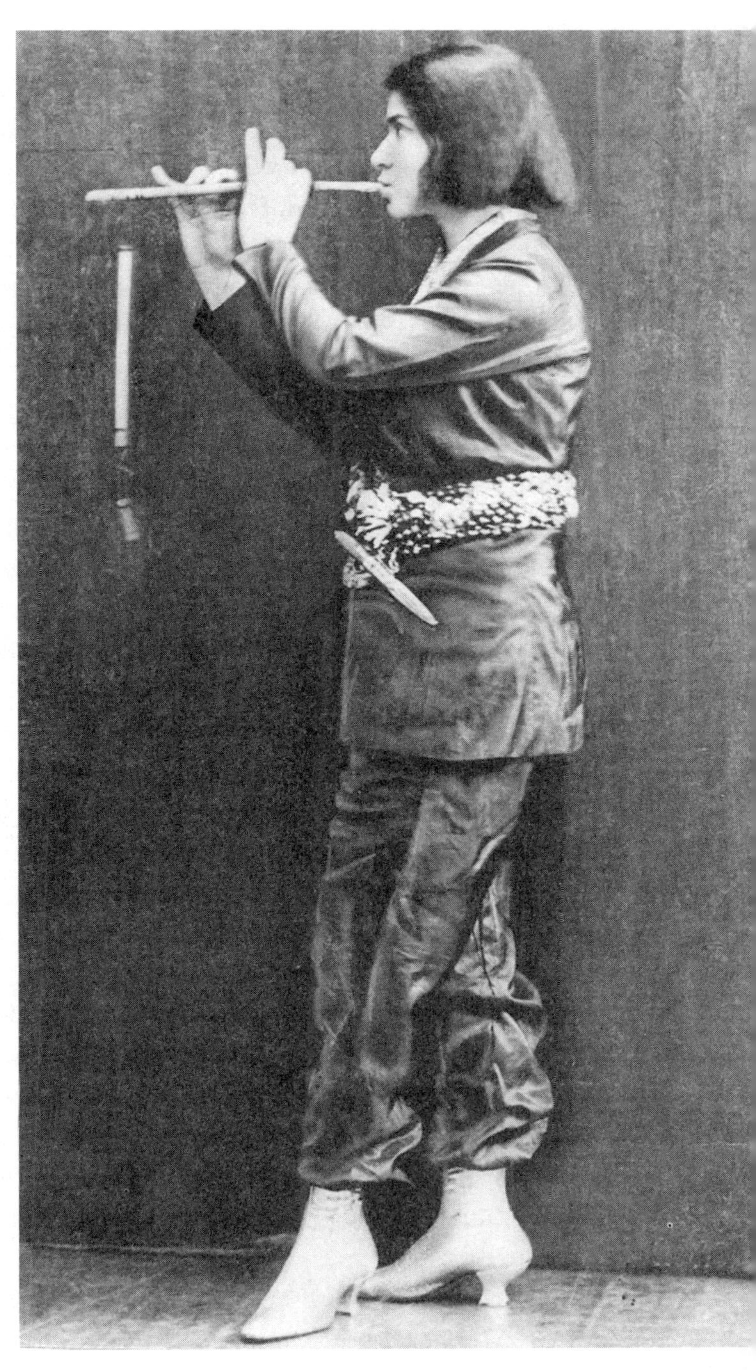

Ich will in das Grenzenlose

Eine größere Ehrerbietung ist kaum möglich: Ihr erstes veröffentlichtes Prosawerk betitelt Else Lasker-Schüler mit *Peter Hille-Buch.* Doch Überraschung: Mit dem konkreten Menschen Peter Hille, wie er zu Lebzeiten durch die Kaffeehäuser tingelte und Zettel vollkritzelte, hat das Werk zunächst einmal überhaupt nichts zu tun – und doch wieder alles: Dessen Verwandtschaft mit der Person ist viel tiefgründiger, als es ein bloßes Lebensbild sein könnte. Else Lasker-Schüler drückt ihre Bewunderung aus, indem sie in einem (nahezu biblischen) Legendenton ihrem verehrten Meister huldigt: Sie beschreibt den Weg eines einsiedlerischen Heiligen durch eine phantastische, wohl im Orient gelegene Landschaft – als Geschichte einer individuellen Künstlergenese mit zahlreichen Anspielungen auf existenzielle Situationen. Dem Werk, das wie ein unbehauener Block in einer ansonsten mit hübsch zurechtgemachten Quadern ausstaffierten Literaturlandschaft steht, wurde gleichermaßen Bewunderung wie Ablehnung zuteil: Die einen schätzten seinen frischen, unverbrauchten Ton, andere, unter ihnen die Frauenrechtlerin Hedwig Dohm, urteilten, das Werk sei zu hermetisch und lasse eine klare Aussage vermissen.[61]

Das mag zu prosaisch, zu unkünstlerisch gedacht sein. Denn das, was Dichterinnen und Dichter niederschreiben, ist für Else Lasker-Schüler ein «Extrakt höherer Wahrheit» – eine Wahrheit, die eben nicht allen gleichermaßen zugänglich ist. Als «Lieblinge Gottes» spielen wir, schreibt sie, «mit seinen erhabensten Schöpfungen und kramen in seinem bunten Morgen und goldenen Abend». Nach so einem Satz muss ein Aber kommen, das ihrer Aussage die nötige Fallhöhe gibt. Es kommt auch: «Aber der Spießbürger ist ein Schwerphilister, bleibt Gottes Stiefsohn, unser vernünftiger Bruder, der Störenfried.»[62] Gegen diesen ungeliebten Stiefbruder wird Else Lasker-Schüler ein Leben lang vorgehen; kompromisslos pflegt sie ihre Existenz als Bohemienne.

Außer während ihrer zweiten kurzen Ehe mit dem Galeristen und Gründer der expressionistischen Zeitschrift *Der Sturm* Herwarth Walden wird sie nie mehr eine eigene Wohnung haben. Sie lebt «möbliert» zur Untermiete in immer anderen Mansardenzimmern, mehrere Jahre auch in Hotels und Herbergen. Ihre Zimmer stattet sie mit viel Tand, Zeichnungen ihres Freundes Franz Marc, Plakaten und Schmucksachen aus; sie sind «vollgestopft mit Spielzeug, Puppen, Tieren, lauter Krimskrams», notiert ihr Liebhaber Gottfried Benn.[63] Die zierliche Frau gibt sich nach außen als antibürgerliche Kunstfigur: Ihre extravagante Kleidung und ihr Verhalten drücken Unangepasstheit aus. Sie trägt bunte Röcke zu weiten Obergewändern, viel auffälligen unechten Schmuck, Ketten, Ohrringe und Fingerringe, auf dem Kopf ein türkischer Fez. Bewusst pflegt sie einen androgynen Stil: Als «Prinz von Theben» lässt sie sich auch gerne in Männerkleidung fotografieren. Die mysteriöse Else Lasker-Schüler – eine exzentrische, unangepasste, durchstilisierte Erscheinung, weniger des wilhelminischen Kaiserreichs als eines orientalischen Fantasiereichs.

1902 tritt sie mit dem Gedichtband *Styx* an die Öffentlichkeit. Er ist ein Rausch der Sinne: Florale Metaphern sind in fast jedem der lockenden und schlingenden Gedichte zu finden. Sie beschwören eine schrankenlose Leidenschaftlichkeit, einen Sexus, für den es keine Beschränkungen mehr gibt. Im Gedicht *Weltflucht* sind alle diese Ingredienzen zu einem räuspernden, schmerzenden, sehnsüchtigen, bezirzenden, helldunklen Gedicht zusammengeführt – eines von denen, mit denen Else Lasker-Schüler ihren Ruhm begründete:

Ich will in das Grenzenlose
  Zu mir zurück,
Schon blüht die Herbstzeitlose
  Meiner Seele,
Vielleicht – ist's schon zu spät zurück!
O, ich sterbe unter Euch!
Da Ihr mich erstickt mit Euch.

Fäden möchte ich um mich ziehn –
Wirrwarr endend!
  Beirrend,
Euch verwirrend,
  Um zu entfliehn
    Meinwärts!

Die Person, die in diesem Gedicht spricht, hält kaum mehr etwas in der existierenden Welt. Unendlich groß ist der Wunsch, wegzugehen, zu fliehen. Sie erstickt an den Umständen, ihre Seele verkümmert, sterben möchte sie gar. Aber mit diesem Fluchtwunsch ins Grenzenlose, wo alle Unsicherheit und alles Wirrwarr endet, verbindet die vom Umgang mit den Mitmenschen Gepeinigte die Hoffnung, sie möge zu sich selbst gelangen. Das Gedicht kann so als radikale Selbstbehauptung einer Frau, die sich aus der gesellschaftlichen Umklammerung befreien will, gelesen werden. Anders als Bruno Willes Gedichte erschöpft es sich nicht in der Naturemphase; es reflektiert viel stärker die Aporien einer dichterischen Existenz, die bei allem Suchen in exotischen Welten doch auf sich selbst zurückgeworfen wird.

In gespannter Erwartung schickt Else Lasker-Schüler den Gedichtband an Richard Dehmel. Er antwortet nicht, woraufhin sie ihn sanft mahnt. Leider hat er den Gedichtband verlegt. Sie schickt ihn erneut, und diesmal antwortet der Dichter anerkennend. Auch sonst heimst Else Lasker-Schüler für den Band *Styx* viel Lob ein: Ihr Bekenntnis zum intensiven Leben, das im Angesicht des Todes noch intensiver werde, trifft den Nerv der Zeit. Else Lasker-Schüler kann sich als unabhängige Dichterin etablieren – aber ihr Credo, dass Glück nicht identisch sei mit einem langen Leben in Sicherheit, sondern vielmehr das Gegenteil davon, wendet sich gegen sie selbst. Ständige Geldsorgen sind der Preis für ihre Unabhängigkeit. In einem Brief schreibt sie, dass sie sich Geld besorgen müsse. Andernfalls sehe sie bald keinen anderen Ausweg mehr, als «mein schäbiges ganz hundsgemeines, widerliches, verkommenes Leben versichern zu lassen und dann ein Ende zu machen».[64]

Aber bis 1933, als Else Lasker-Schüler aus Berlin vertrieben wird, flieht sie nicht freiwillig und sie bereitet ihrem Leben auch kein Ende. Weshalb aber bleibt sie überhaupt in Berlin, in «dieser kalten unerquicklichen Stadt», fragt sie sich in ihrem Essay *Die kreisende Weltfabrik*. Sie könnte doch ihre Romanseele auf eine Weide bei Worpswede lüften gehen – das klingt ironischer, als sie es gemeint haben mag, denn danach führt sie aus: «Ich entzücke mich wie keine Zweite über alles, was wächst auf der Erde, und sammle die Eicheln und Kastanien und Beeren, alle die blühenden Spielsachen, auf den Wegen und bewahre den Grashalm vor der Brutalität des Trittes. Das Wasser ist mein Spielgefährte, mit seinen Muscheln und Tang.» Und doch ist sie auf die Großstadt angewiesen; hier «schallt der Schrei der Menschheit, das Getöse der Technik». Nichts weniger als Liebe verbindet sie mit Berlin; vielleicht eine Hassliebe: «Unsere Stadt Berlin ist stark und furchtbar, und ihre Flügel wissen, wohin sie wollen. Darum kehrt der Künstler – doch immer wieder zurück nach Berlin, hier ist die Uhr der Kunst, die nicht nach, noch vor geht.»[65]

Sich in exotische Welten träumen und doch in Berlin bleiben, sich absondern und doch zu einer Gemeinschaft gehören, Einzelne sein und doch Gruppen zugehörig: Mit solchen einander eigentlich ausschließenden Wünschen spielerisch umzugehen war zu Friedenszeiten in der Boheme gang und gäbe. Doch im August 1914 brach der Erste Weltkrieg aus. Aus der Sicht der Boheme war es tatsächlich ein «Ausbruch» wie ein Schicksalsschlag: Niemand von den bislang beschriebenen Persönlichkeiten war im militärisch-politischen Sinn an dessen Vorbereitung beteiligt. Viele hatten sich auch nicht vorstellen können, dass europäische Staaten gegeneinander in den Krieg ziehen würden. Als es doch so weit ist, ist die Zeit des Lavierens vorbei. Alle sind gefordert, eine Haltung dazu zu entwickeln.

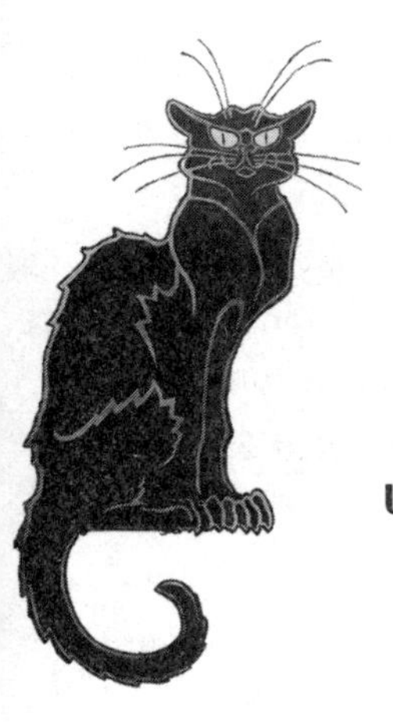

VI. Boheme und Erster Weltkrieg

Mimi Pinson stellt sich in den Dienst der Verteidigung

Im August 1914 rückt die deutsche Armee durch das neutrale Belgien nach Nordfrankreich vor. Millionen von Soldaten setzen sich teils freudig in Bewegung. Das militärische Kalkül besteht darin, in einer großen Zangenbewegung die französische Armee zu umgehen und Frankreich in kurzer Zeit zu unterwerfen. Im Zuge dieses Eroberungsfeldzugs kommt es bereits zu unvorstellbaren Kriegsgräueln in Belgien und im Norden Frankreichs, wo die deutschen Truppen viele Häuser dem Erdboden gleichmachen und ganze Städte niederbrennen. 1915 werden die ersten deutschen Zeppeline über Paris gesichtet. Die Zerstörung der Kathedrale von Reims wird zum Symbol des entfesselten Krieges, dessen Grausamkeit sich bereits in den ersten Kriegstagen abzeichnet, aber noch nicht voll entfaltet. Gleichwohl sind rund 700 000 Personen aus Belgien, Flandern und Nordfrankreich, darunter viele ältere Menschen, Frauen und Kinder, gezwungen zu fliehen. Sie gelangen mit dem Nötigsten, das sie mitnehmen können, hauptsächlich in Auffanglager nach Seine-Maritime, bevor sie auf andere Orte in Frankreich verteilt werden.

Der deutsche Angriff führt auf französischer Seite zu einer Welle des Patriotismus. Die Armee mobilisiert, vier Millionen Soldaten werden eingezogen. Bald wird der Bewegungskrieg von einem Stellungskrieg abgelöst. Es kommt zu großen Abnutzungsschlachten bei der Marne und in Verdun mit Maschinenkriegen von unvorstellbarer Grausamkeit. Hinter der Frontlinie baut der französische Staat ein soziales Netz auf, das der Versorgung der vielen Kriegsversehrten und der Zivilbevölkerung dient. Im *Comité de Secours National* werden diese Maßnahmen koordiniert und mit Plakaten, Postkarten und Aufrufen propagandistisch begleitet. *La soupe populaire*, die Suppe, welche Bedürftigen kostenfrei ausgeteilt wird, ist ein Symbol dieses französischen Widerstandswillens. Auch viele Künstler lassen sich für die Verteidigung des französischen Staates einspannen. Der Maler und Grafiker Félix Vallotton gibt das *L'Album national de la guerre* mit 60 Zeichnungen verschiedener Künstler heraus.

Mit dem Kriegsausbruch ändert sich das Leben in den europäischen Metropolen: Ob Paris, London, Berlin, München oder Wien, überall müssen ausländische Staatsangehörige feindlicher Nationen die Städte verlassen; viele kehren zurück in ihre Heimatländer. Ein Epochenbruch? Ganz bestimmt. Die internationale Boheme, wie sie bis 1914 bestand, löst sich auf. Gleichwohl wird sich zeigen, dass der Krieg für die Boheme eben nicht die Umwertung aller Werte bedeutete. Vielmehr bringt er Ideen und Verhaltensweisen an die Oberfläche, die bereits vorher kursierten.

Auch im Montmartre sind die Auswirkungen des Krieges zu spüren. Gleichwohl läuft das kulturelle Leben in reduzierter Form weiter. Die Cafés, Theater und Cabarets sind weiterhin offen; sogar Revuen werden gespielt. Doch die Inhalte vieler kultureller Produktionen stehen unter dem Stern der französischen Nationalverteidigung. Im November 1915 wird unter dem Patronat des Conseil Municipal de Paris im Petit-Palais eine Ausstellung militärischer Kokarden – der runden Stoffabzeichen, die auf Uniformen und

Mützen aufgenäht wurden – eröffnet. Dazu findet an Neujahr 1916 im Théâtre de la Renaissance eine Aufführung des Frauenchors Mimi-Pinson mit patriotischen Liedern statt. Unverkennbar wird damit der Mythos der hilfsbereiten und bescheidenen Grisette, die sich nach der Erzählung von Alfred de Musset in den Dienst anderer stellt, auf die aktuelle Kriegssituation übertragen. Eine Ikone der Boheme hilft als Krankenpflegerin und Schwester der Barmherzigkeit *(sœur de charité)* mit, das Land zu verteidigen und den Wehrwillen aufrechtzuerhalten.[1]

Gleichzeitig nimmt sich der junge Komponist Henri Gloublier des Stoffs an. Die Musik der Operette *La cocarde de Mimi-Pinson*, die während der Laufzeit der Ausstellung uraufgeführt wird, scheint gar nicht zu dem harten Krieg zu passen, so leicht, fröhlich und schmachtend, wie sie ist. Die Handlung spielt in einem Textilatelier in Paris, in dem hauptsächlich Frauen tätig sind. Hier werden die Kokarden «Mimi-Pinson» produziert und als Glücksbringer an die Front geschickt. Der eigentlich im Fronteinsatz stehende Leutnant Jean Robichon besucht das Atelier und flirtet mit der Atelierchefin Madame Frivolet. Es ist aber die junge Marie-Louise, in ihrer weiß gestärkten Bescheidenheit eine typische Grisette, die ihm ein doppelt gestärktes Medaillon näht und an der Uniform anbringt. Dieses rettet dem wieder an der Front stehenden Robichon das Leben – es hält eine Kugel auf. Madame Frivolet besucht den Verwundeten im Lazarett; dieser zeigt sich so dankbar für seine scheinbare Lebensretterin, dass er sie heiratet. Marie-Louise, die als typische Grisette nie auftrumpft, bleibt in dieser etwas rührseligen Operette mit gebrochenem Herz zurück und sagt – nichts. Erst im dritten Akt, als sie Jean eingeschlafen glaubt, gesteht sie ihm ihre Liebe. Die Heirat lässt sich nicht mehr rückgängig machen, aber großzügig überlässt ihr ihre frühere Chefin den Platz in der Association Robichon-Frivolet.

In einer Illustration, die mit der Operette verbreitet wird, hebt die Grisette Marie-Louise ihren Rock in den Farben der Trikolore so kreisrund, als sei sie selbst eine auf zwei bestiefelten Beinen stehende Kokarde. Dezent erotisch, amalgamiert sich in ihr der alte Boheme-Geist des Montmartre mit der neuen Verpflichtung zum Dienst an der *Patrie*, welche die gewissenhafte Grisette verspürt. Die Aufführung im Apollo-Theater ist ein Triumph: Die Lieder

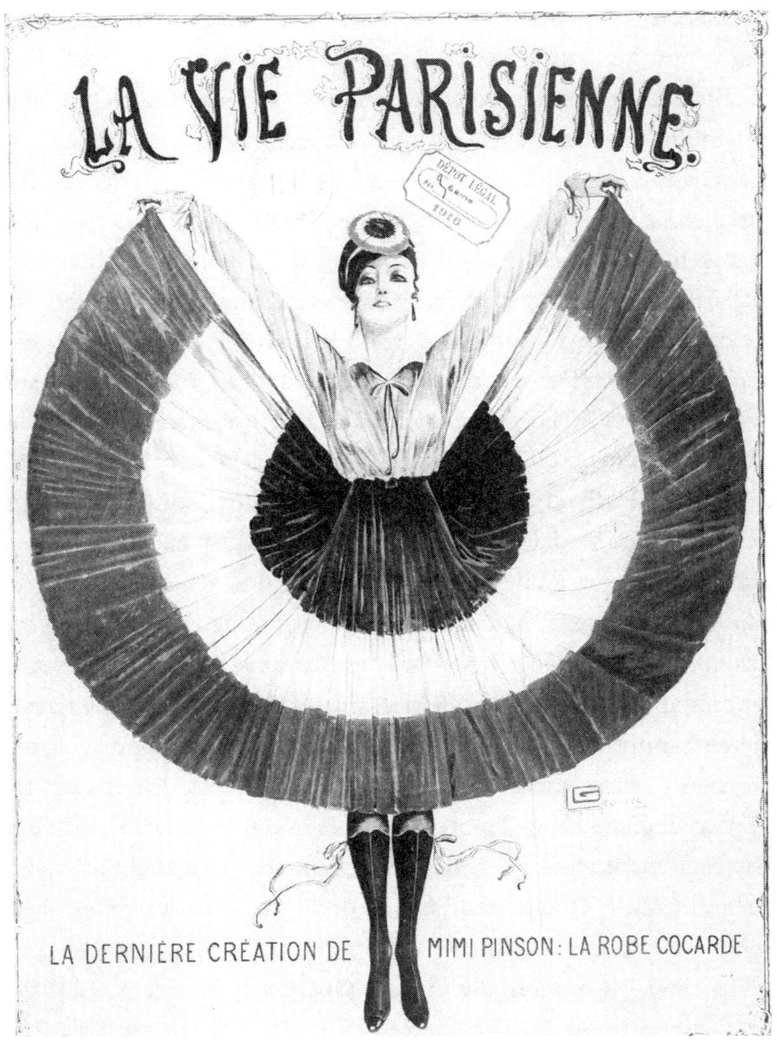

werden mit Szenenapplaus bedacht, und am Schluss wollen das Klatschen und die Rufe nach Zugaben kaum mehr enden. Die Presse ist ebenfalls enthusiastisch. Der *Figaro* sieht in ihr nicht nur eine Operette für die Tagesaktualität, sondern ein bleibendes Werk, und fügt an: «Man kann sagen, dass es sich um ein patriotisches und zugleich feministisches Stück handelt.» Auch *La Suisse* aus Genf ist hingerissen von den Schauspielerinnen und der Musik.[2]

Théophile-Alexandre Steinlen hat seinen geliebten Montmartre auch zu Kriegszeiten nicht verlassen. Als einer von nur wenigen Künstlern bleibt er gegenüber dem aufschäumenden Nationalismus reserviert. In seinen Zeichnungen, die er in rascher Folge produziert, prangert er die Grausamkeiten und die Unmenschlichkeit des Krieges an, aber er lässt sich nicht für Kriegspropaganda vereinnahmen. Als ihn der befreundete Künstler Félix Vallotton für einen Beitrag zu seinem Kriegsalbum anfragt, erteilt er ihm eine Absage. Selbst bei einem gemeinsamen Restaurantbesuch lässt sich Steinlen nicht umstimmen, wie Vallotton notiert: «Dinner ohne Eklat. Steinlen ist gealtert, sein menschlicher Pazifismus rebelliert bei dem Gedanken an die deutschen Gräueltaten, aber ohne großen Zorn. Er bestätigt meine Meinung, dass es in Frankreich nur wenige Menschen gibt, die hassen können. Er … nennt die Boches einfach nur Kanaille.»[3]

Eine von Steinlens Skizzen zeigt fünf nackte französische Geiseln vor Gräben, die sie selbst ausgehoben haben. Es werden wohl nur noch wenige Augenblicke vergehen, bevor sie von den deutschen Soldaten erschossen werden. In seiner Gegnerschaft gegen den Krieg ist Steinlen unnachsichtig, wie Arsène Alexandre schreibt: «Wie unerbittlich wird die Grausamkeit der Henker in den Zügen der Soldaten mit ihren Spitzhelmen nachgezeichnet, wie sie die

Der Mythos der uneigennützigen Grisette Mimi Pinson wird in den Dienst des französischen Verteidigungskriegs gestellt.

Gruppe der Geiseln, alte Männer, Priester, verzweifelte Frauen und Kinder, eskortieren und vor sich hertreiben! Welche Kraft des Helldunkels, welche Energie der Zeichnung, welche Flammen und Wellen, die in all dem zirkulieren!»[4] Seine Radierungen, die er 1917 mit Motiven von der Front schafft, übertreffen in ihrer Grausamkeit die frühen Zeichnungen sogar noch. Sie bilden wahrhaft apokalyptische Szenen ab, mit versehrten Soldaten, die zwischen Leichenteilen und Bombentrichtern umherirren und die Härte dieses Krieges am eigenen Leib zu spüren bekommen, ein Soldat trägt seinen verletzten Freund auf dem Rücken vom Kampffeld. Längst hat sich jeder Heroismus im Bombenhagel vaporisiert, es geht um nichts anderes mehr als um das nackte (Über-)Leben.

Anders als für Militärpropaganda lässt sich Steinlen für karitative Bestrebungen gerne einspannen. Für das *Comité de Secours National* gestaltet er Postkarten und Plakate, in denen er auf das Schicksal der Waisenkinder, die im Krieg ihre Väter verloren haben und nun auf die staatlich ausgegebene Armensuppe angewiesen sind, aufmerksam macht. Auch flüchtenden Familien widmet er eindringliche Skizzen. Für Steinlen ist der Krieg ein zutiefst fragwürdiges Unterfangen: Er zeigt sich nicht gewillt, die Opfer, die der unumgängliche französische Verteidigungskrieg fordert, moralisch zu überhöhen. Tote Soldaten bleiben bei ihm tote Soldaten; blühende Leben, die viel zu früh ausgelöscht wurden und trauernde Angehörige hinterlassen. Das darf nie vergessen werden, selbst wenn sie sich für die moralisch richtige Sache – für die Verteidigung des Landes, für die Freiheit – geopfert haben. So zumindest lässt sich Steinlens berühmte Lithographie *La Gloire* interpretieren: Vier schwarz verhüllte Frauen, offensichtlich Witwen oder nahe Angehörige des Verstorbenen, stehen hinter einem Sarg, der mit der französischen Trikolore und einem Palmwedel bedeckt ist. «La Gloire», ein anklagender, vielleicht sogar zynischer Titel: Was haben diese trauernden Frauen von dem patriotischen Ruhm? Was ist der angemessene Preis für die Verteidigung des Landes? Der Schrift-

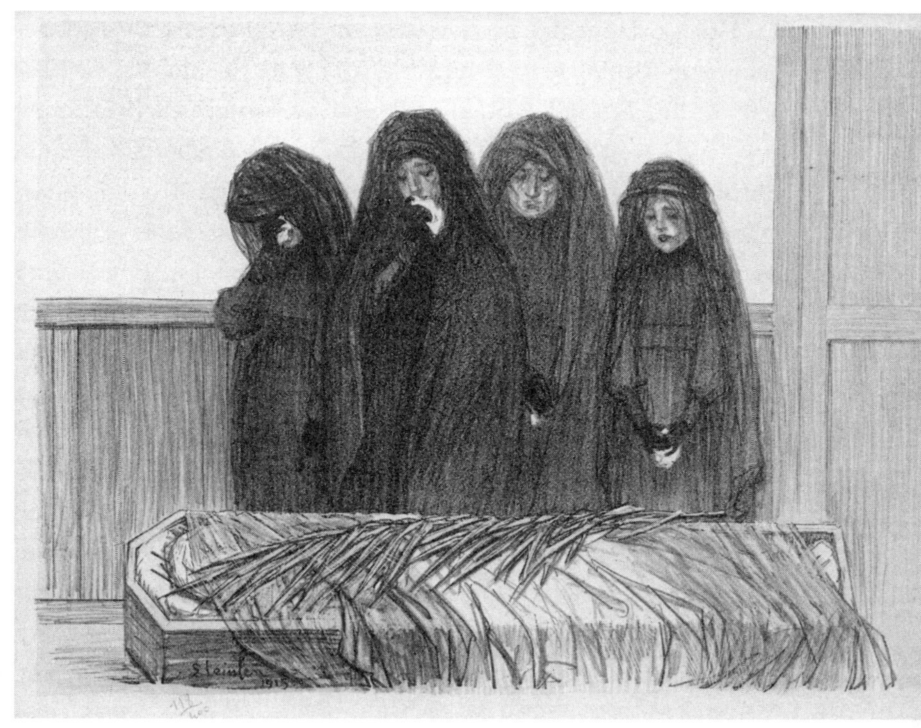

Für Théophile-Alexandre Steinlen ist der Krieg ein zutiefst fragwürdiges Unterfangen. *La Gloire* heißt der anklagende Titel seiner Lithographie.

steller Anatole France hat dazu bemerkt: «Da ist der militärische Ruhm – mit Trauer und Tod als seinen Folgen. Sie, Steinlen, haben in einer eindringlichen Zeichnung dargestellt, was der Krieg und die Trauer wirklich bedeuten. Wann werden wir also die abscheuliche Traurigkeit des militärischen Ruhmes verstehen, was er kostet und was er wert ist?»[5]

Ganz anders erlebt der expressionistische Maler Franz Marc, ein enger Freund der Dichterin Else Lasker-Schüler, den Krieg: nämlich als Soldat. Am 30. Juli 1914 wird er als Freiwilliger eingezogen, und, nach einer kurzen Ausbildung, an der Front eingesetzt. Er, der kriegsbegeistert, nahezu euphorisiert war über die Aussicht, am Krieg teilzunehmen, ernüchtert an der Front rasch – aber nur halb, eine Restfaszination bleibt. Die brutale Realität des Krieges bewirkt bei ihm keinen unmittelbaren Sinneswandel. Er schreibt am 2. März 1915 in einem Brief: «Seit Tagen seh ich nichts als das Entsetzlichste, was sich Menschengehirne ausmalen können.»[6] Dennoch verliert er seine mystische Einstellung nicht: «Plötzlich ein merkwürdiges Surren, das in einem ungeheuren Bogen über uns weggeht, ungleich, in steten Schwingungen, übergehend von hellem Pfeifen in tiefes Brummen; wie der hohe weite Schrei eines Raubvogels, immer kurz hintereinander, mit dem Eigensinn des Tieres, das keinen anderen Ruf kennt. Dann in der Ferne der dumpfe Knall. Es sind schwere feindliche Artilleriegeschosse, die über uns wegrasen, nach einem uns unbekannten Ziel. Ein Schuß zieht den anderen nach; der Himmel steht im reinsten Herbstblau und doch fühlen wir die hohen Rinnen, in denen die Geschosse ihn durchstürmen. Der Artilleriekampf hat selbst für den Artilleristen oft etwas Mystisches, Mythisches. Wir sind Kinder zweier Welten. Wir Menschen des zwanzigsten Jahrhunderts erfahren täglich, daß alle Sage, alle Mystik, aller Okkultismus einmal Wahrheit wird, also auch einmal Wahrheit gewesen ist.»[7] Franz Marc ästhetisiert den Krieg – in seiner Wahrnehmung wird er zu einem zwar brutalen, unmenschlichen Geschehen, jedoch zu einem, das nötig erscheint und in seiner ganzen Härte eine eigenartige Schönheit offenbart. Eine unumgängliche Bewährungsprobe. Auch wenn er seinem Künstlerfreund und Mitbegründer des Blauen Reiters Wassily Kandinsky schreibt, der als gebürtiger Russe nicht auf deutscher Seite am Krieg teilnehmen durfte, ist ein Stolz über die unsäglichen Strapazen, denen er an der Front ausgesetzt ist, spürbar. Er erkrankt an der Ruhr und muss während 16 Tagen in einem Lazarett im elsässischen Schlettstedt gepflegt werden.[8]

Seine Frau Maria Marc, die er kurz vor dem Krieg geheiratet hat, mag nicht in diese Kriegsschwärmereien mit einstimmen und schreibt: «aber ich denke mit Sorge an die Zeit nach dem Krieg und empfinde diesen sinnlosen Hass und die schrecklichen Hetzereien als das Schauerlichste an dem ganzen Krieg. Was wird mit der Kunst werden?»[9] Else Lasker-Schüler schreibt tröstend an die besorgte Ehefrau: «Dein Brief ist so traurig, aber der blaue Reiter ist geheiligt, er ist aus der allerersten Zeit der Welt, aus der Bibel, er kehrt heim und hat viel, viel Arbeit.»[10] Damit bleibt Else Lasker-Schüler dem Tonfall treu, den sie im ausgedehnten Briefwechsel mit Franz Marc bereits vor dem Krieg gepflegt hat. Denn der aufstrebende Künstler und die zwölf Jahre ältere Dichterin verbindet eine hochkultivierte Freundschaft; zwei Seelen, die sich wie symphonisch aufeinander beziehen und sich spielerisch in einem exotischen Traumreich bewegen. Als «Jussuf von Egypten» oder als «Kornverweser und Knabe Pharaos» fabuliert die Dichterin: «Großkatzen sind die souveränen Bestien. Der Panther ist eine wilde Enziane, der Löwe ein gefährlicher Rittersporn, die Tigerin eine wütende, gelbschimmernde Ahornin.»[11] Der Maler aquarelliert farbenfrohe Preziosen auf Postkarten, blaue Pferde, rote Kälbchen, oder, in Gelb und Rot, *Zitronenpferd und Feuerochse des Prinzen Jussuf.* Beide entwerfen ein artistisches, versponnenes Reich mit erfundenen Identitäten, in dem nur selten Einsprengsel aus der Alltagsrealität den Traumgehalt unterminieren.[12]

Immer wieder sucht Franz Marc seine Freundin nach Sindelfingen in Oberbayern, wo er und seine Frau ein herrschaftliches Haus bezogen haben, zu locken. Als die frisch geschiedene Großstadtlyrikerin sie wirklich besucht, kommt es in kurzer Zeit zu einem heftigen Eklat – das Zusammenleben mit der sensiblen Dichterin stellt sich als nicht einfach heraus. Das aber tut der Freundschaft zwischen Franz Marc und ihr keinen Abbruch. Im Januar 1913 organisiert er für seine verehrte Freundin, die wie immer am Hungertuch nagt, eine Kunstversteigerung mit eigenen Bildern und solchen von Kollegen.

Auch als Franz Marc in den Krieg zieht, zerreißt dieser exotische Schleier nicht. Else Lasker-Schüler dichtet ihm hinterher:

Franz Marc, der blaue Reiter vom Ried,
Stieg auf sein Kriegspferd.
Ritt über Benediktbeuern herab nach Unterbayern,
Neben ihm sein besonnener, treuer Nubier
Hält ihm die Waffe.
Aber um seinen Hals trägt er mein silbergeprägtes Bild
Und den totverhütenden Stein seines teuren Weibes.
Durch die Straßen von München hebt er sein biblisches Haupt
Im hellen Rahmen des Himmels.
Trost im stillenden Mandelauge,
Donner sein Herz.
Hinter ihm und zur Seite viele, viele Soldaten.[13]

Alle Poesie, alle Beschwörungen nützen nichts, ebenso wenig, dass Franz Marc in einem letzten Brief an seine Frau davon geschrieben hatte, dass er bald aus dem Krieg zurückkehren werde. Am 4. März 1916 wird er von einer Kugel tödlich getroffen, er ist «auf dem Felde gefallen», wie es in der entpersönlichenden und entdramatisierenden Militärsprache heißt. Else Lasker-Schüler trauert um ihren verstorbenen Freund und schreibt: «Er ist gefallen. Seinen Riesenkörper tragen große Engel zu Gott, der hält seine blaue Seele, eine leuchtende Fahne, in seiner Hand. Ich denke an eine Geschichte im Talmud, die mir ein Priester erzählte: wie Gott mit den Menschen vor dem zerstörten Tempel stand und weinte. Der blaue Reiter ist angelangt; er war noch zu jung zu sterben.»[14] Franz Marc wurde 36 Jahre alt.

Im Lazarett, bevor Franz Marc zu seinem letzten, tödlichen Fronteinsatz den Tornister packte, hat er in zwei maschinengeschriebenen Typoskripten *Im Fegefeuer des Krieges* und *Das geheime Europa* seine Gedanken festgehalten. Aus heutiger Sicht sind es, es lässt sich nicht freundlicher formulieren, Dokumente des Irrsinns. Noch beunruhigender werden sie, wenn man feststellt, dass Marc in ihnen die Zivilisationskritik und die Boheme-Hoffnungen fortschreibt, die er bereits vor dem Krieg artikulierte: «Wir haben in den letzten Jahren vieles in der Kunst und im Leben für morsch und abgethan erklärt und auf neue Dinge gewiesen», erklärt er. Erst habe rasend schnell der große Krieg kommen müssen, «der über alle Worte weg selbst das Morsche zerbricht, das Faulende ausstößt und das Kommende zur Gegenwart macht.»[15]

Marc versucht dem Sterben einen Sinn abzugewinnen. «Ich selbst lebe in diesem Kriege. Ich sehe in ihm sogar den heilsamen, wenn auch grausamen Durchgang zu unsern Zielen; er wird die Menschen nicht zurückwerfen, sondern Europa reinigen, ‹bereit› machen», schreibt er an Kandinsky. Denn mithilfe des Krieges werde es gelingen, die früheren Individualismen zu überwinden und zu einer neuen Einheit, sogar zu einem vereinten Europa zu gelangen. In Franz Marc schlummern Reinheitsfantasien: «Der Haß ist unrein. Die Welt aber will rein werden, sie will den Krieg.» «Um Reinigung wird der Krieg geführt und das kranke Blut vergossen.»[16] In Kurzform: Einander totschlagen, um eine geistige Neuordnung Europas zu befördern. Denn es ist einzig der Krieg, der die Möglichkeit zu (männlicher) Größe und zur Selbsterfahrung bietet: Das persönliche Opfer, das Blutvergießen, wird in der durchrationalisierten Welt zu einem magischen Antidot.

Wie der Pazifismus Steinlens lässt sich auch diese zur Opferbereitschaft radikalisierte Zivilisationskritik lange vor dem Ersten Weltkrieg in der Boheme feststellen. Schon 1891 hatte Laura Marholm «kümmerliche Unterhaltsmittel, kränkliche Empfindung, geknickte Schwungkraft, vorsichtige Verständigkeit, ängstliche Berechnung, ein verstohlenes Hinhorchen auf anderer Leute Meinung, eine gewisse Flachheit und Säuerlichkeit der Lebensauffassung» diagnostiziert und vom Emporstreben eines neuen germanischen Bauernstandes geraunt.[17] Aber als der Krieg ausbricht, lebt das Ehepaar Laura Marholm und Ola Hansson fern aller nationalistischen Aufbrüche als Ausländer isoliert in Meudon bei Paris. 1915 ziehen sie in die neutrale Schweiz, 1916 noch einmal nach Meudon, um dann erneut in die Schweiz zurückzukehren. Beide können sie nicht mehr an die Erfolge vor der Jahrhundertwende anknüpfen. Sie leben zurückgezogen, in materieller Armut; beide trinken sie zu viel, und Laura Marholm war auch in der Psychiatrie. 1942 schrieb der Sohn über die letzten Jahre seines Vaters: «Sein Leben wurde vollkommen introspektiv. Er beschäftigte sich nur noch mit der Vergangenheit und kümmerte sich gar nicht mehr um die Fragen und Erfordernisse seiner Zeit.»[18] Er hat Wahnvorstellungen: 1915 verlangt er – seit der Jahrhundertwende hat er kaum mehr veröffentlicht – per Brief von den Mitgliedern der Schwedischen Akademie den Nobelpreis für sich und seine Frau.

Bei Laura Marholm bringt der Krieg eine starke Radikalisierung der politischen Position. Aber nicht unbedingt in der Richtung, die aufgrund ihrer bisherigen Entwicklung zu erwarten gewesen wäre. Sie verfasst stark nach links tendierende Artikel polemischer Natur, die sie zunächst nirgendwo unterbringen kann. Mit einer distanzierenden Vorbemerkung von der Redaktion können sie endlich in der schwedischen sozialdemokratischen Zeitung *Folkets Dagblad Politiken* erscheinen. 1917 tritt Marholm leidenschaftlich für die russische Revolution ein. In einem Artikel polemisiert sie mit einem antisemitischen Unterton gegen die industrielle Revolution und die Großunternehmer, welche Rohstoffe beanspruchten und Menschen zu Maschinen werden ließen. Das Streben nach Rohstoffen erklärt sie zur Hauptursache für den Krieg. Entgegen ihrer früheren Positionen ist sie nicht mehr dazu bereit, die Männer als die Schöpfer der Kultur zu betrachten: «Frauen wären in der Lage gewesen, diesen Krieg zu verhindern, wenn sie ohne Rücksicht auf Klasse oder Rasse zusammengehalten hätten.» Mit Bezugnahme auf die britische Königin Victoria schreibt sie bewundernd: «Die großen Frauen, die Länder mit Weisheit und mütterlicher Fürsorge beherrschten, Städte bauten, Kanäle und Bewässerung schufen, machten die Erde fruchtbar und die Ernten reich, sie bewahrten den Frieden, und, wenn ihnen der Krieg aufgezwungen wurde, verstanden sie es, sich mit Klugheit und taktischer Berechnung durchzusetzen.»[19]

Selbstverständlich ist es rückblickend deutlich einfacher, wahr von falsch zu unterscheiden, positive und negative Traditionslinien zu identifizieren und einzuordnen: Viel eher liegen unsere heutigen Sympathien beim humanitären Pazifismus von Steinlen als bei den verquasten Europaideen von Franz Marc oder Laura Marholms Radikalvorstellungen. Doch zielführender als das retrospektive Verteilen von Zensuren ist die Frage, wie diese unterschiedlichen Reaktionen in der klassischen Boheme gründen. Darauf gibt es keine einfache Antwort. Stattdessen bietet sich ein Vergleich der Boheme mit einer wundervollen Pflanze, einer «Sensitiva bohemia» (in den Worten Ola Hanssons) an. Neben den wildesten Trieben, den schönsten Blättern und den farbigsten Blüten hat sie auch Stacheln herausgebildet. Sie schöpfte das Potential der bürgerlichen Gesellschaft jenseits der bürgerlichen Werte aus und nutzte deren Freiräume. Die Haltung der Bohemiens und Bohemiennes, ihr Umgang mit sich und den bürgerlichen Voraussetzungen, fasziniert uns, wie wenn wir in einen nostalgischen Spiegel blicken.

Die Pflanze ist aber nach dem Ersten Weltkrieg nicht einfach abgestorben, die Boheme nicht einfach gescheitert. Sie bildete in den 1920er-Jahren unter neu justierten Bedingungen in Städten wie Paris, Berlin oder Wien neue Triebe aus. Mit dem zu verarbeitenden Krieg kamen andere Themen und Fragestellungen hinzu, die es in dieser Form vor 1914 noch nicht gab. Der intellektuelle Diskurs veränderte sich hin zu einer neuen Kälte und Sachlichkeit; im Anarchismus sind Radikalisierungstendenzen festzustellen, in der Politik noch stärkere Polarisierungen. Auch nach dem Zweiten Weltkrieg gab es immer wieder künstlerische Subszenen mit Boheme-ähnlichen Zügen, so das Umfeld der situationistischen Internationale im Paris der 1960er-Jahre oder die digitale Boheme um das Internetforum «Wir höflichen Paparazzi» im Berlin der Jahrtausendwende. Diese neuen Blüten der Boheme in den «Roaring Twenties» und darüber hinaus zu beschreiben, wäre ein reizvolles Thema – jedoch eines für ein weiteres Buch.

In unserem Zusammenhang ist die Frage interessanter, was mit den Stängeln, Blättern und Blüten der «Sensitiva bohemia» des klassischen Zeitalters heute noch anzufangen ist. Liegen sie getrocknet und gepresst in einem Poesiealbum aus womöglich besseren Tagen? Oder lassen wir uns von ihnen kitzeln, gar verführen? Doch Achtung, das sollte inzwischen längst klar geworden sein: Die «Sensitiva bohemia» ist eine wilde Pflanze.

Epilog

FRIDA STRINDBERG-UHL eröffnet 1912 an der Heddon Street im Londoner Vergnügungsviertel Soho das Kabarett «The Cave of the Golden Calf» nach dem Vorbild des Chat Noir auf dem Montmartre. Die avantgardistische Innenausstattung nimmt Einflüsse des Futurismus auf. Im September 1914 besteigt Frida Strindberg-Uhl einen Dampfer und wandert in die USA aus. Sie verfasst Drehbücher und tourt als intime Kennerin der europäischen Boheme mit Vorträgen durch amerikanische Städte. 1924 kehrt sie nach Europa zurück; ab 1928 lebt sie erneut im Haus ihrer Kindheit in Mondsee. Hier schreibt sie ihre Memoiren *Lieb, Leid und Zeit*, in denen sie einen Akzent auf ihre kurze Ehe mit August Strindberg legt. 1943 stirbt sie im Salzburger Landeskrankenhaus an einer Lungenentzündung.

1901 heiratet AUGUST STRINDBERG ein drittes und letztes Mal. Doch die Ehe mit der deutlich jüngeren Schauspielerin Harriet Bosse ist nicht glücklich und hält nur drei Jahre. Die Trennung verkraftet der Dramatiker nur schlecht; er fängt an, unter Wahnvorstellungen zu leiden. Wie schon bei den vorherigen Ehekrisen verarbeitet Strindberg seine Erfahrungen literarisch, nämlich im 1908 veröffentlichten *Okkulten Tagebuch*. Ab 1908 lebt Strindberg im sogenannten Blauen Turm in Stockholm (dem heutigen Strindbergmuseum) und engagiert sich in der radikalen Arbeiterbewegung.

Doch der bald darauf diagnostizierte Magenkrebs verhindert ein weiteres Engagement. 1912 stirbt Strindberg. Seinem Trauerzug folgen 60 000 Menschen.

Bei Ausbruch des Ersten Weltkriegs meldet sich RICHARD DEHMEL als Freiwilliger. Bis 1918 glaubt er an einen deutschen Sieg und unterschreibt einen Aufruf für ein Freiwilligenheer, der in vielen Zeitungen mit dem Titel: «Einzige Rettung! Aufgebot aller Opferbereiten» erscheint. Käthe Kollwitz tritt ihm mit einem «Genug, genug!» entgegen: «Das Saatkorn darf nicht vermahlen werden.» Als die deutsche Niederlage endlich feststeht, leidet Dehmel unter den «gewinnsüchtigen Friedensbedingungen» der Alliierten. Sogar zu diesem Zeitpunkt weigert er sich, einen Aufruf Romain Rollands «Zum friedlichen Zusammenschluss aller geistigen Weltbürger» zu unterschreiben, und rechtfertigt statt dessen seine Position: Niemals sei er «kriegsbegeistert» gewesen, von Anfang an habe er den Krieg als «unmenschlichen Wahnsinn» betrachtet, und doch: «Mich dabei abseits zu stellen, widerstrebte einfach meinem natürlichen Mitgefühl, nicht etwa bloß meiner nationalen, sondern noch mehr meiner sozialen und religiösen Gesinnung. Ich war schicksalsbegeistert, nicht kriegsbegeistert.»[1] Im Januar 1919 hält er an der Berliner Volksbühne eine Rede mit dem Titel *Empörung!*, in der er den «Geist der Empörung» als kontrollierende Instanz zwischen den beiden gesellschaftlichen Grundgewalten Freiheit und Ordnung ausmacht. Kurz darauf wird bei ihm Krebs diagnostiziert, worauf er öffentlich verstummt. Ein Jahr später ist Dehmel tot. Er, der so lange als der vitalste Dichter seiner Generation gefeiert worden ist, gerät schnell in Vergessenheit. Als der Boheme-Chronist Julius Bab 1926 seine groß angelegte, im Tonfall der Bewunderung verfasste Biografie vorlegt, hat Dehmels Ruhm bereits abgenommen.

Nach der Jahrhundertwende etabliert sich PAULA DEHMEL als Kinderbuchautorin. Ihre Lyrik zeichnet sich durch eine gekonnte Verwendung der Alltagssprache und rhythmische Wortwiederholungen aus. Auch nach der Scheidung von Richard Dehmel tauscht sie sich mit ihm aus und muss sich nicht selten seiner übergriffigen Vorschläge erwehren. 1903 erscheint mit *Rumpumpel* ihr erstes eigenständiges Werk mit Illustrationen von Karl Hofer. 1907 folgt der Erzählband *Das grüne Haus*, in dem sie sehr persönlich und mit feinem Humor über das Leben mit Kindern berichtet. In ihm ist die Erzählung *Vom Kater, der gern ein Mensch sein wollte* enthalten: Eine zahme Krähe bringt einem schwarzen Kater, der im Haus eines Dichters lebt, das Sprechen bei. Daraufhin zieht der menschgewordene Kater sich Kleider an und geht aufrecht. Doch da in Deutschland «Menschen von käterlicher Abkunft» nicht studieren dürfen, nimmt der frühere Kater ein Jurastudium an der Universität in Zürich auf. Dort bleibt er jedoch ein Außenseiter. Er merkt, dass es die Mühe nicht lohnt, ein Mensch zu sein. «Darauf reckte er, wie erlöst, seinen geschmeidigen Katzenkörper, schnurrte, machte einen Buckel und verließ mit hocherhobenem Schwanze die Universität.» Er kehrt zum Dichter zurück, der ihn gerne aufnimmt und ihm seine Streiche verzeiht.[2] Über Jahre hat Paula Dehmel mit asthmatischen Anfällen und ihrer schwachen körperlichen Verfassung zu kämpfen. 1918 stirbt sie im Alter von 55 Jahren. Ein Jahr nach ihrem Tod gibt Richard Dehmel *Das liebe Nest* heraus, 1921, da ist er selbst schon gestorben, erscheinen *Singinens Geschichten.*

Nach dem Tod ihres Ehemannes bleibt Ida Dehmel weiterhin in ihrem gemeinsamen Haus in Hamburg-Blankenese wohnen. Sie gründet eine Stiftung zur Pflege seines Nachlasses und macht das «Dehmelhaus» zu einer bewohnten Erinnerungsstätte. Zur Unterbringung der wertvollen Manuskripte, der 50 000 Briefe und der Autografen lässt sie eigens Archivschränke anfertigen. Sich selbst nimmt sie zurück und vernichtet sogar eigene Unterlagen. Im Winter 1926/27 gründet Ida Dehmel die Künstlerinnenvereinigung GEDOK (Gemeinschaft Kunstschaffender und Kunstfördernder Frauen). 1933 setzen die Nationalsozialisten den Ausschluss aller jüdischen Mitglieder durch. Auf Druck des nationalsozialistischen

Kampfbunds für deutsche Kultur muss die jüdische Ida Dehmel das Amt der Präsidentin zwangsweise aufgeben. An Bord der «Reliance» umrundet sie während fünf Jahren zweimal die Erde und besucht Amerika, Asien und Australien. In ihrem Reisetagebuch hält sie Szenen aus dem recht unbeschwerten Leben an Bord und bei den Landausflügen fest. 1938 kehrt sie, gesundheitlich bereits beeinträchtigt, nach Hamburg zurück. Der drohenden Deportation durch die Nationalsozialisten kommt Ida Dehmel durch ihren Suizid am 29. September 1942 zuvor.

Stanisław Przybyszewski lebt von 1901 bis 1905 in Warschau und von 1906 bis 1918 in München, bevor er erneut nach Polen zurückkehrt. Während des Ersten Weltkriegs entwickelt sich der frühere Bohemien des «Schwarzen Ferkels» zum glühenden polnischen Nationalisten; 1916 veröffentlicht er die zweisprachige deutsch-polnische Broschüre *Polen und der heilige Krieg*. In Posen und Danzig macht sich Przybyszewski in den 1920er-Jahren als umtriebiger Initiator kultureller Projekte verdient und bekleidet als hochgeachtete Persönlichkeit des öffentlichen Lebens zahlreiche Ämter. Vier Jahre nach seinem Tod findet 1931 auf dem Friedhof der Stadt Góra die feierliche Einweihung einer monumentalen Säule zu seinen Ehren statt. Sie trägt die Inschrift *Piewca Wielkopolski* (Lobredner von Großpolen) und *Meteor Młodej Polski* (Meteor des jungen Polen) und ist oben mit einem christlichen Kreuz versehen – eine bemerkenswerte Wandlung für einen Autor, der 1897 den Roman *Satans Kinder* veröffentlicht hat.

1911 verlassen Oda Krohg und ihr Ehemann Christian Paris und ziehen zurück nach Oslo. Oda Krohg malt weiterhin, hauptsächlich Auftragsporträts, die jedoch nicht mehr die gleiche Intensität wie ihre früheren Bilder erreichen. 1926 unternehmen sie und ihr Ehemann eine Reise nach Brasilien, wohin ihre ersten beiden Kinder zusammen mit ihrem Vater Jørgen Engelhardt emigriert waren. 1935 stirbt sie in Oslo. Ihre Werke sind in zahlreichen bedeutenden skandinavischen Museen vertreten, u. a. in der Nationalgalerie Oslo, im Nationalmuseum in Stockholm und im Kunstmuseum Bergen.

Nach einem Aufenthalt in Warnemünde 1907/08 kehrt der Maler Edvard Munch nach Norwegen zurück. Ab 1916 lebt er auf dem Landgut Ekely bei Oslo, das er sich mit den Einnahmen aus seiner Kunst – seine Bilder erzielen hohe Preise – hat kaufen können. Bis ins hohe Alter bleibt der isoliert lebende Munch ausgesprochen produktiv. Als er 1944 in Ekely stirbt, hinterlässt er ein riesiges Werk. Nach wie vor gilt er als Star der Malerei: 2012 wird sein Bild *Der Schrei* (1895, insgesamt gibt es vier Versionen dieses Motivs) auf einer Auktion in New York für 119,9 Mio. Dollar als bis dahin teuerstes Bild der Welt versteigert. 2020 wird das spektakuläre *Munchmuseet* am Hafen von Oslo eröffnet, das mit seinen 13 Stockwerken und den 26 000 Quadratmetern Ausstellungsfläche eine imposante Größe aufweist.

Zum Jahreswechsel 1919/20 zeigt Théophile-Alexandre Steinlen in der Galerie La Boëtie in Paris in der letzten großen Ausstellung seines Lebens eine Auswahl seiner Bilder. Nach dem Ende des Krieges wendet er sich erneut zivilen Motiven zu. Oft zeichnet er Tiere: die von ihm bevorzugten Katzen natürlich, aber ebenso exotische Raubtiere, Affen und Bären. Zu seiner Enttäuschung wird er für die Illustration einer Ausgabe von Rudyard Kiplings *Dschungelbuch* ebenso wenig berücksichtigt wie für die *Fabeln* von La Fontaine. Seine letzte Buchillustration ist Jean Ravennes' *Les caillettes en paniers* (erschienen 1923). Im September 1923 hält er sich in der Schweiz auf. Eine scheue Romanze verbindet ihn mit seiner Nichte; er schreibt ihr 84 Briefe, sie ihm 50 zurück. 1923 stirbt er in Paris. Später wird an der Rue Calaincourt 73 eine Plakette zu seinen Ehren angebracht, dazu eine kurze Querstraße im Montmartre (an der er nie gewohnt hat) nach ihm benannt. 1924 ruft sein Freund Adolphe Willette die Société des Amis de Steinlen ins Leben.

Polaire, die Sängerin mit der Wespentaille, hat 1915 während des Weltkriegs ein Engagement in London, bevor sie erneut nach

Paris zurückkehrt. Sie tritt weiterhin in Theatern auf dem Montmartre auf, obschon die Qualität der Aufführungen das Vorkriegsniveau nicht erreicht. Immer wieder müssen die Auftritte wegen Luftangriffen und Treffern mit der «dicken Bertha» unterbrochen werden. 1923 besetzt Polaire eine Hauptrolle in der neuen Revue *Toutes les Femmes* in der Music-Hall Le Palace. Bei diesen und anderen Auftritten kann sie Spitzengagen durchsetzen, zudem entstehen Schallplattenaufnahmen, die sich gut verkaufen. 1933 erscheinen ihre Memoiren *Polaire par elle-même*, die von der Presse begeistert aufgenommen werden. 1939 stirbt Polaire in Champigny-sur-Marne.

Ab 1900 tourt Yvette Guilbert mit einem Programm mit altfranzösischen Liedern. Mit viel Einsatz gelingt es ihr, Lieder aus dem 13. und 14. Jahrhundert zu rekonstruieren. Sie übersetzt zudem noch ältere Lieder vom Lateinischen ins Französische. Nach dem Ersten Weltkrieg gehört sie zu den ersten französischen Künstlerinnen, die, wie sie in ihren Memoiren schreibt, «den Ölzweig nach Deutschland» tragen. Ihre Tournee in den 1920er-Jahren durch Berlin und zwölf andere deutsche Städte ist mit ausverkauften Sälen ein Triumph. Die Presse und das Publikum zeigen sich begeistert. Sie tritt auch in vielen anderen Ländern auf, u. a. in England, Holland, Italien, Belgien, der Schweiz, Ungarn, Rumänien, Polen, Russland und Ägypten. In den 1920er- und 1930er-Jahren steht Yvette Guilbert in mehreren Filmen vor der Kamera. Sie stirbt 1944 in Aix-en-Provence. Ihre Gedanken zur Frage «Woraus besteht das Leben einer Künstlerin?» hat sie in Gedichtform festgehalten:

Aus einer Zeit, da du von den andern abhängst,
Und einer, da die andern von dir abhängen,
aus einer Zeit, da die Menge dich verachtet,
Und einer, da du die Menge verachtest,
…
Und es kommt eine Zeit, die befiehlt: Verlier dich nicht!

Schau nicht auf die Uhr
Arbeite, arbeite, arbeite!!
Und das ist die gute Zeit.[3]

Die scharfzüngige Publizistin LAURA MARHOLM kämpft seit der Jahrhundertwende immer wieder mit psychischen Problemen. Auf eine kurze Phase der Berühmtheit folgen lange Jahre der Nichtbeachtung und materiellen Armut. Wegen eines drohenden Prozesses wandern sie und ihr Ehemann Ola Hansson von Schweden in den türkischen Kurort Büyükdere am Bosporus aus. Nach dem Tod von Hansson 1925, der ein schwerer Schlag für sie ist, zieht Marholm mit ihrem Sohn nach Riga. Sie verfasst ein Manuskript über ihren verstorbenen Ehemann, das sich als nicht veröffentlichbar herausstellt. 1928 stirbt sie weitgehend vergessen in Riga.

Nach der Heirat mit Tilly Newes 1906 hält sich FRANK WEDEKIND fix in Münchens Stadtteil Schwabing auf. Aus der Ehe gehen die beiden Töchter Pamela und Kadidja hervor. Wedekind lässt es sich aber auch nach Geburt der Töchter nicht nehmen, weiterhin durch die Cafés und Nachtlokale zu tingeln. Bei Kriegsausbruch 1914 überrascht und irritiert er mit für ihn ungewohnt nationalistischen Tönen, nämlich einem mit *Deutschland bringt die Freiheit* übertitelten Artikel. Noch vor Kriegsende stirbt Wedekind am 9. März 1918 im Alter von 53 Jahren nach einer Blinddarmoperation. Er liegt auf dem Münchner Waldfriedhof begraben. Seine Stücke *Frühlings Erwachen* (1891), *Erdgeist* (1895) und *Die Büchse der Pandora* (1902) werden bis heute oft an den Theatern gespielt.

Als einer der wenigen deutschen Intellektuellen schreibt GUSTAV LANDAUER als Pazifist gegen den Ersten Weltkrieg an. Nach Beendigung des Krieges wird er von Kurt Eisner, Ministerpräsident der bayerischen Räterepublik, aufgefordert, sich der Revolution anzuschließen. Landauer trifft am 16. November in München ein und wird zum Mitglied des Zentralarbeiterrats der Republik Bayern ernannt. Am 9. Dezember hält er einen Rechenschaftsbericht vor den bayerischen Arbeiterräten, in dem er ausführt, dass man nicht gedenke, eine Diktatur des Proletariats zu errichten. Am 1. Mai 1919 wird die bayerische Räterepublik mit einem Einsatz der Reichswehr mit Straßenschlachten und Hunderten von Toten beendet. Gleichentags wird Gustav Landauer verhaftet und ins Zuchthaus Stadelheim überstellt, wo er am 2. Mai 1919 von antirepublikanischen Freikorps-Soldaten ermordet wird.

Erich Mühsam, anarchistischer Bänkelsänger und Schriftsteller, ist in führender Position an der bayerischen Räterepublik beteiligt. Nach deren Niederschlagung wird er zu 15 Jahren Festungshaft verurteilt, die er hauptsächlich im Gefängnis Niederschönenfeld bei Berlin absitzt. 1924 wird er vorzeitig aus der Haft entlassen. Er setzt sich im Rahmen der Roten Hilfe und der von ihm gegründeten Zeitschrift *Fanal* für anarchistische Belange ein und warnt vor einem kommenden Krieg. Im Gedicht *Lebensregel* fasste er die Quintessenz seiner Erfahrungen als Bohemien zusammen:

> An allen Früchten unbedenklich lecken;
> vor Gott und Teufel nie die Waffen strecken;
> Künftiges mißachten, Früheres nicht bereuen;
> den Augenblick nicht deuten und nicht scheuen;
> dem Leben zuschaun; andrer Glück nicht neiden;
> stets Spielkind sein, neugierig noch im Leiden;
> am eigenen Schicksal unbeteiligt sein –
> das heißt genießen und geheiligt sein.[4]

Wer diese Regeln befolge, könne gut durchs Leben gehen. Aber Erich Mühsam entgeht seinem Schicksal nicht: Am Tag nach dem Reichstagsbrand 1933 wird er verhaftet und ins KZ Oranienburg gebracht, wo er im Juli 1934 ermordet wird. Seine Frau Zenzl Mühsam veröffentlicht 1935 in Zürich *Der Leidensweg Erich Mühsams.*

Die Schwabinger Bohemienne Franziska zu Reventlow verlässt 1910 München, um sich in Ascona am Fuß des Monte Verità niederzulassen. In rascher Abfolge schreibt sie in den kommenden Jahren mehrere Romane, in denen sie ihre Herkunft und ihr Leben in Schwabing reflektiert. Im Roman *Herrn Dames Aufzeichnungen oder Begebenheiten aus einem merkwürdigen Stadtteil* (1913) beschreibt sie Schwabing als «Wahnmoching». 1911 geht sie eine Scheinehe mit dem Baron Alexander von Rechenberg-Linten ein; wie sie schreibt, nehmen die beiden Ehepartner die Zigarette während der Hochzeitszeremonie nur aus dem Mund, um «Ja» zu sagen. Die Heirat verschafft ihr eine Geldsumme, die sie beim Bankenkrach 1914 wieder verliert – diese typische Boheme-Geschichte ist das Thema ihres Romans *Der Geldkomplex* (1916). Am 26. Juli 1918 stirbt Franziska zu Reventlow bei einem Fahrradunfall. Das Grab der «Contessa» befindet sich in Locarno.

Der Dichter Bruno Wille ist 1919 an der Gründung des internationalen Volkskraft-Bunds beteiligt. Dieser hat sich zum Ziel gesetzt, die Spaltungen innerhalb der Gesellschaft zu reduzieren und sich für die Verständigung zwischen Völkern, Parteien und den verschiedenen Volksschichten einzusetzen. Nach der Scheidung und einer erneuten Heirat lässt Wille sich auf dem Schloss Senftenau in Aeschbach bei Lindau am Bodensee nieder. In seinem «Bodensee-Roman» *Die Maid von Senftenau* (1922) schildert er die Nöte eines Paars in kriegerischer Zeit und lässt am Schluss die Apokalypse über Lindau hereinbrechen. Er stirbt 1928 und wird in Berlin-Steglitz beigesetzt. Posthum erscheint 1930 sein Roman *Der Maschinenmensch und seine Erlösung.*

In den 1920er-Jahren publiziert Else Lasker-Schüler mit wachsendem Erfolg mehrere dichterische Werke. 1932 wird ihr der Kleist-Preis zuerkannt. Der Tod ihres einzigen Sohns Paul 1927 bedeutet einen Rückschlag für sie, von dem sie sich nur sehr schwer wieder erholt. Im April 1933 flüchtet sie überhastet und nahezu unvorbereitet in die Schweiz. Ihre materielle Situation verschärft sich, da es für sie als Exilantin nur sehr schwer möglich ist, in der Schweiz Geld zu verdienen. Immerhin kann sie auf die materielle Hilfe von

Mäzenen zählen. Sie unternimmt zwei Palästinareisen und veröffentlicht im Exilverlag Oprecht in Zürich 1937 den Prosaband *Das Hebräerland* – kein konventioneller Reisebericht über ihren Palästinaaufenthalt, vielmehr ein assoziativer, fast märchenhafter Text mit zahlreichen Motivsträngen und einer Fülle von Einzelheiten. 1939 reist Else Lasker-Schüler zum dritten Mal nach Palästina. Eine Rückkehr in die Schweiz wird ihr verweigert. Als Staatenlose lebt sie zunehmend verzweifelt in Hotels in Jerusalem. Am 22. Januar 1945 stirbt sie nach einem Herzanfall.

Ihre Situation als Exilantin hat Else Lasker-Schüler 1934 in dem Gedicht *Die Verscheuchte* reflektiert. Es endet mit den folgenden drei Strophen:

Wo soll ich hin, wenn kalt der Nordsturm brüllt?
Die scheuen Tiere aus der Landschaft wagen sich
Und ich vor deine Tür, ein Bündel Wegerich.

Bald haben Tränen alle Himmel weggespült,
An deren Kelchen Dichter ihren Durst gestillt –
Auch du und ich.

Und deine Lippe, die der meinen glich,
Ist wie ein Pfeil nun blind auf mich gezielt –.

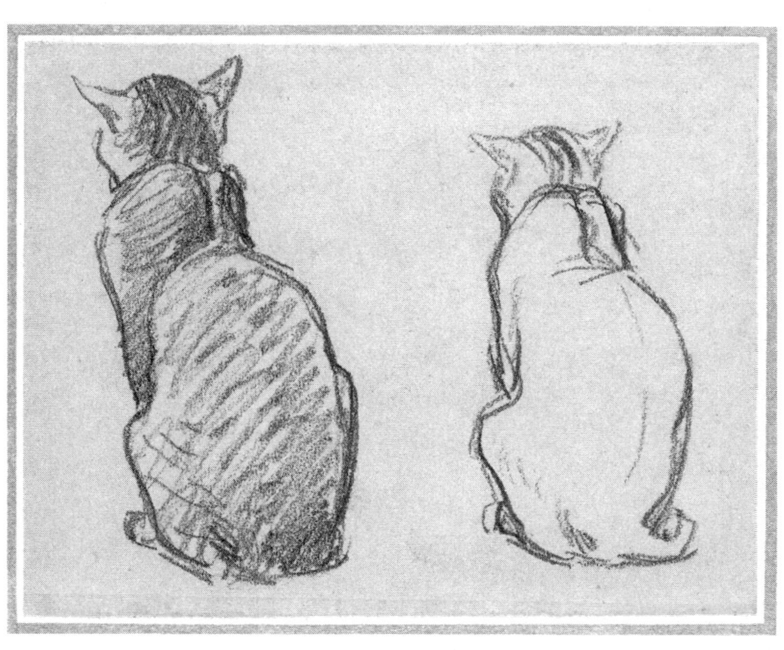

Anhang

Anmerkungen

Einleitung

1 Friedrich Buchmayr, Madame Strindberg oder Die Faszination der Bohème, St. Pölten 2011, S. 80.
2 Adolf Paul, Strindberg-Erinnerungen und -Briefe, München 1914, S. 96.
3 Buchmayr, Madame Strindberg, S. 161.
4 Ebd., S. 150.
5 Robert Misik, Das große Beginnergefühl. Moderne, Zeitgeist, Revolution, Berlin 2022.
6 Eine der wichtigsten Lektionen gegen die Tyrannei, die der US-amerikanische Historiker und streitbare Zeitgenosse Timothy Snyder anführt, lautet: «Führe ein Privatleben.» Mit Rückbezug auf Hannah Arendt schreibt Snyder: «Die Entscheidung, sich öffentlich zu engagieren, beruht auf der Fähigkeit, sich ein Privatleben zu bewahren. Wir sind nur frei, wenn wir selbst darüber bestimmen, wann wir gesehen werden und wann wir nicht zu sehen sind.» Timothy Snyder, Über die Tyrannei. Zwanzig Lektionen für den Widerstand, München 2017, S. 85 f.
7 Pierre Bourdieu, Die Regeln der Kunst. Genese und Struktur des literarischen Feldes, Frankfurt am Main 1999, S. 93–98.
8 Sprachlich verwende ich manchmal «die Boheme», wenn ich mich auf die handelnden Personen, also auf die Bohemiens und Bohemiennes beziehe.
9 Alain de Botton, StatusAngst, Frankfurt am Main 2004.
10 Edith Hall, Was würde Aristoteles sagen? Zehn philosophische Lektionen für das Glücklichsein, München 2021.
11 Zit. nach Nicole Pöppel, Die Pariser Bohème in der petite presse. Freibeuter auf dem Boulevard, Berlin 2020, S. 9.
12 Zit. nach Olof Lagercrantz, Strindberg, Frankfurt am Main 1986, S. 302.
13 Ich danke Elena Korowin, dass sie mich darauf aufmerksam gemacht hat. Vgl. Elena Korowin, Niedlich bis in den Abgrund, in: Kunstforum international, Nr. 289, Mai/Juni 2023, S. 81–89.

I. Großstadthoffnungen und Mansardenromantik

1 Ein reichhaltiges Epochengemälde von Paris im 19. Jahrhundert mit Hector Berlioz im Zentrum bietet: Volker Hagedorn, Der Klang von Paris. Eine Reise in die musikalische Metropole des 19. Jahrhunderts, Reinbek bei Hamburg 2019.

2 James Fazy, De la gérontocratie, ou Abus de la sagesse des vieillards dans le gouvernement de la France, Paris 1828, S. 22.

3 Hagedorn, Der Klang von Paris, S. 39.

4 Jean-Didier Wagneur/Françoise Cestar, Les Bohèmes 1840–1870, Seyssel 2012, S. 311.

5 Ebd., S. 345.

6 Ebd., S. 311–317.

7 Ebd., S. 329.

8 Anne-Rose Meyer, Jenseits der Norm. Aspekte der Bohèmedarstellung in der französischen und der deutschen Literatur 1830–1910, Bielefeld 2001, S. 86–94.

9 Wagneur/Cestar, Les Bohèmes, S. 390–404.

10 Ebd., S. 1398.

11 Ebd., S. 331.

12 Champfleury, Contes de printemps. Les aventures de mademoiselle Mariette, Paris 1853, S. 65.

13 Seigel, Bohemian Paris, S. 58 f.

14 François Coquille, La Fruitière, in: Léon Curmer (Hg.), Les Français peints par eux-mèmes, Bd. 1, Paris 1840, S. 340–349.

15 Jules Janin, La Grisette, in: Ebd., S. 9–16.

16 Maria d'Anspach, La Modiste, in: Ebd., Bd. 3, S. 105–111.

17 Zit. nach http://droiticpa.eklablog.com/la-grisette-de-l-etudiant-en-droit-du-jardin-du-luxembourg-a148974782

18 Elizabeth Wilson, Begegnung mit der Sphinx. Stadtleben, Chaos und Frauen, Basel 1993, S. 61 f.

19 Janin, La Grisette.

20 Alfred de Musset, Mimi Pinson, in: Gesammelte Werke, Bd. 2, München 1925, S. 248.

21 Alfred Delvau, Les Dessous de Paris, Paris 1860, S. 125.

22 Die Argumentation folgt: Wilson, Bohemians, S. 88–92.

23 Zit. nach Elizabeth Wilson. Begegnung mit der Sphinx. Stadtleben, Chaos und Frauen, Basel 1993, S. 64.

24 George Sand, Die letzte Aldini, Leipzig 1843, S. 40.

25 Zit. nach Bernd Kramer, «Lasst uns die Schwerter ziehen, damit die Kette

bricht …». Michael Bakunin, Richard Wagner und andere während der Dresdner Mai-Revolution 1849, Berlin 1999, S. 138.

26 Wilson, Bohemians, S. 91.

27 Gesamte Darstellung inklusive Zitate nach: Francine du Plessix Gray, Rage and fire. A life of Louise Colet, pioneer feminist, literary star, Flaubert's muse, New York 1994, S. 77–82.

28 Julie de Mestral-Combremont, La Belle madame Colet. Une déesse des romantiques, Paris 1913, S. 37 f.

II. Freundschaftszirkel in Cafés

1 Helmut Kreuzer, Die Boheme, Beiträge zu ihrer Beschreibung, Stuttgart 1968, S. 205.

2 Zit. nach Laisney, Cénacles et cafés littéraires, S. 587.

3 Ilja Ehrenburg, Café Rotonde (1926), in: Ders., 13 Pfeifen und andere unwahrscheinliche Geschichten, Berlin 1984, S. 191–202.

4 Zit. nach Kreuzer, Die Boheme, S. 172.

5 Physiologie des cafés de Paris, Paris 1841, S. 134.

6 Daher ist auch folgerichtig, dass das Pariser Café Eingang in die von Pierre Nora herausgegebenen umfangreichen Bände der französischen Erinnerungsorte gefunden hat. Benoît Leqoc, Le Café, in: Pierre Nora (Hg.), Lieux de Mémoire, Les France III., Traditions, Paris 1997, S. 855–883, hier S. 879.

7 Glinoer, La bohème, S. 175.

8 Physiologie des cafés de Paris, S. 103.

9 Leqoc, Le Café, S. 862.

10 Glinoer, La bohème, S. 175.

11 Émile Goudeau, Dix ans de bohème, Paris 1888, S. 1–15.

12 1895 erschien der Text ebenfalls in deutscher Sprache im *Magazin für Litteratur*. August Strindberg, Verwirrte Sinneseindrücke. Schriften zu Malerei, Fotografie und Naturwissenschaften, hg. von Thomas Fechner-Smarsly, Hamburg 2009, S. 45–52.

13 Andreas Reckwitz, Die Gesellschaft der Singularitäten. Zum Strukturwandel der Moderne, Berlin 2017.

14 Zit. nach Marie-Laure Griffaton, François Bonhommé, peintre. Témoin de la vie industrielle au XIXe siècle, Metz 1996, S. 20.

15 Ebd., S. 36.

16 Ein aufschlussreicher kurzer Dokumentarfilm beleuchtet Bonhommés künstlerische Arbeiten über das Stahlwerk von Abainville: https://www.youtube.com/watch?v=YbNqNIaTdkY

17 Alfred Polgar, «Theorie des ‹Café Central›», in: Ders., Kleine Schriften, Bd. 4, Reinbek bei Hamburg 1984, S. 254–259, hier S. 255.

18 Adolf Paul, Strindberg-Erinnerungen und -Briefe, München 1914, S. 85. Carolin Vogel (Hg.), «Schöne wilde Welt». Richard Dehmel in den Künsten, Göttingen 2020, S. 49. Marek Fiałek, Die Berliner Künstlerbohème aus dem «Schwarzen Ferkel». Dargestellt anhand von Briefen, Erinnerungen und autobiographischen Romanen ihrer Mitglieder und Freunde, Hamburg 2007, S. 26. Vgl. für das gesamte Kapitel: Peter Mayer, Zum schwarzen Ferkel. Eine Lange Nacht über einen Alt-Berliner Künstlertreffpunkt, in: Deutschlandfunk, 2. 3. 2013. https://www.deutschlandfunk.de/zum-schwarzen-ferkel.704.de.html?dram:article_id=235909

19 Franz Oppenheimer, Erlebtes, Erstrebtes, Erreichtes. Lebenserinnerungen, Düsseldorf 1964, S. 128.

20 August Strindberg, Kloster / Einsam. Zwei autobiographische Romane, Hamburg 1967, S. 19 f.

21 Georg Brandes, Berlin als deutsche Reichshauptstadt. Erinnerungen aus den Jahren 1877–1883, Berlin 1989, S. 429.

22 Richard Dehmel, Aber die Liebe, hg. von Michael Holzinger, Berlin 2013, S. 123.

23 Jürgen Schutte/Gert Mattenklott (Hg.), Die Berliner Moderne 1885–1914, Stuttgart 1987, S. 62.

24 Jürgen Schebera, Vom Josty ins Romanische Café. Streifzüge durch Berliner Künstlerlokale der Goldenen Zwanziger, Berlin 2020.

25 Rose Austerlitz, Café Größenwahn. Roman aus der Berliner Künstlerwelt, Berlin ^{2}1910, S. 8 f.

26 Ebd., S. 108 f.

27 Ebd., S. 117.

28 Ebd., S. 119.

29 Ebd., S. 121.

30 Zit. nach Bernd Henningsen et al. (Hg.), Wahlverwandtschaft. Skandinavien und Deutschland 1800 bis 1914, Berlin 1997, S. 347.

31 Zit. nach Annemarie Lange, Berlin zur Zeit Bebels und Bismarcks. Zwischen Reichsgründung und Jahrhundertwende, Berlin 1972, S. 698.

32 Henningsen (Hg.), Wahlverwandtschaft, S. 355.

33 Paul, Strindberg-Erinnerungen und -Briefe, S. 35 f.

34 Stanislaw Przybyszewski, Erinnerungen an das literarische Berlin, München 1965, S. 190 f.

35 Zit. nach Vogel (Hg.), «Schöne wilde Welt», S. 50.

36 Vgl. Charlotte Kurbjuhn, Hinter Glas. Imaginationen des modernen Hauses in utopischen Romanen Paul Scheerbarts und frühen Architek-

turentwürfen Bruno Tauts, in: Zeitschrift für Germanistik, Heft 1, Bern 2020, S. 24–49.

37 Austerlitz, Café Größenwahn, S. 7.

38 Zit. nach Henningsen (Hg.,), Wahlverwandtschaft, S. 352.

39 Julius Hart zit. nach Lange, Berlin zur Zeit Bebels und Bismarcks, Berlin 1972, S. 699.

40 Stanislaw Przybyszewski, Ferne komm ich her ... Erinnerungen an Berlin und Krakau, in: Werke, Aufzeichnungen, Briefe, Bd. 7, Paderborn 1994, S. 67.

41 Zit. nach Magerski, Lebenskünstler, S. 88.

42 Fiałek, Die Berliner Künstlerbohème aus dem «Schwarzen Ferkel», S. 18.

43 August Strindberg, Briefe, München 1956, S. 228.

44 Rüdiger Safranski, Nietzsche. Biographie seines Denkens, München 2000, S. 107.

45 Julius Bab, Die Berliner Bohème, hg. von Michael M. Schardt, Hamburg 2014, S. 36.

46 Erich Mühsam, Die Wüste. Gedichte, Berlin 1904, S. 23.

47 Zit. nach Kauffeldt/Cepl-Kaufmann, Berlin-Friedrichshagen, S. 52.

48 Richard Dehmel, Adolf Paul, Stanislaw Przybyzewski, August Strindberg, unbekannt: Postkarte an Detlev von Liliencron, Berlin 01. 01. 1893, in: Dehmel digital. Hg. von Julia Nantke et al. https://dehmel-digital.de/letters/b23540/3, Mailwechsel mit Sandra Bläß, 26. November 2022.

49 Julius Bab, Richard Dehmel. Die Geschichte eines Lebens-Werkes, Leipzig 1926, S. 38.

50 Ebd., S. 95.

51 Stefano Franchini, La Karnevalspredigt del 1892. Un carme inedito di Richard Dehmel, Lea 9, 2020, S. 39–60, hier S. 53.

52 Ebd., S. 46.

53 Fiałek, Künstlerbohème, S. 276.

54 Zit. nach Franchini, Karnevalspredigt, S. 43.

55 Richard Dehmel, Erlösungen. Eine Seelenwandlung in Gedichten und Sprüchen, Stuttgart 1891, S. 4 f.

56 Zit. nach Fiałek, Künstlerbohème, S. 272.

57 Richard Dehmel, Die Verwandlungen der Venus. Erotische Rhapsodie, mit einer moralischen Ouvertüre, Berlin 1907, S. 88–98.

58 Richard Hamann/Jost Hermand, Naturalismus, Berlin 1968, S. 33–35.

59 Zit. nach Fiałek, Künstlerbohème, S. 282.

60 Ebd., S. 298.

61 Zit. nach Roland Stark, ‹Fitzebutze›. 100 Jahre modernes Kinderbuch, Marbacher Kataloge 54, Marbach am Neckar 2000, S. 62.

62 Ebd., S. 71 f.

63 Stark, ‹Fitzebutze›, S. 60 f. Zu Paula Dehmel ebenfalls: Roland Stark, Die Zeit tilgt selbst die Schatten. Die Dichterin Paula Dehmel (1862–1918), in: Mitteilungsblatt Hamburger Bibliotheken, 19. Jg., 1999, Heft 1, S. 15–47.

64 Stark, ‹Fitzebutze›, S. 115.

65 Ebd., S. 113.

66 Ebd., S. 75.

67 Ebd., S. 133.

68 Ebd.

69 Ebd., S. 139.

70 Ebd., S. 117.

71 Diethard Kerbs/Jürgen Reulecke (Hg.), Handbuch der deutschen Reformbewegungen, Wuppertal 1998, S. 142–148.

72 Hedwig Richter, Demokratie. Eine deutsche Affäre. Vom 18. Jahrhundert bis zur Gegenwart, München 2020, S. 152–154.

73 Kerbs/Reulecke (Hg.), Handbuch der deutschen Reformbewegungen, S. 148.

74 Harry Graf Kessler, Das Tagebuch 1880–1937, Bd. 4, Stuttgart 2005, S. 372 (Eintrag vom 26. November 1907).

75 Thomas Nipperdey, Deutsche Geschichte 1866–1918, Arbeitswelt und Bürgergeist, München 1990, S. 45 f.

76 Uwe M. Schneede/Dorothee Hansen, Munch in Deutschland, Hamburg 1994, S. 35.

77 Brief von Oda Krohg an Hans Jæger vom 20. Juni 1888, zit. nach Ketil Bjørnstad, Oda, Frankfurt am Main 2008, S. 212. Obschon es sich bei diesem Buch um einen Roman handelt, sind die Briefe und Tagebuchaufzeichnungen Oda Krohgs authentisch.

78 Verena Borgmann/Frank Laukötter (Hg.), Oda Krohg. Malerin und Muse im Kreis um Edvard Munch, Köln 2011.

79 Anne Wichstrøm, Oda Krohg. A Turn-of-the-Century Nordic Artist, in: Woman's Art Journal, Bd. 12, Nr. 2, 1991, S. 3–8.

80 Paul, Strindberg-Erinnerungen und -Briefe, S. 104–106.

81 Trotzdem platziert Oda Krohg subtil politische Botschaften, etwa im Gemälde *En abonnent på Aftenposten* (1887), in dem sie ein Kind porträtiert, das eine Zeitung mit einer Schere zerschneidet.

82 Sven Hakon Rossel, Skandinavische Literatur 1870–1970, Stuttgart 1973, S. 84 f.

83 Rudolf Steiner, Gesammelte Aufsätze zur Dramaturgie 1889–1900, Dornach 2004, S. 256–258.

84 Schneede/Hansen, Munch in Deutschland, S. 14 f.

85 Jens Thiis, Edvard Munch, Berlin 1934, S. 83 f.

86 Dominik Bartmann, Anton von Werner. Zur Kunst und Kunstpolitik im Deutschen Kaiserreich, Berlin 1985, S. 187–192.

87 Ebd., S. 34–36.

88 http://www.medienkunstnetz.de/themen/medienkunst_im_ueberblick/immersion/6/. Bartmann, Anton von Werner, S. 45–48.

89 Bartmann, Anton von Werner, S. 172–174.

90 Alle Zitate nach Peter Albrecht, Café Bauer – in Berlin und anderswo. Ein Mythos in der Kulturgeschichte des Kaffeehauses, Bremen 2022, S. 23. Aus dem gleichen Artikel: «Man sieht den Bildern die volle Lust des Schaffens an, die freudige Künstler-Genugthung, endlich einmal wieder Menschen ohne Uniformen und Orden, ohne Achselschnüre, Knöpfe, Paspelierungen, Stiefel, Portépees, farbige Aufschläge und Kragen; und zwar in freier, heller, sonniger Luft, in schönheitsvoller Umgebung, edles Geräth, farbenprächtige Blumen-Fülle, weichfaltige Gewande und nackte lebendige Haut zu malen.»

91 Ebd., S. 25.

92 Ebd., S. 161.

93 Ebd., S. 170.

94 Schneede/Hansen, Munch in Deutschland, S. 16.

95 Berliner Tageblatt, 9. 11. 1892, zit. nach Henningsen (Hg.), Wahlverwandtschaft, S. 366.

96 Zit. nach Schneede/Hansen, Munch in Deutschland, S. 28.

97 Ebd., S. 36.

98 Stanislaw Przybyszewski (Hg.), Das Werk des Edvard Munch, Berlin 1894, S. 20.

99 Zit. nach Lidia Głuchowska, Totenmesse, Lebensfries und Die Hölle. Przybyszewski, Munch, Vigeland und die protoexpressionistische Kunsttheorie, in: Deshima: revue d'histoire globale des pays du Nord, 2009, S. 79–116, hier S. 98.

100 Adolf Paul, Das ‹Urferkel› und die Tafelrunde Strindbergs, o. O., o. J. [Berlin 1929], S. 8.

101 Zit. nach George Klim, Stanislaw Przybyszewski. Leben, Werk und Weltanschauung im Rahmen der deutschen Literatur der Jahrhundertwende, Paderborn 1992, S. 61.

102 Paul, Strindberg-Erinnerungen und -Briefe, S. 103.

103 Isi Coblenz (später Ida Dehmel), Richard Dehmel, Dichtungen, Briefe, Dokumente, hg. von Johannes Schindler, Hamburg 1963, S. 266 f.

104 Zit. nach Klim, Stanislaw Przybyszewski, S. 61.

105 Ebd., S. 15.

106 Ebd., S. 20–22.

107 Lars Brand, Nachwort, in: Dagny Juel, Flügel in Flammen. Gesammelte Werke, Bonn 2019, S. 103.

108 Adolf Paul, Das ‹Urferkel› und die Tafelrunde Strindbergs, S. 9.

109 Stanislaw Przybyszewski, Homo Sapiens, in: Werke, Aufzeichnungen, Briefe, Bd. 3, Paderborn 1994.

110 Ebd., S. 56, 68.

111 Ebd., S. 70.

112 Die Nacherzählung von Dagny Juels Tod folgt: Zuzanna Pęksa, Śmierć Dagny Przybyszewskiej, in: Wielka Historia, 17. Dezember 2020, https://wielkahistoria.pl/smierc-dagny-przybyszewskiej-czy-zamordowano-ja-by-nie-przeszkadzala -mezowi-w-pijanstwie-i-romansach/

113 Zit. nach Sven Brömsel, Bohémienne, erotische Ikone, Mordopfer. Die Lange Nacht über Dagny Juel, Manuskript Deutschlandfunk, 13. November 2021, S. 6. Ich danke Sven Brömsel für seine Anregungen und die sorgfältige Lektüre des Manuskripts.

114 Ebd., S. 51 f.

III. Die Reize der Nacht

1 Florian Eitel, Anarchistische Uhrmacher in der Schweiz. Mikrohistorische Globalgeschichte zu den Anfängen der anarchistischen Bewegung im 19. Jahrhundert, Bielefeld 2018. Vgl. Interview mit Cyril Schäublin, Regisseur des Films *Unruh* (2022), in: WOZ, 10. 11. 2022.

2 Marie-Claude Delahaye, L'absinthe. Histoire de la fée verte, Paris 1983, S. 36.

3 Phil Baker, The Dedalus Book of Absinthe, Cambridge 2001.

4 Zit. nach Delahaye, L'absinthe, S. 80.

5 Diana Nitsche, Absinth. Medizin- und Kulturgeschichte einer Genussdroge, Heidelberg 2005.

6 Walther Gensel, Paris. Studien und Eindrücke, Leipzig 1900, S. 80.

7 Zit. nach Kreuzer, Die Boheme, S. 218.

8 Gensel, Paris, S. 81.

9 Erich Klossowski, Die Maler von Montmartre, Berlin 1903.

10 Ebd., S. 39.

11 Jehan-Rictus, Les Soliloques du pauvre, Paris 1895, alle Zitate S. 163–167. Ich danke Alexandre Pasche, der sich viel Zeit genommen hat, mir das Gedicht zu erschließen. Geduldig hat er mich an viele Facetten herangeführt, die mir ohne seine Hilfe verborgen geblieben wären.

12 Philippe Kaenel, Théophile-Alexandre Steinlen. L'œil de la rue, Lausanne 2008, Zitate S. 20, S. 43.

13 Abbildung ebd., S. 72.

14 Musée de Montmartre, Centenaire du Cabaret du Chat Noir, Paris 1981, S. 5.

15 Klossowski, Maler von Montmartre, S. 13.

16 Musée de Montmartre, Centenaire du Cabaret du Chat Noir, S. 9.

17 Michael Robinson, Strindberg's Letters, Bd. 2, Chicago 1992, S. 516 f. In einem anderen Brief an Frida Uhl schreibt er in einem vergleichbaren Stil: «Gaukler? Nein. Ich hasse die Kneipe. Und ich bin zur Kneipe verdammt.» August Strindberg, Werke IV, Briefe, München ca. 1957, S. 273.

18 Gensel, Paris, S. 82.

19 Geneviève Dormann, Amoureuse Colette, Paris 1985, S. 49.

20 Sébastien Riond, Jeanne Bloch. Ça c'est la femme!, zit. nach: https://lesvestigesdurire.org/?p=281

21 Adrien Laroque, Acteurs & Actrices de Paris, Paris 1899, S. 164.

22 L'illustré théâtral, 26. November 1896. 23. Januar 1897.

23 Yvette Guilbert, Lied meines Lebens, Berlin 1927, S. 37.

24 Ebd., S. 42.

25 Ebd., S. 41.

26 Ebd., S. 62–64.

27 Ebd., S. 66.

28 Klossowski, Montmartre, S. 59. Gensel, Paris, S. 84.

29 Klossowski, Montmartre, S. 51.

30 Yvette Guilbert, Mir sang die Erde, Düsseldorf 1950.

31 Guilbert, Lied meines Lebens, S. 125.

32 Gensel, Paris, S. 97.

33 Ebd., S. 107 f.

34 Thomas Hellmuth, Frankreich im 19. Jahrhundert. Eine Kulturgeschichte, Wien 2020, S. 42.

35 Zit. nach Ingrid Pfeiffer/Max Hollein (Hg.), Esprit Montmartre. Die Bohème in Paris um 1900, Frankfurt am Main 2014, S. 33.

36 Hamburger Kunsthalle, Nana. Mythos und Wirklichkeit, Hamburg 1973. Das Argument taucht bereits zuvor auf. Charles Baudelaire hatte einem Bürger zu bedenken gegeben, dass seine Gattin nur die «wachsame und verliebte Hüterin» seines Geldschranks sei. Zit. nach Misik, Beginnergefühl, S. 90.

37 Émile Zola, Nana, Frankfurt am Main 1979, S. 44, S. 67.

38 Hamburger Kunsthalle, Nana, S. 22–26.

39 Guilbert, Lied meines Lebens, S. 157–159.

40 Johanna Brade, Suzanne Valadon. Vom Modell in Montmartre zur Malerin der Klassischen Moderne, Stuttgart 1994, S. 32.

41 Klossowski, Maler des Montmartre, S. 61 f.

42 Guilbert, Lied meines Lebens, S. 231.

43 Klossowski, Maler des Montmartre, S. 57.

44 Gilles Néret, Toulouse-Lautrec, Paris 1991, S. 69–77.

45 Guy de Maupassant, Pariser Abenteuer, in: Fräulein Fifi, hg. von Georg Ompteda, Berlin 1898.

46 Ebd., S. 365.

47 Sabine Schulze (Hg.), Munch in Frankreich, Ostfildern 1992.

48 Zit. nach ebd., S. 98.

49 Ebd., S. 91.

50 Jürgen Wertheimer, Europa. Eine Geschichte seiner Kulturen, München 2020, S. 511 f.

51 In seinem Roman *Der Millionenbauer* (1891) stellt Max Kretzer den durch Landverkauf zu Geld gekommenen Bauern Köppke in den Mittelpunkt. Er stellt sich als «Köppke aus Schöneberg» in einer Weise vor, dass «Goethe aus Weimar» nicht großartiger klingen könnte. Im Verlauf des Romans heiratet seine Tochter einen verarmten Adligen – Geld verbindet sich mit Status. Das Ehepaar wohnt nach der Hochzeitsreise in einem «Miethspalast» an einer der vornehmen Straßen Berlins zwischen dem Nollendorfplatz und dem Zoologischen Garten.

52 Arno Holz, Buch der Zeit. Lieder eines Modernen, Berlin 1892, S. 19–23.

53 Emil Kläger, Durch die Wiener Quartiere des Elends und des Verbrechens, Wien 1908, S. 44.

54 Ebd., S. 69.

55 Ebd., S. 54.

56 Ebd., S. 178.

57 Tobias Roth (Hg.), Gartenstadtbewegung, Berlin 2019, S. 226–233.

58 Ebd., S. 233.

59 Hermann von Reuffurth, Gieschewald ein neues oberschlesisches Bergarbeiterdorf der Bergwerksgesellschaft Georg von Giesche's Erben nach Entwürfen der Architekten E. und G. Zillmann, Kattowitz 1910, S. 17–23.

60 Ebd., S. 36.

61 Roth (Hg.), Gartenstadtbewegung, S. 237–244.

62 Alfred Rosenberg, Der Mythus des 20. Jahrhunderts, München 1930, S. 254. Vgl. Wolfgang Martynkewicz, Das Zeitalter der Erschöpfung. Die Überforderung des Menschen durch die Moderne, Berlin 2013, S. 331.

63 Marie Herzfeld, Menschen und Bücher, Wien 1898, S. 261.

64 Ebd., S. 262.

65 Ebd., S. 268 f.

66 Wertheimer, Europa, S. 511.
67 Friedrich Nietzsche, Zur Genealogie der Moral, in: Das Hauptwerk, Bd. 4, München 1990, S. 34 f.
68 Wertheimer, Europa, S. 513.
69 Friedrich Nietzsche, Jenseits von Gut und Böse, in: Das Hauptwerk, Bd. 3, München 1990.
70 Ebd., S. 93–97.
71 Nietzsche, Genealogie der Moral, S. 36.
72 Vgl. Wertheimer, Europa, S. 520.
73 Die gesamte Interpretation folgt: Julia Ilgner, Postkartenpoetik. Richard Dehmels epigrammatisches Reisegedicht «Eine Rundreise in Ansichtspostkarten» (1906), in: Johannes Görbert/Nikolas Immer (Hg.), Ambulante Poesie. Explorationen deutschsprachiger Reiselyrik seit dem 18. Jahrhundert, Stuttgart 2020, S. 259–299. Siehe ebenfalls: Schenk, Venedig im Spiegel der Décadence-Literatur, S. 432–435.

IV. Ehekritik und freie erotische Kultur

1 August Strindberg, Werke II, Dramen, München ca. 1957, S. 82.
2 Barbara Beuys, Die neuen Frauen – Revolution im Kaiserreich 1900–1914, München 2016. Nipperdey, Deutsche Geschichte 1866–1918, S. 43–102. Richter, Demokratie. Monika Wienfort, Verliebt, Verlobt, Verheiratet. Eine Geschichte der Ehe seit der Romantik, München 2014.
3 Max Halbe, Jahrhundertwende. Geschichte meines Lebens 1893–1914, Danzig 1935, S. 163 f.
4 Olof Lagercrantz, Strindberg, Frankfurt am Main 1986, S. 239–241.
5 Ebd., S. 288–299.
6 Vgl. Ulrich Linse, Die Freivermählten. Zur literarischen Diskussion über nichteheliche Lebensgemeinschaften um 1900, in: Helmut Scheuer/Michael Grisko (Hg.), Liebe, Lust und Leid. Zur Gefühlskultur um 1900, Kassel 1999, S. 57–95.
7 Ludwig Marcuse, Strindberg. Das Leben der tragischen Seele, Zürich 1989, S. 27, S. 125 f.
8 Przybyszewski, Ferne komm ich her …, S. 152.
9 Ebd., S. 141.
10 Zit. nach Schutte/Mattenklott, Die Berliner Moderne 1885–1914, S. 17.
11 Susan Brantly, Laura Marholm. Ihr Leben und ihre Werke, Berlin-Friedrichshagen 2004.
12 Zit. nach ebd., S. 91.

13 Zit. nach ebd., S. 60.
14 Ebd., S. 61 f.
15 Zit. nach Cepl-Kaufmann/Kauffeldt, Berlin-Friedrichshagen, S. 258.
16 Zit. nach Brantly, Laura Marholm, S. 77.
17 Zit. nach ebd., S. 87.
18 Alle Zitate nach: Ola Hansson, Sensitiva amorosa, München 1997, Vorwort von Erik Gloßmann, S. 7–12.
19 Ebd., S. 37.
20 Ebd., S. 20.
21 Ebd., S. 42 f.
22 Ebd., S. 76.
23 Ola Hansson, Parias, München 2001, Nachwort von Erik Gloßmann, S. 236–250.
24 Freie Bühne für modernes Leben, hg. von Otto Brahm, 12. März 1890.
25 Ebd., 30. April 1890.
26 Ebd., 14. Mai 1890.
27 Max Karl von Krempelhuber, Der Tegernsee und seine Umgebung, München 1862, S. 87 f.
28 Hermann Bahr, Tagebücher, Skizzenbücher, Notizhefte, Bd. 2, 1890–1900, Wien 1996, S. 224–226.
29 Franziska zu Reventlow, Briefe und Tagebücher, Sämtliche Werke, Bd. 3, Oldenburg 2004, S. 267 f. (1. Juli 1902).
30 Bahr, Tagebücher 1890–1900, S. 224.
31 Frida Strindberg, Aus München, in: Wiener Abendpost, 29. 9. 1896.
32 Julius Schaumberger, Schliersee'r Bauerntheater. Ein Zeit- und Zukunftsbild, München 1894, S. 62.
33 https://www.sammlung.pinakothek.de/de/artwork/0vxomeDG2V. Ich danke meinem Lektor Stefan Bollmann, der mir nicht nur diese Aussicht von der Schlossterrasse gezeigt hat, sondern mit seinem Wissen und seinem Sprachgefühl maßgeblich an der Entstehung dieses Buches beteiligt war. Ein weiterer Dank geht an Roger Sidler, der das Manuskript mit kritischem Blick durchlas und mit vielen Vorschlägen aufwartete.
34 Helmut Bauer/Elisabeth Tworek (Hg.), Schwabing. Kunst und Leben um 1900, München 1998, S. 319–331.
35 Ludwig Thoma, D'Marie, in: Simplicissimus, 12. Jg., Heft 54, 1908, S. 2 f.
36 Ludwig Thoma, Der Tanz, in: Simplicissimus, 14. Jg., Heft 53, 1910, S. 4 f.
37 Zit. nach Helmut Bauer, Schwabing. Kunst und Leben um 1900, München 1998, S. 289.
38 Abbildung ebd., S. 2.

39 Ferdinand von Reznicek, Mildernde Umstände, in: Simplicissimus, 12. Jg., Heft 54, 1908, S. 2 f.
40 Franziska zu Reventlow, Briefe und Tagebücher, Sämtliche Werke, Bd. 3, S. 453.
41 Frida Strindberg, Jung-Münchens Kunst, in: Wiener Rundschau, Nr. 2, 1897/1898, S. 191–196.
42 Frida Strindberg, Besprechung «Mutter Erde» von Max Halbe, in: Wiener Abendpost, 30. 11. 1897.
43 Georg W. Forcht, Frank Wedekind und die Anfänge des deutschsprachigen Kabaretts, Freiburg 2009.
44 Zit. nach Buchmayr, Madame Strindberg, S. 192.
45 Zit. nach Anatol Regnier, Frank Wedekind. Eine Männertragödie, München 2008, S. 169 f.
46 Zit. nach Buchmayr, Madame Strindberg, S. 299.
47 Frank Wedekind, Vier Jahreszeiten, Gedichte, Berlin 2013, S. 43.
48 Ganze Interpretation nach Forcht, Frank Wedekind und die Anfänge des deutschsprachigen Kabaretts, S. 98–100. Vgl. Wolfgang Victor Ruttkowski, Das literarische Chanson in Deutschland, Bern 1966, S. 58–68.
49 Wedekind, Vier Jahreszeiten, S. 77.
50 Zit. nach Forcht, Frank Wedekind, S. 57.
51 Zit. nach Regnier, Frank Wedekind, S. 205.
52 Zit. nach Forcht, Frank Wedekind, S. 60.
53 Wedekind, Vier Jahreszeiten, S. 22.
54 Franziska zu Reventlow, Das Männerphantom der Frau (1898), in: Autobiographisches, München 1980, S. 451–467, hier S. 454.
55 Richard Dehmel, Der Arbeitsmann, in: Simplicissimus, 1. Jg., Heft 38, 1896, S. 3.
56 Eduard Fuchs, Illustrierte Sittengeschichte vom Mittelalter bis zur Gegenwart, Bd. 2, München 1909, S. 117. Vgl. Thomas Huonker, Revolution, Moral & Kunst. Eduard Fuchs: Leben und Werk, Zürich 1985.
57 Zit. nach Bauer/Tworek, Schwabing, S. 157.
58 Helga Abret/Aldo Keel, Im Zeichen des Simplicissimus. Briefwechsel Albert Langen – Dagny Björnson 1895–1908, München 1987.
59 Franziska zu Reventlow, Briefe und Tagebücher, S. 356 (3. September 1905).
60 Reventlow, Briefe und Tagebücher, S. 308 (1. Oktober 1904).
61 Ebd., S. 379 (13. März 1906).
62 Reventlow, Das Männerphantom der Frau (1898), S. 464.
63 Emilia Roig, Das Ende der Ehe. Für eine Revolution der Liebe, Berlin 2023. Vgl. «Frauen haben gelernt, dass sie von einem Prinzen erlöst werden», Interview mit Emilia Roig, Tages-Anzeiger, 18. April 2023.

64 Astrid Hohlbein, Das Unmögliche wollen, Freiheit und Liebe bei Franziska zu Reventlow, Hamburg 2020, S. 111.

65 Reventlow, Das Männerphantom der Frau (1898), S. 457.

66 Franziska zu Reventlow, Viragines oder Hetären, in: Autobiographisches, S. 468–481, hier S. 478.

67 Ebd., S. 476.

68 Zit. nach Linse, Die Freivermählten, S. 57–95, hier S. 73.

69 Ebd., S. 77.

70 Hubert van den Bert, Acht Thesen zu Erich Mühsams Überlegungen zur ‹Frauenfrage› und seiner literarischen Darstellungsweise von Frauen in der Periode 1900–1914, mit entsprechenden Stellen aus Mühsams Werk, in: Schriften der Erich-Mühsam-Gesellschaft, Heft 3, 1991, S. 29–56.

71 Vgl. Regula Bochsler, Ich folgte meinem Stern. Das kämpferische Leben der Margarethe Hardegger, Zürich 2004.

72 Uwe Puschner, Die völkische Bewegung im wilhelminischen Kaiserreich. Sprache – Rasse – Religion, Darmstadt 2001, S. 175–182, Zitat S. 179.

73 Ludwig Langemann, Der Deutsche Bund zur Bekämpfung der Frauenemanzipation. Seine Aufgaben und seine Arbeit, Berlin 1913, S. 9.

74 Reventlow, Viragines oder Hetären, S. 481.

V. Politische Übergangsmenschen

1 Kerfiz Holm, Vorstadt, in: Simplicissimus, 1897, 2. Jg., Heft 18, S. 139.

2 Zit. nach Kreuzer, Die Boheme, S. 5.

3 Später wird Lenin diese Marx'sche Einschätzung radikalisieren: Laut ihm ist nur eine ausgebildete und organisierte Avantgarde zum Umsturz befähigt. Sie ist es, die das sozialistische Klassenbewusstsein an die Massen herantragen muss; die Lumpenproletarier sah er einzig als potenzielle Streikbrecher. Vgl. Christopher Wimmer, Lumpenproletariat. Zwischen Stigmatisierung und revolutionärer Handlungsmacht, Stuttgart 2021. Christopher Wimmer, Verkommen oder revolutionär, in: OXI, 3/22, http://christopherwimmer.de/2022/03/22/verkommen-oder-revolutionaer/. Sven Felix Kellerhoff, Marx schmähte Kesselflicker und Bettler als «Lumpenproletariat», in: Die Welt, 21. 5. 2018. Ich danke Werner Seitz für seine kompetenten Erläuterungen der Marx'schen Texte zum Lumpenproletariat.

4 Ernst Keuchel, Die Rettung wird kommen … 30 unveröffentlichte Briefe von Leo Tolstoi an Eugen Heinrich Schmitt, Hamburg 1926, S. 70.

5 Rüdiger Safranski, Nietzsche. Biographie seines Denkens, München 2000, S. 104–109.

6 Olof Lagercrantz, Strindberg, S. 214–216.
7 August Strindberg, Schweizer Novellen, Leipzig 1903, S. 89.
8 Max Kretzer, Meister Timpe, Stuttgart 1976, S. 83.
9 Bab, Die Berliner Bohème, S. 55 f.
10 Zit. nach Kreuzer, Die Boheme, S. 38.
11 Bab, Die Berliner Bohème, S. 56.
12 Alexander Stulpe, Gesichter des Einzigen. Max Stirner und die Anatomie moderner Individualität, Berlin 2010. Dieter Lehner, Individualanarchismus und Dadaismus. Stirnerrezeption und Dichterexistenz, Frankfurt am Main 1988.
13 Max Stirner, Der Einzige und sein Eigentum, Stuttgart 1981, S. 249.
14 Vgl. Lehner, Individualanarchismus und Dadaismus, S. 26.
15 Hans Jäger, Die Bibel der Anarchie, Gifkendorf 1997, S. 120.
16 John Henry Mackay, Die Anarchisten. Kulturgemälde aus dem Ende des XIX. Jahrhunderts, Berlin 1896, S. 23.
17 Ebd.
18 Friedrich Engels, Brief an Max Hildebrand, 22. Oktober 1889, in: Karl Marx/Friedrich Engels, Werke, Bd. 37, Berlin 1967, S. 293.
19 Strindberg, Briefe, in: Werke IV, München ca. 1956, S. 57 f.
20 Landauer, Anarchismus – Sozialismus.
21 Ebd.
22 Gustav Landauer, Von der Dummheit und von der Wahl, in: Der Sozialist, 15. 1. 1912.
23 Gustav Landauer, Anarchismus – Sozialismus, in: Der Sozialist, 7. 9. 1895.
24 Erich Mühsam, Anarchistisches Bekenntnis, in: Kain, Nr. 1, April 1912, S. 9.
25 Vgl. Reiner Poppe, Gerhart Hauptmann. Vor Sonnenaufgang / Die Weber / Der Biberpelz. Soziales Engagement und politisches Theater, Hollfeld 1978. Peter Sprengel, Gerhart Hauptmann. Bürgerlichkeit und großer Traum, München 2012, S. 164–170.
26 Der Naturalismus vor Gericht, in: Freie Bühne, 5. März 1890, S. 132–134.
27 Isidor Kastan, Berlin wie es war, Berlin 1919, S. 265.
28 Otto Brahm, Zu Beginn, in: Gotthart Wunberg (Hg.), Die literarische Moderne, Frankfurt am Main 1971, S. 56 f.
29 Zit. nach Gernot Schley, Die Freie Bühne in Berlin. Die Vorläufer der Volksbühnenbewegung, Berlin 1967, S. 20 f.
30 Julius Bab, Wesen und Weg der Berliner Volksbühnenbewegung, Berlin 1919, S. 6.
31 Berliner Volksblatt, 23. März 1890.

32 Zit. nach Jost Hermand, Die deutschen Dichterbünde. Von den Meistersingern bis zum Pen-Club, Köln 1998, S. 714.

33 Zit. nach Cepl-Kaufmann/Kauffeldt, Berlin-Friedrichshagen, S. 190.

34 Hans Müller, Der Klassenkampf und die Sozialdemokratie, Berlin 1893, S. 89–95.

35 Franz Mehring, Zur ‹Krisis› der Freien Volksbühne, in: Die Neue Zeit, Nr. 1, 1893, S. 180–184.

36 Julius Hart, Ein sozialdemokratischer Angriff auf das «jüngste Deutschland», in: Freie Bühne, 2. Jg., 1891, S. 913–916.

37 Otto Julius Bierbaum, Die Sozialdemokratie und die Moderne, in: Gotthart Wunberg (Hg.), Die literarische Moderne, Frankfurt am Main 1971, S. 124–126.

38 Vgl. Gert Mattenklott, Körperkult, Ökosophie und Religion, in: Janos Frecot/Johann Friedrich Geist/Diethart Kerbs, Fidus. Zur ästhetischen Praxis bürgerlicher Fluchtbewegungen, Hamburg 1997, S. VII–XXVIII.

39 Walther Rehm, Der Dichter und die neue Einsamkeit. Aufsätze zur Literatur um 1900, Göttingen 1969, S. 18–22.

40 Heinrich Hart, Literarische Erinnerungen. Aus den Jahren 1880–1905, Berlin 1907, S. 92.

41 Dehmel, Dichtungen, S. 285.

42 Gustav Landauer, Durch Absonderung zur Gemeinschaft, in: Heinrich Hart (Hg.), Die Neue Gemeinschaft. Ein Orden vom wahren Leben, Leipzig 1901, S. 48.

43 Bruno Wille, Der heilige Hain, Jena 1908, S. 44.

44 Die Insel, 2, 1901, Heft 7, S. 87 f.

45 Zit. nach Wulf Wülfing et al. (Hg.), Handbuch literarisch-kultureller Vereine, Gruppen und Bünde 1825–1933, Stuttgart 1998, S. 166.

46 Bruno Wille, Das Bruno Wille-Buch, hg. von seinen Freunden, Dresden 1923, S. 147 ff.

47 Bruno Wille, Sibirien in Preußen. Auf administrativem Wege ohne Widerspruch als religiöser und politischer Ketzer hinter Schloß und Riegel gebracht, Stuttgart 1896, S. 6–10.

48 Ebd., S. 165. Vgl. Cepl-Kaufmann/Kauffeldt, Berlin-Friedrichshagen, S. 18.

49 Christoph Becker, Giordano Bruno – Die Spuren des Ketzers. Ein Beitrag zur Literatur-, Wissenschafts- und Gelehrtengeschichte um 1600, Bd. 2, Stuttgart 2007.

50 Wülfing et al. (Hg.), Handbuch literarisch-kultureller Vereine, S. 163–172.

51 Otto Borngräber, Giordano Bruno. Das neue Jahrhundert. Eine Tragödie und Ouvertüre zur neuen Zeit, Leipzig 1901, S. 9.

52 Vorwärts. Berliner Volksblatt, 25. Januar 1900.
53 Wülfing et al. (Hg.), Handbuch literarisch-kultureller Vereine, S. 170.
54 Mattenklott, Körperkult, Ökosophie und Religion, S. VII–XXVIII.
55 Wülfing et al. (Hg.), Handbuch literarisch-kultureller Vereine, S. 364.
56 Zit. nach Thomas Dupke, Leben und Werk der Brüder Heinrich und Julius Hart, Dortmund o. J., S. 9.
57 Zit. nach Jörg Aufenanger, Else Lasker-Schüler in Berlin, Berlin 2019, S. 24.
58 Zit. nach Cepl-Kaufmann/Kauffeldt, Berlin-Friedrichshagen, S. 85.
59 Peter Hille, Blätter vom fünfzigjährigen Baum, hg. von Michael Holzinger, Berlin 2013, S. 71.
60 Zit. nach Aufenanger, Else Lasker-Schüler, S. 15.
61 Sigrid Bauschinger, Else Lasker-Schüler. Biographie, Göttingen 2004, S. 116.
62 Zit. nach Kleemann, Zwischen symbolischer Revolution und unpolitischer Revolution, S. 15.
63 Zit. nach ebd., S. 32.
64 Else Lasker-Schüler, Briefe an Karl Kraus, Köln 1959, S. 26 f.
65 Else Lasker-Schüler, Die kreisende Weltstadt, in: Werke und Briefe, Kritische Ausgabe, Bd. 4, Frankfurt am Main 2001, S. 24–26.

VI. Boheme und Erster Weltkrieg

1 Jacques Christophe, Théophile-Alexandre Steinlen. L'œuvre de guerre, Lyon 1999, S. 120–122.
2 Charles Arjaliez, La Cocarde de Mimi Pinson, in: La Musique pour tous, 14. Jg., Nr. 104, 1918.
3 Zit. nach Christophe, Théophile-Alexandre Steinlen, S. 87.
4 Zit. nach ebd., S. 83.
5 Zit. nach ebd., S. 98.
6 Franz Marc, Briefe, Schriften, Aufzeichnungen, Leipzig 1989, S. 200.
7 Franz Marc, Im Fegefeuer des Krieges, in: Schriften, Köln 1978, S. 158.
8 Marc, Briefe, Schriften, Aufzeichnungen, S. 203 f.
9 Zit. nach Claus Pese, Franz Marc. Leben und Werk, Stuttgart 1989, S. 46.
10 Zit. nach ebd., S. 41.
11 Else Lasker-Schüler, Der Malik, München 1986, S. 10.
12 Wilfried F. Schoeller, Franz Marc. Eine Biographie, München 2016, S. 246–250.
13 Else Lasker-Schüler, Gedichte, Hamburg 2022, S. 99.

14 Ebd., S. 98.

15 Marc, Im Fegefeuer des Krieges, S. 159.

16 Franz Marc, Das geheime Europa, in: Schriften, S. 163.

17 Laura Marholm, Der Bauer in der Literatur, in: Der Kunstwart. Rundschau über alle Gebiete des Schönen, 4. Jg., 2. Juni-Heft 1891, S. 273–277.

18 Zit. nach Brantly, Laura Marholm, S. 168.

19 Zit. nach ebd., S. 171.

Epilog

1 Julius Bab, Richard Dehmel. Die Geschichte eines Lebens-Werkes, Leipzig 1926.

2 Paula Dehmel, Das grüne Haus, Köln ^{5}1921, S. 68–71.

3 Guilbert, Mir sang die Erde, S. 204 f.

4 Erich Mühsam, Ausgewählte Werke, Bd. 1, Gedichte. Prosa. Stücke, Berlin 1978, S. 41 f.

Bibliografie

Helga Abret/Aldo Keel, Im Zeichen des Simplicissimus. Briefwechsel Albert Langen – Dagny Björnson 1895–1908, München 1987.

Peter Albrecht, Café Bauer – in Berlin und anderswo. Ein Mythos in der Kulturgeschichte des Kaffeehauses, Bremen 2022.

Jörg Aufenanger, Else Lasker-Schüler in Berlin, Berlin 2019.

Rose Austerlitz, Café Größenwahn. Roman aus der Berliner Künstlerwelt, Berlin 1910.

Julius Bab, Wesen und Weg der Berliner Volksbühnenbewegung, Berlin 1919.

Julius Bab, Richard Dehmel. Die Geschichte eines Lebens-Werkes, Leipzig 1926.

Julius Bab, Die Berliner Bohème, hg. von Michael M. Schardt, Hamburg 2014.

Hermann Bahr, Tagebücher, Skizzenbücher, Notizhefte, Bd. 2, 1890–1900, Wien 1996.

Phil Baker, The Dedalus Book of Absinthe, Cambridge 2001.

Dominik Bartmann, Anton von Werner. Zur Kunst und Kunstpolitik im Deutschen Kaiserreich, Berlin 1985.

Dominik Bartmann (Hg.), Anton von Werner: Geschichte in Bildern, Berlin 1993.

Helmut Bauer, Schwabing. Kunst und Leben um 1900, München 1998.

Helmut Bauer/Elisabeth Tworek (Hg.), Schwabing. Kunst und Leben um 1900, München 1998.

Sigrid Bauschinger, Else Lasker-Schüler. Biographie, Göttingen 2004.

Christoph Becker, Giordano Bruno – Die Spuren des Ketzers. Ein Beitrag zur Literatur-, Wissenschafts- und Gelehrtengeschichte um 1600, Stuttgart 2007.

Barbara Beuys, Die neuen Frauen – Revolution im Kaiserreich 1900–1914, München 2016.

Ketil Bjørnstad, Oda, Frankfurt am Main 2008.

Regula Bochsler, Ich folgte meinem Stern. Das kämpferische Leben der Margarethe Hardegger, Zürich 2004.

Stefan Bollmann, Zeit der Verwandlung. München 1900 und die Neuerfindung des Lebens, Stuttgart 2023.

Verena Borgmann/Frank Laukötter (Hg.), Oda Krohg. Malerin und Muse im Kreis um Edvard Munch, Köln 2011.

Otto Borngräber, Giordano Bruno. Das neue Jahrhundert. Eine Tragödie und Ouvertüre zur neuen Zeit, Leipzig 1901.

Manfred Bosch, Bohème am Bodensee. Literarisches Leben am See von 1900 bis 1950, Lengwil 2007.

Alain de Botton, StatusAngst, Frankfurt am Main 2004.

Pierre Bourdieu, Die Regeln der Kunst. Genese und Struktur des literarischen Feldes, Frankfurt am Main 1999.

Johanna Brade, Suzanne Valadon. Vom Modell in Montmartre zur Malerin der Klassischen Moderne, Stuttgart 1994.

Georg Brandes, Berlin als deutsche Reichshauptstadt. Erinnerungen aus den Jahren 1877–1883, Berlin 1989.

Susan Brantly, Laura Marholm. Ihr Leben und ihre Werke, Berlin-Friedrichshagen 2004.

Manfred Brauneck/Christine Müller (Hg.), Naturalismus. Manifeste und Dokumente zur deutschen Literatur 1880–1900, Stuttgart 1987.

Sven Brömsel, Bohémienne, erotische Ikone, Mordopfer. Die Lange Nacht über Dagny Juel, Manuskript Deutschlandfunk, 13. November 2021. https://www.deutschlandfunkkultur.de/die-schriftstellerin-dagny-juel-bohemienne-erotische-ikone-100.html

Friedrich Buchmayr, Madame Strindberg oder Die Faszination der Boheme, St. Pölten 2011.

Champfleury, Contes de printemps. Les aventures de mademoiselle Mariette, Paris 1853.

Jacques Christophe, Théophile-Alexandre Steinlen. L'œuvre de guerre, Lyon 1999.

Léon Curmer (Hg.), Les Français peints par eux-mêmes, 8 Bde., Paris 1839–1848.

Paula Dehmel, Das grüne Haus, Köln [5]1921.

Richard Dehmel, Erlösungen. Eine Seelenwandlung in Gedichten und Sprüchen, Stuttgart 1891.

Richard Dehmel, Zwei Menschen, Berlin 1902.

Richard Dehmel, Die Verwandlungen der Venus. Erotische Rhapsodie, mit einer moralischen Ouvertüre, Berlin 1907.

Richard Dehmel, Dichtungen, Briefe, Dokumente, hg. von Johannes Schindler, Hamburg 1963.

Richard Dehmel, Aber die Liebe, hg. von Michael Holzinger, Berlin 2013.

Marie-Claude Delahaye, L'absinthe. Histoire de la fée verte, Paris 1983.

Alfred Delvau, Les Dessous de Paris, Paris 1860.

Geneviève Dormann, Amoureuse Colette, Paris 1985.
Thomas Dupke, Leben und Werk der Brüder Heinrich und Julius Hart, Dortmund o. J.
Ilja Ehrenburg, 13 Pfeifen und andere unwahrscheinliche Geschichten, Berlin 1984.
Florian Eitel, Anarchistische Uhrmacher in der Schweiz. Mikrohistorische Globalgeschichte zu den Anfängen der anarchistischen Bewegung im 19. Jahrhundert, Bielefeld 2018.
James Fazy, De la gérontocratie, ou Abus de la sagesse des vieillards dans le gouvernement de la France, Paris 1828.
Marek Fiałek, Die Berliner Künstlerbohème aus dem «Schwarzen Ferkel». Dargestellt anhand von Briefen, Erinnerungen und autobiographischen Romanen ihrer Mitglieder und Freunde, Hamburg 2007.
Georg W. Forcht, Frank Wedekind und die Anfänge des deutschsprachigen Kabaretts, Freiburg 2009.
Stefano Franchini, La Karnevalspredigt del 1892. Un carme inedito di Richard Dehmel, Lea 9, 2020, S. 39–60.
Eduard Fuchs, Illustrierte Sittengeschichte vom Mittelalter bis zur Gegenwart, Bd. 2, München 1909.
Walther Gensel, Paris. Studien und Eindrücke, Leipzig 1900.
Anthony Glinoer, La bohème. Une figure de l'imaginaire social, Montréal 2018.
Lidia Głuchowska, Totenmesse, Lebensfries und Die Hölle. Przybyszewski, Munch, Vigeland und die protoexpressionistische Kunsttheorie, in: Deshima: revue d'histoire globale des pays du Nord, 2009, S. 79–116.
Émile Goudeau, Dix ans de bohème, Paris 1888.
Marie-Laure Griffaton, François Bonhommé, peintre. Témoin de la vie industrielle au XIXe siècle, Metz 1996.
Yvette Guilbert, Lied meines Lebens, Berlin 1927.
Yvette Guilbert, Mir sang die Erde, Düsseldorf 1950.
Volker Hagedorn, Der Klang von Paris. Eine Reise in die musikalische Metropole des 19. Jahrhunderts, Reinbek bei Hamburg 2019.
Max Halbe, Jahrhundertwende. Geschichte meines Lebens 1893–1914, Danzig 1935.
Edith Hall, Was würde Aristoteles sagen? Zehn philosophische Lektionen für das Glücklichsein, München 2021.
Richard Hamann/Jost Hermand, Naturalismus, Berlin 1968.
Hamburger Kunsthalle, Nana. Mythos und Wirklichkeit, Hamburg 1973.
Ola Hansson, Sensitiva amorosa, München 1997.
Ola Hansson, Parias, München 2001.
Heinrich Hart, Literarische Erinnerungen. Aus den Jahren 1880–1905, Berlin 1907.

Heinrich Hart/Julius Hart, Lebenserinnerungen. Rückblicke auf die Frühzeit der literarischen Moderne, hg. von Wolfgang Bunzel, Bielefeld 2006.

Heinrich Hart (Hg.), Die Neue Gemeinschaft. Ein Orden vom wahren Leben, Leipzig 1901.

Sabine Haupt, Stefan Bodo Würffel (Hg.), Handbuch Fin de Siècle, Stuttgart 2008.

Thomas Hellmuth, Frankreich im 19. Jahrhundert. Eine Kulturgeschichte, Wien 2020.

Bernd Henningsen et al. (Hg.), Wahlverwandtschaft. Skandinavien und Deutschland 1800 bis 1914, Berlin 1997.

Jost Hermand, Die deutschen Dichterbünde. Von den Meistersingern bis zum Pen-Club, Köln 1998.

Marie Herzfeld, Menschen und Bücher, Wien 1898.

Peter Hille, Blätter vom fünfzigjährigen Baum, hg. von Michael Holzinger, Berlin 2013.

Astrid Hohlbein, Das Unmögliche wollen, Freiheit und Liebe bei Franziska zu Reventlow, Hamburg 2020.

Arno Holz, Buch der Zeit. Lieder eines Modernen, Berlin 1892.

Thomas Huonker, Revolution, Moral & Kunst. Eduard Fuchs: Leben und Werk, Zürich 1985.

Julia Ilgner, Postkartenpoetik. Richard Dehmels epigrammatisches Reisegedicht «Eine Rundreise in Ansichtspostkarten» (1906), in: Johannes Görbert/Nikolas Immer (Hg.), Ambulante Poesie. Explorationen deutschsprachiger Reiselyrik seit dem 18. Jahrhundert, Stuttgart 2020, S. 259–299.

Hans Jäger, Die Bibel der Anarchie, Gifkendorf 1997.

Dagny Juel, Flügel in Flammen. Gesammelte Werke, Bonn 2019.

Philippe Kaenel, Théophile-Alexandre Steinlen. L'œil de la rue, Lausanne 2008.

Isidor Kastan, Berlin wie es war, Berlin 1919.

Rolf Kauffeldt/Gertrude Cepl-Kaufmann, Berlin-Friedrichshagen – Literaturhauptstadt um die Jahrhundertwende. Der Friedrichshagener Dichterkreis, München 1994.

Sven Felix Kellerhoff, Marx schmähte Kesselflicker und Bettler als «Lumpenproletariat», in: Die Welt, 21. 5. 2018.

Diethard Kerbs/Jürgen Reulecke (Hg.), Handbuch der deutschen Reformbewegungen, Wuppertal 1998.

Harry Graf Kessler, Das Tagebuch 1880–1937, Bd. 4, Stuttgart 2005.

Ernst Keuchel, Die Rettung wird kommen ... 30 unveröffentlichte Briefe von Leo Tolstoi an Eugen Heinrich Schmitt, Hamburg 1926.

Emil Kläger, Durch die Wiener Quartiere des Elends und des Verbrechens, Wien 1908.

Elisabeth Kleemann, Zwischen symbolischer Revolution und unpolitischer Revolution. Studien zur deutschen Boheme zwischen Kaiserreich und Weimarer Republik, Frankfurt am Main 1985.

George Klim, Stanislaw Przybyszewski. Leben, Werk und Weltanschauung im Rahmen der deutschen Literatur der Jahrhundertwende, Paderborn 1992.

Erich Klossowski, Die Maler von Montmartre, Berlin 1903.

Bernd Kramer, «Lasst uns die Schwerter ziehen, damit die Kette bricht ...». Michael Bakunin, Richard Wagner und andere während der Dresdner Mai-Revolution 1849, Berlin 1999.

Max Karl von Krempelhuber, Der Tegernsee und seine Umgebung, München 1862.

Max Kretzer, Der Millionenbauer, Berlin 1891.

Max Kretzer, Meister Timpe, Stuttgart 1976.

Helmut Kreuzer, Die Boheme. Beiträge zu ihrer Beschreibung, Stuttgart 1968.

Charlotte Kurbjuhn, Hinter Glas. Imaginationen des modernen Hauses in utopischen Romanen Paul Scheerbarts und frühen Architekturentwürfen Bruno Tauts, in: Zeitschrift für Germanistik, Heft 1, Bern 2020, S. 24–49.

Olof Lagercrantz, Strindberg, Frankfurt am Main 1986.

Vincent Laisney, Cénacles et cafés littéraires. Deux sociabilités antagonistes, in: Revue d'histoire littéraire de la France, 2010, Nr. 3, S. 563–588.

Annemarie Lange, Berlin zur Zeit Bebels und Bismarcks. Zwischen Reichsgründung und Jahrhundertwende, Berlin 1972.

Ludwig Langemann, Der Deutsche Bund zur Bekämpfung der Frauenemanzipation. Seine Aufgaben und seine Arbeit, Berlin 1913.

Adrien Laroque, Acteurs & Actrices de Paris, Paris 1899.

Else Lasker-Schüler, Der Malik, München 1986.

Else Lasker-Schüler, Gedichte, Hamburg 2022.

Erik Lehnert, «Tiefes Gemüt, klarer Verstand und tapfere Kulturarbeit». Bruno Wille und der Friedrichshagener Dichterkreis als Ausgangspunkt monistischer Kulturpolitik im Kaiserreich, in: Arnher E. Lenz/Volker Mueller (Hg.), Darwin, Haeckel und die Folgen. Monismus in Vergangenheit und Gegenwart, Neustadt am Rübenberge 2006, S. 247–273.

Dirk Liesemer, Café Größenwahn, 1890–1905. Als in den Kaffeehäusern die Welt neu erfunden wurde, Hamburg 2023.

Ulrich Linse, Die Freivermählten. Zur literarischen Diskussion über nichteheliche Lebensgemeinschaften um 1900, in: Helmut Scheuer/Michael Grisko (Hg.), Liebe, Lust und Leid. Zur Gefühlskultur um 1900, Kassel 1999, S. 57–95.

Jehan-Rictus, Les Soliloques du pauvre, Paris 1895.

John Henry Mackay, Die Anarchisten. Kulturgemälde aus dem Ende des XIX. Jahrhunderts, Berlin 1896.

Christine Magerski, Lebenskünstler. Kleine Kulturgeschichte der Berliner Boheme, Berlin 2014.
Franz Marc, Briefe, Schriften, Aufzeichnungen, Leipzig 1989.
Franz Marc, Schriften, Köln 1978.
Ludwig Marcuse, Strindberg. Das Leben der tragischen Seele, Zürich 1989.
Laura Marholm, Der Bauer in der Literatur, in: Der Kunstwart. Rundschau über alle Gebiete des Schönen, 4. Jg., 2. Juni-Heft 1891, S. 273–277.
Laura Marholm, Das Buch der Frauen. Zeitpsychologische Porträts, Leipzig 1895.
Wolfgang Martynkewicz, Das Zeitalter der Erschöpfung. Die Überforderung des Menschen durch die Moderne, Berlin 2013.
Karl Marx, Der achtzehnte Brumaire des Louis Bonaparte, Hamburg 1869.
Gert Mattenklott, Körperkult, Ökosophie und Religion, in: Janos Frecot/Johann Friedrich Geist/Diethart Kerbs, Fidus. Zur ästhetischen Praxis bürgerlicher Fluchtbewegungen, Hamburg 1997, S. VII–XXVIII.
Guy de Maupassant, Fräulein Fifi, hg. von Georg Ompteda, Berlin 1898.
Peter Mayer, Zum schwarzen Ferkel. Eine Lange Nacht über einen Alt-Berliner Künstlertreffpunkt, in: Deutschlandfunk, 2. 3. 2013, https://www.deutschlandfunk.de/zum-schwarzen-ferkel.704.de.html?dram:article_id=235909
Julie de Mestral-Combremont, La Belle madame Colet. Une déesse des romantiques, Paris 1913.
Anne-Rose Meyer, Jenseits der Norm. Aspekte der Bohèmedarstellung in der französischen und der deutschen Literatur 1830–1910, Bielefeld 2001.
Robert Misik, Das große Beginnergefühl. Moderne, Zeitgeist, Revolution, Berlin 2022.
Erich Mühsam, Die Wüste. Gedichte, Berlin 1904.
Erich Mühsam, Ausgewählte Werke, Bd. 1, Gedichte. Prosa. Stücke, Berlin 1978.
Erich Mühsam, Unpolitische Erinnerungen, Berlin 2003.
Hans Müller, Der Klassenkampf und die Sozialdemokratie, Berlin 1893.
Musée de Montmartre, Centenaire du Cabaret du Chat Noir, Paris 1981.
Alfred de Musset, Mimi Pinson, in: Gesammelte Werke, Bd. 2, München 1925.
Gilles Néret, Toulouse-Lautrec, Paris 1991.
Friedrich Nietzsche, Das Hauptwerk, 4 Bde., München 1990.
Thomas Nipperdey, Deutsche Geschichte 1866–1918, Arbeitswelt und Bürgergeist, München 1990.
Diana Nitsche, Absinth. Medizin- und Kulturgeschichte einer Genussdroge, Heidelberg 2005.
Pierre Nora (Hg.), Lieux de Mémoire, Les France III., Traditions, Paris 1997.

Franz Oppenheimer, Erlebtes, Erstrebtes, Erreichtes. Lebenserinnerungen, Düsseldorf 1964.

Adolf Paul, Strindberg-Erinnerungen und -Briefe, München 1914.

Adolf Paul, Das ‹Urferkel› und die Tafelrunde Strindbergs, o. O., o. J. [Berlin 1929].

Claus Pese, Franz Marc. Leben und Werk, Stuttgart 1989.

Ingrid Pfeiffer/Max Hollein (Hg.), Esprit Montmartre. Die Bohème in Paris um 1900, Frankfurt am Main 2014.

Physiologie des cafés de Paris, Paris 1841.

Francine du Plessix Gray, Rage and fire. A life of Louise Colet, pioneer feminist, literary star, Flaubert's muse, New York 1994.

Alfred Polgar, «Theorie des ‹Café Central›», in: Ders., Kleine Schriften, Bd. 4, Reinbek bei Hamburg 1984, S. 254–259.

Reiner Poppe, Gerhart Hauptmann. Vor Sonnenaufgang / Die Weber / Der Biberpelz. Soziales Engagement und politisches Theater, Hollfeld 1978.

Nicole Pöppel, Die Pariser Bohème in der petite presse. Freibeuter auf dem Boulevard, Berlin 2020.

Stanislaw Przybyszewski (Hg.), Das Werk des Edvard Munch, Berlin 1894.

Stanislaw Przybyszewski, Homo Sapiens, in: Werke, Aufzeichnungen, Briefe, Bd. 3, Paderborn 1994.

Stanislaw Przybyszewski, Ferne komm ich her … Erinnerungen an Berlin und Krakau, in: Werke, Aufzeichnungen, Briefe, Bd. 7, Paderborn 1994.

Uwe Puschner, Die völkische Bewegung im wilhelminischen Kaiserreich. Sprache – Rasse – Religion, Darmstadt 2001.

Andreas Reckwitz, Die Gesellschaft der Singularitäten. Zum Strukturwandel der Moderne, Berlin 2017.

Anatol Regnier, Frank Wedekind. Eine Männertragödie, München 2008.

Walther Rehm, Der Dichter und die neue Einsamkeit. Aufsätze zur Literatur um 1900, Göttingen 1969.

Hermann von Reuffurth, Gieschewald ein neues oberschlesisches Bergarbeiterdorf der Bergwerksgesellschaft Georg von Giesche's Erben nach Entwürfen der Architekten E. und G. Zillmann, Charlottenburg/Kattowitz 1910.

Franziska zu Reventlow, Autobiographisches, München 1980.

Franziska zu Reventlow, Briefe und Tagebücher, Sämtliche Werke, Bd. 3, Oldenburg 2004.

Hedwig Richter, Demokratie. Eine deutsche Affäre. Vom 18. Jahrhundert bis zur Gegenwart, München 2020.

Michael Robinson, Strindberg's Letters, Chicago 1992.

Emilia Roig, Das Ende der Ehe. Für eine Revolution der Liebe, Berlin 2023.

Alfred Rosenberg, Der Mythus des 20. Jahrhunderts, München 1930.

Sven Hakon Rossel, Skandinavische Literatur 1870–1970, Stuttgart 1973.

Tobias Roth (Hg.), Die Gartenstadtbewegung. Flugschriften, Essays, Vorträge und Zeichnungen aus dem Umkreis der Deutschen Gartenstadtgesellschaft, Berlin 2019.

Rüdiger Safranski, Nietzsche. Biographie seines Denkens, München 2000.

George Sand, Die letzte Aldini, Leipzig 1843.

Julius Schaumberger, Schliersee'r Bauerntheater. Ein Zeit- und Zukunftsbild, München 1894.

Jürgen Schebera, Vom Josty ins Romanische Café. Streifzüge durch Berliner Künstlerlokale der Goldenen Zwanziger, Berlin 2020.

Gernot Schley, Die Freie Bühne in Berlin. Die Vorläufer der Volksbühnenbewegung, Berlin 1967.

Uwe M. Schneede/Dorothee Hansen, Munch in Deutschland, Hamburg 1994.

Wilfried F. Schoeller, Franz Marc. Eine Biographie, München 2016.

Sabine Schulze (Hg.), Munch in Frankreich, Ostfildern 1992.

Jürgen Schutte/Gert Mattenklott (Hg.), Die Berliner Moderne 1885–1914, Stuttgart 1987.

Andreas Schwab, Zeit der Aussteiger. Eine Reise zu den Künstlerkolonien von Barbizon bis Monte Verità, München 2021.

Jerrold Seigel, Bohemian Paris. Culture, Politics and the Boundaries of the Bourgeois Life, 1830–1930, New York 1986.

Timothy Snyder, Über die Tyrannei. Zwanzig Lektionen für den Widerstand, München 2017.

Peter Sprengel, Gerhart Hauptmann. Bürgerlichkeit und großer Traum, München 2012.

Roland Stark, ‹Fitzebutze› 100 Jahre modernes Kinderbuch, Marbacher Kataloge 54, Marbach am Neckar 2000.

Roland Stark, Die Zeit tilgt selbst die Schatten. Die Dichterin Paula Dehmel (1862–1918), in: Mitteilungsblatt Hamburger Bibliotheken, 19. Jg., 1999, Heft 1, S. 15–47.

Rudolf Steiner, Gesammelte Aufsätze zur Dramaturgie 1889–1900, Dornach 2004.

Max Stirner, Der Einzige und sein Eigentum, Stuttgart 1981.

August Strindberg, Werke, München ca. 1957–1963.

August Strindberg, Verwirrte Sinneseindrücke. Schriften zu Malerei, Fotografie und Naturwissenschaften, hg. von Thomas Fechner-Smarsly, Hamburg 2009.

Frida Strindberg, Aus München, in: Wiener Abendpost, 29. 9. 1896.

Frida Strindberg, Jung-Münchens Kunst, in: Wiener Rundschau, Nr. 2, 1897/1898, S. 191–196.

Frida Strindberg, Besprechung «Mutter Erde» von Max Halbe, in: Wiener Abendpost, 30. 11. 1897.

Alexander Stulpe, Gesichter des Einzigen. Max Stirner und die Anatomie moderner Individualität, Berlin 2010.

Jens Thiis, Edvard Munch, Berlin 1934.

Hubert van den Bert, Acht Thesen zu Erich Mühsams Überlegungen zur ‹Frauenfrage› und seiner literarischen Darstellungsweise von Frauen in der Periode 1900–1914, mit entsprechenden Stellen aus Mühsams Werk, in: Schriften der Erich-Mühsam-Gesellschaft, Heft 3, 1991, S. 29–56.

Carolin Vogel (Hg.), «Schöne wilde Welt». Richard Dehmel in den Künsten, Göttingen 2020.

Carolin Vogel (Hg.), «Zwei Menschen». Richard und Ida Dehmel. Texte, Bilder, Dokumente, Göttingen 2021.

Jean-Didier Wagneur/Françoise Cestar, Les Bohèmes 1840–1870, Seyssel 2012.

Jürgen Wertheimer, Europa. Eine Geschichte seiner Kulturen, München 2020.

Anne Wichstrøm, Oda Krohg. A Turn-of-the-Century Nordic Artist, in: Woman's Art Journal, Bd. 12, Nr. 2, 1991, S. 3–8.

Monika Wienfort, Verliebt, Verlobt, Verheiratet. Eine Geschichte der Ehe seit der Romantik, München 2014.

Bruno Wille, Sibirien in Preußen. Auf administrativem Wege ohne Widerspruch als religiöser und politischer Ketzer hinter Schloß und Riegel gebracht, Stuttgart 1896.

Bruno Wille, Der heilige Hain, Jena 1908.

Bruno Wille, Das Bruno Wille-Buch, hg. von seinen Freunden, Dresden 1923.

Elizabeth Wilson, Begegnung mit der Sphinx. Stadtleben, Chaos und Frauen, Basel 1993.

Elizabeth Wilson, Bohemians. The glamourous Outcasts, New Brunswick 2000.

Christopher Wimmer, Lumpenproletariat. Zwischen Stigmatisierung und revolutionärer Handlungsmacht, Stuttgart 2021.

U. C. Woerner [Ursula Anna Wörner], Gerhart Hauptmann, München 1897.

Wulf Wülfing et al. (Hg.), Handbuch literarisch-kultureller Vereine, Gruppen und Bünde 1825–1933, Stuttgart 1998.

Gotthart Wunberg (Hg.), Die literarische Moderne, Frankfurt am Main 1971.

Émile Zola, Nana, Frankfurt am Main 1979.

Abbildungsverzeichnis

Seite 8: mauritius images/Archive PL/Alamy/Alamy Stock Photos | Seite 24: akg-images/Liszt Collection | Seite 34: Collection Dupondt/akg-images | Seite 36: akg-images | Seite 47: Granger/Bridgeman Images | Seite 62: https://de.m.wikipedia.org/wiki/Datei:Zum_schwarzen_Ferkel_%28Berlin%29_2.jpg | Seite 67: Staats- und Universitätsbibliothek Hamburg Carl von Ossietzky, Dehmel-Archiv Signatur: DA: Varia:19:40.2 | Seite 78: mauritius images/Art Collection 2/Alamy Banque D'Images | Seite 80: Bridgeman Images | Seite 84: bpk/Kunstsammlungen Chemnitz/May Voigt | Seite 93: mauritius images/Shim Harno/Alamy/Alamy Stock Photos | Seite 102: akg-images | Seite 106/107: Collection Société d'Histoire Le Vieux Montmartre | Seite 112 und Vignetten: akg-images | Seite 116: mauritius images | Seite 119: akg-images | Seite 136/137: akg-images | Seite 146: bpk | Seite 169: www.simplicissimus.info/indephp?id=5 | Seite 171: mauritius images/ARCHIVIO GBB/Alamy/Alamy Stock Photos | Seite 177: bpk | Seite 182: ullstein bild | Seite 187: Staatliche Museen zu Berlin, Kunstbibliothek/Public Domain Mark 1.0 | Seite 194: akg-images/Liszt Collection | Seite 229: mauritius images/GL Archive/Alamy/Alamy Stock Photos | Seite 238: Public Domain | Seite 241: akg-images | Seite 259: Zwei Studien einer Katze von Théophile-Alexander Steinlen, Ashmolean Museum, University of Oxford, Foto: Bridgeman Images

Personenregister

Aus dem Verlagsprogramm